情報公開・開示請求
実務マニュアル

坂本 団 編

発行 民事法研究会

は し が き

　平成17年に個人情報の保護に関する法律（以下、「個人情報保護法」といいます）が施行されたことをきっかけとして、本来、広く共有されるべき情報が、個人情報の保護を理由にして開示されなくなるという、いわゆる「過剰反応」が広く発生しました。平成23年に発生した東日本大震災の際にも、災害時要援護者のリストが個人情報であることを理由として、関係機関の間で必要な情報が十分共有できないという不都合が生じ、いまだにこの問題が解決されていないことを再認識させられました。

　しかし、情報公開と個人情報の保護は本来対立すべきものではありません。日本弁護士連合会は、平成2年の人権擁護大会で決議した「情報主権の確立に関する宣言」の中で「真の情報公開制度と個人情報保護制度は、民主主義の存立と基本的人権の尊重のために欠くことのできない車の両輪であり、その実現は、国民自身が主権者としてそれらの情報を実質的に支配するための制度的保障である」と述べています。

　それから四半世紀余りが経ち、この間に情報公開法制や個人情報保護法制の整備は進みましたが、情報公開と個人情報保護のバランスのとれた発展を常に求めていかなければならないと思います。国や地方の行政機関は、それぞれの役割を果たすために、多種多様な情報を収集し、保有しています。これらの情報は、元はといえば、国民の税金を使って収集されたものですから、国民の共有財産ということもできると思います。また、情報通信技術の飛躍的な発展で、さまざまな情報がインターネットを通じて入手できるようになりましたが、それでも行政機関に請求しなければ入手できない情報も依然として多いのが実情です。行政機関から情報を入手するための有力な手段が、情報公開法制や個人情報保護法制なのです。

　本書は、行政機関の保有する情報をはじめとして、さまざまな情報を入手し、活用するための手引書です。

　序章ではまず、情報公開請求、自己情報開示請求をするための最低限の基

礎知識を説明しました。この章を読むだけでも情報公開・開示請求をすることはできます。開示請求をしたことがない方は、序章を読んで、とりあえず実際に開示請求をやってみて、疑問点が出てきたら、以下の各章を読む、という読み方をしていただいても結構です。

　第1章では情報公開法制、第2章では個人情報保護法制について、詳しく解説しています。開示請求が拒否された場合の争い方や、裁判上で問題となる各種の論点についても触れています。

　また、行政機関の保有する情報に限らず、情報を収集する手段という意味では、私たち法律実務家にとっては、民事・刑事訴訟手続に関連した各種の手続があります。あるいは、商法には株式会社に関する情報収集のための手続が用意されています。医療情報を入手する手段も個人情報保護法の施行後、大きく変わりました。第3章では、これらのさまざまな場面に応じた情報収集の手続について解説しています。

　これらの各章のうち、第3章は主に弁護士を読者として想定していますが、第1章と第2章は、弁護士だけでなく、一般の市民の方々にも役立てていただけるようにしたつもりです。一人でも多くの方に本書を活用していただければ幸いです。

　最後に、本書の企画は、当初、私も所属している大阪弁護士会情報問題対策委員会のメンバーを中心に始まりましたが、委員以外の、各分野の著名な専門家にも執筆いただくことができました。また、本書の完成にあたっては、編集をしていただいた民事法研究会の南伸太郎氏に大変お世話になりました。深く感謝いたします。

　平成28年7月

坂　本　　団

『情報公開・開示請求実務マニュアル』

● 目　次 ●

序　章　情報公開・開示請求に関する手続の流れ

Ⅰ　はじめに ……………………………………………………………… 2
Ⅱ　情報公開制度を利用した情報公開・開示請求の手続の流れ ……… 3
　1　開示請求の準備 …………………………………………………… 3
　2　開示請求の実施 …………………………………………………… 4
　　【書式1】　行政文書開示請求書／6
　3　開示・不開示決定と閲覧・写しの交付の申出 ………………… 7
　　【書式2】　行政文書開示等決定通知書／8
　　【書式3】　行政文書の開示の実施方法等申出書／9
　4　実務上のポイント――大阪市に対する開示請求の実例を通して … 11
　　(1)　開示（公開）請求方法の確認 ……………………………… 11
　　(2)　開示（公開）請求書の作成 ………………………………… 11
　　　【書式4】　公開請求書（大阪市）／12
　　(3)　開示（公開）請求書の提出 ………………………………… 13
　　(4)　情報公開担当者との電話のやりとり ……………………… 13
　　(5)　開示・不開示決定 …………………………………………… 14
　　　【書式5】　公開決定通知書（大阪市）／15
　　　【書式6】　部分公開決定通知書（大阪市）／16
　　(6)　公文書の開示 ………………………………………………… 17
　　　(ｱ)　複　写／17
　　　(ｲ)　閲　覧／17
　5　情報公開費用 ……………………………………………………… 18

〈表１〉　開示請求手数料・開示実施手数料／19
　　《コラム》　閲覧手数料と開示請求手数料／19
Ⅲ　個人情報保護制度を利用した自己情報開示請求の手続の流れ ……… 21
　1　開示請求の実施 ……………………………………………………… 21
　2　開示・不開示決定と閲覧・写しの交付の申出 …………………… 21

第1章　情報公開法・情報公開条例による開示請求

Ⅰ　情報公開を求める権利と開示請求手続 …………………………… 24
　1　知る権利と情報の自由な流通の保障 ……………………………… 24
　2　政府の情報管理と情報公開 ………………………………………… 25
　　⑴　政府情報の分散管理 …………………………………………… 25
　　⑵　政府の情報管理の法律化 ……………………………………… 25
　　⑶　情報公開における文書型と情報型 …………………………… 26
　3　開示請求権者 ………………………………………………………… 28
　　⑴　何人も …………………………………………………………… 28
　　⑵　未成年者・任意代理人 ………………………………………… 28
　4　開示請求の対象 ……………………………………………………… 28
　5　開示請求権の法的性質 ……………………………………………… 29
　　⑴　具体的権利性 …………………………………………………… 29
　　⑵　一身専属性 ……………………………………………………… 29
　　⑶　不開示情報の性格 ……………………………………………… 30
　6　開示請求の手続 ……………………………………………………… 30
　　⑴　書面主義 ………………………………………………………… 30
　　⑵　開示請求の相手方とその特定 ………………………………… 31
　　　㋐　国の場合／31

　　　　(イ)　独立行政法人等の場合／33
　　　　(ウ)　地方公共団体の場合／33
　　(3)　開示対象文書の特定 …………………………………………… 33
　　　　(ア)　情報公開法の規定／33
　　　　(イ)　特定の程度／33
　　　　(ウ)　検索等による情報収集／36
　7　不備の補正と却下決定 …………………………………………… 36
　8　行政機関以外の国の機関による情報公開 …………………… 36
　　〈表2〉　行政機関以外の各機関の情報公開制度に関する通達
　　　　　　等および開示対象文書／37
Ⅱ　開示請求の対象となる文書 …………………………………………… 38
　1　開示対象文書についての法律・条例の定め方 ………………… 38
　　(1)　行政機関情報公開法 ……………………………………… 38
　　(2)　独立行政法人等情報公開法 ……………………………… 38
　　(3)　情報公開条例 ……………………………………………… 38
　2　開示対象文書の要件 …………………………………………… 39
　　(1)　行政機関の職員が職務上作成し、または取得した文書等
　　　　（職務上作成・取得） ……………………………………… 39
　　(2)　文書、図画および電磁的記録（文書等） ………………… 40
　　(3)　当該行政機関の職員が組織的に用いるもの（組織共用文書） … 41
　　(4)　電子メール等の組織共用性 ……………………………… 42
　　　　(ア)　電子メール／42
　　　　(イ)　その他の電磁的情報／44
　　(5)　当該行政機関が保有しているもの ……………………… 45
　　　　(ア)　機関による保有／45
　　　　(イ)　作成または取得、保有（または管理）／46
　　　　(ウ)　保有（または管理）の意義／46
　　(6)　地方公共団体に特有の論点 ……………………………… 47

(ア)　決裁・供覧要件／47
　　　(イ)　機関委任事務に関する文書／48
Ⅲ　開示・不開示決定と関連論点 ………………………………… 49
　1　開示・不開示決定 …………………………………………… 49
　2　不開示決定と理由提示 ……………………………………… 49
　　(1)　理由提示の程度 …………………………………………… 49
　　(2)　理由提示の事後的補足 …………………………………… 51
　3　部分開示 ……………………………………………………… 51
　　(1)　部分開示義務 ……………………………………………… 51
　　(2)　独立一体説の否定 ………………………………………… 51
　　(3)　容易区分除去 ……………………………………………… 52
　　(4)　有意性 ……………………………………………………… 52
　4　行政文書の存否を明らかにしないで行う開示拒否 ……… 53
　　(1)　概　要 ……………………………………………………… 53
　　(2)　開示拒否が認められる行政文書 ………………………… 53
　　(3)　開示拒否の際の理由提示 ………………………………… 53
　　(4)　開示拒否が認められた事例 ……………………………… 53
　5　判例・裁判例における関連論点 …………………………… 55
　　(1)　第三者による取消請求 …………………………………… 55
　　　(ア)　概　要／55
　　　(イ)　第三者の「法律上の利益」／56
　　　(ウ)　法律上の争訟性／58
　　(2)　文書の存否に関する争い ………………………………… 58
　　　(ア)　解釈上の不存在／58
　　　(イ)　物理的不存在／59
　　(3)　不開示文書の検証（インカメラ審理） ………………… 59
　　　(ア)　概　要／59
　　　(イ)　取消訴訟においてインカメラ審理をすることの問題点／60

(ｳ)　インカメラ審理についての判例の態度／60

　　　(ｴ)　まとめ／61

　　(4)　理由の差替え ………………………………………………………… 61

　　　(ｱ)　概　　要／61

　　　(ｲ)　理由の差替えについての判例の態度／62

　　　(ｳ)　まとめ／62

Ⅳ　審査請求（不服申立て）……………………………………………………… 64

　1　行政不服審査法による審査請求 ………………………………………… 64

　　【書式7】　審査請求申立書／64

　2　情報公開・個人情報保護審査会 ………………………………………… 66

　3　独立行政法人等の場合の審査請求 ……………………………………… 67

　4　地方公共団体の条例の場合の審査請求 ………………………………… 68

Ⅴ　情報公開訴訟 …………………………………………………………………… 69

　1　はじめに …………………………………………………………………… 69

　2　情報公開訴訟 ……………………………………………………………… 69

　　(1)　全部または一部不開示決定の通知 ………………………………… 69

　　(2)　訴訟提起 ……………………………………………………………… 70

　　　(ｱ)　出訴期間／70

　　　(ｲ)　管　　轄／70

　　　(ｳ)　請求の趣旨／71

　　　(ｴ)　訴額の算定／72

　　　(ｵ)　被告と処分行政庁／72

　　(3)　訴状記載例 …………………………………………………………… 73

　　【書式8】　訴　状／74

　　(4)　判　決 ………………………………………………………………… 76

Ⅵ　非開示事由 ……………………………………………………………………… 77

　1　5条1号（個人情報）……………………………………………………… 77

　　(1)　5条1号の趣旨および構造 ………………………………………… 77

目 次

- (2) 5条1号の考え方……………………………………………… 77
  - (ア) 概　要／77
  - (イ) 情報公開法における「公務員職務遂行情報」の判断傾向／79
- (3) 本人開示請求…………………………………………………… 81
- (4) 除外事由………………………………………………………… 82
  - (ア) 5条1号イの考え方／82
  - (イ) 5条1号ロの考え方／83
  - (ウ) 5条1号ハの考え方／83
- (5) 5条1号に関する判例・裁判例………………………………… 84
  - (ア) 法人等の代表者が職務として行う行為等に関する情報や公務員の職務遂行に関する情報は個人情報の非公開事由にあたらないとした事例（条例）／84
  - (イ) 土地開発公社が買収した土地の価格は個人情報の非開示情報に該当しないが、建物等の補償価格は個人情報の非開示情報に該当するとした事例（個人識別型の規定）（条例）／87
  - (ウ) 土地開発公社が買収した土地の価格は個人情報の非開示事由に該当しないとした事例（プライバシー型の規定）（条例）／89
  - (エ) 土地改良事業における換地計画に関する文書は、土地改良法に従って縦覧に供されるものの、縦覧期間が限定されていることから、その経過後は「法令等の規定により何人も閲覧できるとされている情報」にはあたらないとした事例（条例）／91
- (6) 5条1号の2 ……………………………………………………… 92
  - (ア) 新たな非開示事由の創設／92
  - (イ) 非識別加工情報の提供／93
  - (ウ) 問題点／94
- 2　5条2号（法人情報）…………………………………………… 96
  - (1) 5条2号の趣旨および構造 …………………………………… 96
  - (2) 5条2号本文の考え方 ………………………………………… 96

(ｱ) 法人その他の団体／96
　　　(ｲ) 法人その他の団体に関する情報／96
　　　(ｳ) 事業を営む個人の当該事業に関する情報／97
　(3) 5条2号ただし書の考え方 …………………………………………… 97
　(4) 5条2号イの考え方 …………………………………………………… 97
　　　(ｱ) 権利、競争上の地位その他正当な利益／97
　　　(ｲ) 害するおそれ／98
　(5) 5条2号イに関する判例・裁判例 …………………………………… 98
　　　(ｱ) 5条2号イに該当するとして非開示とした事例／98
　　　(ｲ) 5条2号イに該当しないとして開示とした事例／100
　(6) 5条2号ロの考え方 ………………………………………………… 101
　　　(ｱ) 行政機関の要請を受けて、公にしないとの条件で任意に提供
　　　　されたもの／101
　　　(ｲ) 法人等または個人における通例として公にしないこととされ
　　　　ているものその他の当該条件を付することが当該情報の性質、
　　　　当時の状況等に照らして合理的であると認められるもの／101
　(7) 5条2号ロに関する判例・裁判例 ………………………………… 102
3　5条3号（外交防衛情報） ………………………………………………… 102
　(1) 5条3号の趣旨 ……………………………………………………… 102
　(2) 5条3号の構造および考え方 ……………………………………… 103
　　　(ｱ) 国の安全が害されるおそれ／103
　　　(ｲ) 他国もしくは国際機関との信頼関係が損なわれるおそれまた
　　　　は他国もしくは国際機関との交渉上不利益を被るおそれ／104
　　　(ｳ) おそれがあると行政機関の長が認めることにつき相当の理由
　　　　がある／104
　(3) 5条3号に関する判例・裁判例 …………………………………… 106
　　　(ｱ) 内閣官房報償費の支出に関する行政文書のうち、一定期間に
　　　　おける支出の合計額がわかるにすぎない資料等については、外

　　　　　交防衛情報には該当しないとした事例／106
　　　　(イ)　在外日本大使館・領事館の報償費の支出に関する文書について広く外交防衛情報に該当するとした事例／108
　　　　(ウ)　日韓会談に関する行政文書について広く外交防衛情報に該当するとした事例／110
　　　　(エ)　沖縄返還「密約」文書について、開示請求者側において、政府が文書を保有していることを主張立証する責任を負うとした事例／113
　　　　(オ)　秘密保全法制に関する関係省庁との協議に係る行政文書について広く外交防衛情報に該当するとした事例／115
　4　5条4号（公共安全情報）……………………………………… 115
　　(1)　5条4号の趣旨……………………………………………… 115
　　(2)　5条4号の構造および考え方 …………………………… 116
　　　　(ア)　犯罪の予防、鎮圧または捜査、公訴の維持、刑の執行その他の公共の安全と秩序の維持に支障を及ぼすおそれ／116
　　　　(イ)　行政機関の長が認めることにつき相当の理由がある／117
　　(3)　5条4号に関する判例・裁判例 ………………………… 117
　　　　(ア)　重大犯罪等に係る出所者情報の活用制度に関する通達文書について広く公共安全情報に該当するとした事例（条例）／117
　　　　(イ)　警察が支出した捜査費等に係る個人名義の領収書のうち、実名ではない名義（ペンネームなど）で作成されたものについても公共安全情報に該当するとした事例（条例）／119
　　　　(ウ)　「動物実験計画書」中の「実験内容」等を開示すると、動物実験に反対する団体等により、施設への不法侵入や破壊行為などの犯罪が行われる可能性があるなどを理由とする非開示処分が裁量権の逸脱または濫用にあたるとした事例／121
　　　　(エ)　検察庁の調査活動費の支出明細書・領収書について、少なくともその一部について不正に流用されていた疑いがあるとして

　　　　も、全額について不正流用されていたとはいえないとして公共
　　　　安全情報に該当するとした事例／122
　　　(オ)　テロ対策特措法に基づく米英艦隊に対する給油の油の購入先
　　　　がわかる情報を開示すると、購入先に対し、不法な妨害活動が
　　　　行われる可能性があるとして、公共安全情報に該当するとした
　　　　事例／123
5　5条5号（意思形成過程情報） ………………………………………… 124
　(1)　5条5号の趣旨 ………………………………………………………… 124
　(2)　5条5号の構造および考え方 ………………………………………… 125
　　　(ア)　審議、検討または協議に関する情報の意義／125
　　　(イ)　率直な意見の交換もしくは意思決定の中立性が不当に損なわ
　　　　れるおそれ／125
　　　(ウ)　不当に国民の間に混乱を生じさせるおそれ／125
　　　(エ)　「不当に」「おそれ」／126
　　　(オ)　意見に関する情報と事実に関する情報との区別／126
　　　(カ)　意思決定後の意思形成過程情報／127
　　　(キ)　特定の者に不当に利益を与えもしくは不利益を及ぼすおそれ
　　　　／128
　(3)　5条5号に関する判例・裁判例 ……………………………………… 128
　　　(ア)　東日本大震災により生じた災害廃棄物について、各地方公共
　　　　団体の受入れ検討状況がわかる資料について、意思形成過程情
　　　　報に該当しないとした事例／128
　　　(イ)　国立病院の民間への経営移譲に関する厚生労働省と地元関係
　　　　者との協議会議事録について、これを公開すると率直な意見交
　　　　換が困難になるなどとして、意思形成過程情報に該当するとし
　　　　た事例／129
　　　(ウ)　鴨川改修協議会に提出されたダムサイト候補地点選定位置図
　　　　について、意思形成過程における未成熟な情報であるなどとし

て、意思形成過程情報に該当するとした事例（条例）／131
　　(エ)　建設計画中のダムに関する地質調査資料について、全体調査の途中における調査結果であるとしても、それ自体としては完結した調査結果であるなどとして、意思形成過程情報に該当しないとした事例（条例）／132
　　(オ)　住民監査請求を受けて、市が関係者から事情聴取をした結果を記録した文書について、将来の同様の事情聴取に重大な支障を及ぼすおそれがあるなどとして、意思形成過程情報に該当するとした事例（条例）／132
　　(カ)　東海環状自動車道の計画に関して作成された環境影響評価準備書等につき、非開示処分の時点ではすでに、環境影響評価書等の内容が確定し、これらが公衆の縦覧に供されていたことなどから、意思形成過程情報に該当しないとした事例（条例）／133

6　5条6号（事務事業情報） ……………………………………………… 134
　(1)　5条6号の趣旨 ………………………………………………………… 134
　(2)　5条6号の構造および考え方 ………………………………………… 135
　　(ア)　本文の構造／135
　　(イ)　事務または事業の性質上／135
　　(ウ)　適正な遂行に支障を及ぼすおそれ／135
　　(エ)　6号イの考え方／136
　　(オ)　6号ロの考え方／136
　　(カ)　6号ハの考え方／136
　　(キ)　6号ニの考え方／136
　　(ク)　6号ホの考え方／137
　(3)　5条6号に関する判例・裁判例 ……………………………………… 137
　　(ア)　土地開発公社が買収した土地の価格について、事務事業情報に該当しないとした事例（条例）／137

(イ)　東日本大震災により生じた災害廃棄物について、各地方公共団体の受入れ検討状況がわかる資料について、事務事業情報に該当しないとした事例／138

　　(ウ)　国立病院の民間への経営移譲に関する厚生労働省と地元関係者との協議会議事録について、これを公開すると率直な意見交換が困難になるなどとして事務事業情報に該当するとした事例／139

Ⅶ　歴史公文書 …………………………………………………… 141
　1　概　要 ……………………………………………………… 141
　2　特定歴史公文書等の利用 ………………………………… 141
　【書式9】　特定歴史公文書等利用請求書／142
　3　特定歴史公文書等の利用の制限 ………………………… 143
　4　公文書管理法の対象外とされている文書 ……………… 143

Ⅷ　情報公開法と特定秘密保護法 ……………………………… 145
　1　概　要 ……………………………………………………… 145
　2　行政文書管理ガイドライン ……………………………… 146
　3　政府機関の情報セキュリティ対策のための統一基準 … 147
　4　今後の課題 ………………………………………………… 148

目次

第2章　個人情報保護法制と自己情報の開示請求等

Ⅰ　はじめに ……………………………………………………………… 152
　1　個人情報保護法制と開示請求権等 ……………………………… 152
　2　制度趣旨および法的性格 ………………………………………… 152
　3　保有主体の性格に応じた適用対象となる法令等の区分 ……… 154
　4　利用目的の通知の求めの有無 …………………………………… 156
Ⅱ　行政機関が保有する個人情報 ……………………………………… 158
　1　概　説 ……………………………………………………………… 158
　2　各請求に共通する事項 …………………………………………… 159
　　(1)　請求先──行政機関の長 …………………………………… 159
　　(2)　対象情報──自己を本人とする保有個人情報 …………… 160
　　　(ア)　保有個人情報／161
　　　(イ)　「自己を本人とする」もの／164
　　　(ウ)　行政機関非識別加工情報および削除情報／164
　　　(エ)　適用除外／164
　　　(オ)　情報の提供等の措置／165
　　(3)　請求者──本人もしくは未成年者または成年被後見人の法
　　　　定代理人 ……………………………………………………… 165
　　(4)　請求手続──請求書の提出 ………………………………… 166
　　　〈表3〉　各請求書の必要的記載事項／167
　　(5)　請求の際における本人確認 ………………………………… 168
　　　〈表4〉　本人確認方法／169
　　(6)　補　正 ………………………………………………………… 169
　　(7)　決定および不服がある場合の措置 ………………………… 170
　　　(ア)　決定義務／170

(ｲ)　行政不服審査法に基づく審査請求／170

　　〔図1〕　情報公開・個人情報保護審査会における調査審議の
　　　　　　流れ／171

　　　(ｳ)　取消訴訟等／172

　　　(ｴ)　その他／172

　3　開示請求権 ……………………………………………………………… 173

　　(1)　概　　要 ……………………………………………………………… 173

　　(2)　開示請求手続 ………………………………………………………… 173

　　　(ｱ)　記載事項／173

　　【書式10】　保有個人情報開示請求書／174

　　　(ｲ)　記載事項に関する判例・裁判例／176

　　(3)　手数料 ………………………………………………………………… 178

　　(4)　保有個人情報の開示義務 …………………………………………… 180

　　　(ｱ)　開示義務と不開示情報／180

　　　(ｲ)　1号関係／182

　　　(ｳ)　2号関係／183

　　　(ｴ)　3号関係／186

　　　(ｵ)　4号関係／187

　　　(ｶ)　5号関係／187

　　　(ｷ)　6号関係／187

　　　(ｸ)　7号関係／188

　　(5)　部分開示 ……………………………………………………………… 189

　　(6)　裁量的開示 …………………………………………………………… 190

　　(7)　存否応答拒否 ………………………………………………………… 191

　　(8)　開示請求に対する措置 ……………………………………………… 192

　　(9)　開示決定等の期限 …………………………………………………… 192

　　(10)　事案の移送 …………………………………………………………… 193

　　(11)　第三者に対する意見書提出の機会の付与等 ……………………… 195

(ア)　概　　要／195

　　　(イ)　任意的意見聴取／195

　　　(ウ)　必要的意見聴取／196

　　　(エ)　反対意見書を提出した場合／196

　(12)　開示の実施等 …………………………………………………… 197

　　【書式11】　保有個人情報の開示の実施方法等申出書／198

　(13)　他の法令による開示の実施との調整 ……………………………… 199

4　訂正請求権 ……………………………………………………………… 201

　(1)　訂正請求 ……………………………………………………………… 201

　　　(ア)　訂正請求権／201

　　　(イ)　対象情報／201

　　　(ウ)　訂正請求手続／202

　　【書式12】　保有個人情報訂正請求書／203

　(2)　訂正決定等 …………………………………………………………… 204

5　利用停止請求権 ………………………………………………………… 205

　(1)　利用停止請求 ………………………………………………………… 205

　　　(ア)　利用停止請求権／205

　　　(イ)　対象情報／206

　　　(ウ)　利用停止が認められる場合／206

　　　(エ)　利用停止請求手続／207

　　【書式13】　保有個人情報利用停止請求書／208

　(2)　利用停止決定等 ……………………………………………………… 209

6　個人情報ファイル簿の作成・公表義務 ……………………………… 210

　(1)　作成・公表制度の趣旨 ……………………………………………… 210

　(2)　個人情報ファイル簿の作成 ………………………………………… 210

　(3)　個人情報ファイル簿の公表 ………………………………………… 211

　(4)　適用除外等 …………………………………………………………… 212

7　行政機関非識別加工情報の提供 ……………………………………… 212

(1)　制度趣旨 ……………………………………………………………… 212
　　(2)　制度の概要 …………………………………………………………… 213
　　　　〔図2〕　行政機関非識別加工情報の提供制度／215
　8　公文書管理法との関係 ……………………………………………………… 215
Ⅲ　独立行政法人等が保有する個人情報 ………………………………………… 217
　1　概　説 ………………………………………………………………………… 217
　2　各請求に共通する事項 ……………………………………………………… 217
　　(1)　請求先──独立行政法人等 ………………………………………… 217
　　(2)　対象情報──自己を本人とする保有個人情報 …………………… 218
　　　　㈦　保有個人情報／219
　　　　㈣　「自己を本人とする」もの／219
　　　　㈸　行政機関非識別加工情報および削除情報／219
　　　　㈳　情報提供等の措置／220
　　(3)　請求者──本人もしくは未成年者または成年被後見人の法
　　　　定代理人 ……………………………………………………………… 220
　　(4)　請求手続──請求書の提出 ………………………………………… 220
　　(5)　請求の際における本人確認 ………………………………………… 221
　　(6)　補正決定および審査請求 …………………………………………… 221
　3　開示請求権 …………………………………………………………………… 221
　　(1)　開示請求権と開示請求手続 ………………………………………… 221
　　(2)　保有個人情報の開示義務等 ………………………………………… 222
　4　訂正請求権 …………………………………………………………………… 222
　　(1)　訂正請求権と訂正請求手続 ………………………………………… 222
　　(2)　保有個人情報の訂正義務等 ………………………………………… 223
　5　利用停止請求権等 …………………………………………………………… 224
　　(1)　利用停止請求権と利用停止請求手続 ……………………………… 224
　　(2)　保有個人情報の利用停止義務等 …………………………………… 224
　6　個人情報ファイル簿の作成・公表義務 …………………………………… 225

7　独立行政法人等非識別加工情報の提供 ……………………………… 225
　　8　公文書管理法との関係 ………………………………………………… 226
　Ⅳ　地方公共団体が保有する個人情報 ……………………………………… 227
　　1　概　説 …………………………………………………………………… 227
　　2　各請求に共通する事項 ………………………………………………… 228
　　(1)　請求先──地方公共団体の実施機関 …………………………… 228
　　(2)　対象情報──自己を本人とする保有個人情報 ………………… 228
　　(3)　請求者──本人もしくは未成年者または成年被後見人の法
　　　　定代理人 ………………………………………………………………… 229
　　(4)　請求手続──請求書の提出 ……………………………………… 229
　　(5)　決定および審査請求 ……………………………………………… 230
　　3　開示請求権 ……………………………………………………………… 230
　　4　訂正請求権 ……………………………………………………………… 233
　　5　利用停止請求権 ………………………………………………………… 234
　Ⅴ　個人情報取扱事業者が保有する個人情報 ……………………………… 235
　　1　概　説 …………………………………………………………………… 235
　　2　個人情報保護法における関連規定 …………………………………… 235
　　(1)　個人情報保護法の概要 …………………………………………… 235
　　(2)　具体的権利性および法的性格 …………………………………… 236
　　(3)　各請求に共通する事項 …………………………………………… 237
　　　(ア)　請求先──個人情報取扱事業者／237
　　　(イ)　対象情報──当該本人が識別される保有個人データ／238
　　　(ウ)　請求者──本人またはその代理人／239
　　　(エ)　求めに応じる手続／240
　　　(オ)　本人確認／241
　　　(カ)　過重負担への配慮／241
　　　(キ)　理由の説明／243
　　　(ク)　手数料／244

(4) 開示等の求め ……………………………………………… 245
　　(ア) 開示等の求め／245
　　(イ) 不開示事由／245
　　(ウ) 開示の方法／246
　　(エ) 通知および理由の説明／247
　　(オ) 適用除外／247
　(5) 訂正等の求め ……………………………………………… 247
　　(ア) 訂正等の求め／247
　　(イ) 通知および理由の説明／248
　(6) 利用停止等の求め ………………………………………… 249
　　(ア) 利用停止等の求め／249
　　(イ) 通知および理由の説明／250
　(7) 第三者提供停止の求め …………………………………… 250
　　(ア) 第三者提供停止の求め／250
　　(イ) 通知および理由の説明／250
　(8) 利用目的の通知の求め …………………………………… 250
　(9) 保有個人データに関する事項の公表等 ………………… 251
　3　平成27年改正個人情報保護法における開示請求等 ………… 252
Ⅵ　番号利用法と個人情報の開示等 ……………………………… 254
　1　概　説 …………………………………………………………… 254
　2　行政機関個人情報保護法等の特例 ………………………… 255
　(1) 番号利用法29条の位置づけ …………………………… 255
　(2) 行政機関個人情報保護法の特例 ……………………… 255
　(3) 独立行政法人等個人情報保護法の特例 ……………… 256
　(4) 個人情報保護法の特例 ………………………………… 257
　3　情報提供等の記録についての特例 ………………………… 257
　(1) 番号利用法30条の位置づけ …………………………… 257
　(2) 行政機関保有の情報提供等の記録の特例 …………… 258

(3)　総務省保有の情報提供等の記録の特例 ……………………… 259
　(4)　独立行政法人等保有の情報提供等の記録の特例　………… 260
　(5)　それ以外の者が保有する情報提供等の記録への準用 …… 260
　4　地方公共団体等が保有する特定個人情報の保護………………… 261
　5　個人情報取扱事業者でない個人番号取扱事業者………………… 261

第3章　訴訟その他の手続による情報の収集

Ⅰ　23条照会を利用した情報の収集 ……………………………………… 264
　1　はじめに ……………………………………………………………… 264
　2　制度の概要 …………………………………………………………… 265
　　(1)　制度の趣旨 ……………………………………………………… 265
　　(2)　23条照会の基本構造　………………………………………… 265
　　(3)　照会先との関係 ………………………………………………… 267
　　(4)　回答書の取扱い ………………………………………………… 267
　3　照会申出の要件 ……………………………………………………… 268
　　(1)　受任事件 ………………………………………………………… 268
　　(2)　公務所その他の公私の団体であること ……………………… 269
　　(3)　受任事件に必要な事項であること　………………………… 269
　　(4)　その他不適当な照会の申出でないこと ……………………… 270
　4　具体的な照会申出手続の流れ ……………………………………… 271
　　(1)　照会申出書の作成……………………………………………… 271
　　(2)　照会申出書の提出……………………………………………… 271
　　(3)　弁護士会による審査　………………………………………… 271
　　(4)　発　送 …………………………………………………………… 272
　　(5)　回　答 …………………………………………………………… 272

| | | (6) | 回答がない場合 ………………………………………………… | 272 |

  5 照会先ごとの有効活用の例 …………………………………………… 272

   (1) 銀行等金融機関 ……………………………………………………… 272

   (2) 一般社団法人生命保険協会 ………………………………………… 272

   (3) 電話会社 ……………………………………………………………… 272

   (4) 法務省出入国管理局 ………………………………………………… 273

   (5) 警察署 ………………………………………………………………… 273

  6 23条照会をめぐる諸問題 …………………………………………… 273

   (1) 個人情報保護法との関係 …………………………………………… 273

   (2) 回答の不当拒否と損害賠償 ………………………………………… 274

   (3) 不当回答と損害賠償 ………………………………………………… 274

   (4) 照会の申出に対する拒絶 …………………………………………… 275

Ⅱ 民事訴訟手続を利用した情報の収集 ……………………………………… 277

  1 概　要 ……………………………………………………………………… 277

  2 証拠保全 …………………………………………………………………… 277

  3 提訴前証拠収集処分 ……………………………………………………… 278

  4 調査嘱託 …………………………………………………………………… 278

   (1) 概　要 ………………………………………………………………… 278

   (2) 嘱託に応じる義務 …………………………………………………… 278

  5 文書送付嘱託 ……………………………………………………………… 279

   (1) 概　要 ………………………………………………………………… 279

   (2) 嘱託に応じる義務 …………………………………………………… 279

   (3) 個人情報保護との関係 ……………………………………………… 279

  6 文書提出命令 ……………………………………………………………… 279

   (1) 概　要 ………………………………………………………………… 279

   (2) 提出義務 ……………………………………………………………… 280

   (3) 例外的に提出義務がない場合①――公務文書の場合 ………… 280

    (ア) 公務員の職務上の秘密文書／280

(イ)　刑事事件・少年事件関係書類／280
　　(4)　例外的に提出義務がない場合②——私文書の場合 ………… 280
　　　(ア)　自己負罪拒否特権等文書／280
　　　(イ)　プロフェッション秘密文書／281
　　　(ウ)　技術・職業秘密文書／281
　　　(エ)　内部文書／281
Ⅲ　刑事訴訟手続を利用した情報の収集 ……………………………… 282
　1　はじめに ………………………………………………………… 282
　2　検察官に対する証拠開示請求 ………………………………… 283
　(1)　公判前整理手続に付されていない事件 …………………… 283
　　　(ア)　証拠開示の要件／283
　　　(イ)　証拠開示命令申立ての方法／284
　　【書式14】　証拠開示命令申立書／284
　(2)　公判前整理手続に付されている事件 ……………………… 286
　　【書式15】　公判前整理手続に付する決定の申出書／287
　　　(ア)　検察官請求証拠の開示（刑訴法316条の14第1項）／287
　　　(イ)　類型証拠開示（刑訴法316条の15）／288
　　【書式16】　類型証拠開示請求書／292
　　　(ウ)　主張関連証拠開示（刑訴法316条の20）／294
　　【書式17】　主張関連証拠開示請求書／295
　　　(エ)　証拠開示請求に応じない場合の手法／297
　　【書式18】　裁定請求書／298
　　　(オ)　その他の留意点／299
　3　裁判所に対する文書開示 ……………………………………… 301
　(1)　手続調書（尋問調書）の閲覧・謄写 ……………………… 301
　(2)　判決・身体拘束関係書類の謄本請求 ……………………… 301
　4　補論——少年事件における閲覧・謄写 ……………………… 301
　5　その他の文書開示 ……………………………………………… 302

Ⅳ　刑事確定記録の閲覧手続を利用した情報の収集 ……………………… 303
　1　活用できる場面 …………………………………………………… 303
　2　要　件 ……………………………………………………………… 303
　　(1)　保管先 ………………………………………………………… 303
　　(2)　記録の範囲 …………………………………………………… 303
　　(3)　保管期間 ……………………………………………………… 304
　　〈表5〉　刑事確定訴訟記録の保管期間（抄）／304
　3　閲覧手続 …………………………………………………………… 305
　　(1)　閲覧請求 ……………………………………………………… 305
　　(2)　事件特定 ……………………………………………………… 305
　　(3)　正当理由 ……………………………………………………… 306
　　(4)　手数料 ………………………………………………………… 307
　　(5)　閲覧・謄写 …………………………………………………… 307
　　(6)　閲覧者の義務 ………………………………………………… 308
Ⅴ　会社に関する文書の開示請求を利用した情報の収集 ……………… 309
　　〈表6〉　会社に対する開示請求／309
　1　株主名簿 …………………………………………………………… 312
　　(1)　概　要 ………………………………………………………… 312
　　(2)　請求拒否事由 ………………………………………………… 312
　　　㋐　請求者がその権利の確保または行使に関する調査以外の目的で請求を行ったとき／312
　　　㋑　請求者が当該株式会社の業務の遂行を妨げ、または株主の共同の利益を害する目的で請求を行ったとき／313
　　　㋒　請求者が株主名簿の閲覧または謄写によって知り得た事実を利益を得て第三者に通報するため請求を行ったとき／313
　　　㋓　請求者が、過去2年以内において、株主名簿の閲覧または謄写によって知り得た事実を利益を得て第三者に通報したことがあるものであるとき／313

目次

　　2　定　款 …………………………………………………………… 314
　　3　株主総会議事録 ………………………………………………… 314
　　4　取締役会議事録 ………………………………………………… 316
　　5　監査役会議事録・監査等委員会議事録・指名委員会等議事録 …… 318
　　　(1)　監査役会議事録 …………………………………………… 318
　　　(2)　監査等委員会議事録 ……………………………………… 319
　　　(3)　指名委員会等議事録 ……………………………………… 320
　　6　計算書類等 ……………………………………………………… 321
　　7　会計帳簿・資料 ………………………………………………… 322
　　　(1)　概　要 ……………………………………………………… 322
　　　(2)　請求拒否事由 ……………………………………………… 323
　　8　有価証券報告書 ………………………………………………… 323
　　9　決算短信 ………………………………………………………… 324
Ⅵ　医療記録の開示請求を利用した情報の収集 …………………… 325
　1　医療記録に関する法規制 ………………………………………… 325
　2　医療記録の主な利用場面 ………………………………………… 326
　3　個人情報保護法の活用 …………………………………………… 327
　　(1)　診療情報の提供等に関する指針等 …………………………… 327
　　(2)　個人情報保護法の全面施行 …………………………………… 327
　　　(ア)　個人情報保護法／327
　　　(イ)　医療・介護関係事業者における個人情報の適切な取扱いのためのガイドライン／328
　　　(ウ)　行政機関個人情報保護法等との関係／330
　4　医療記録の証拠保全 ……………………………………………… 332
　　(1)　医療記録の証拠保全申立て …………………………………… 332
　　　(ア)　証拠保全の対象となる医療記録／332
　　　(イ)　保全の必要性／332
　　　【書式19】　証拠保全申立書／333

(2)　証拠調べ（検証）の準備 ………………………………………… 337
　5　送付嘱託 ……………………………………………………………… 338
　(1)　相手方からの申立ての際の留意点 …………………………… 338
　(2)　集団訴訟の場合の留意点 ……………………………………… 338

・判例索引／340
・編者・執筆者紹介／345

凡　例

●凡　　例●

〈法　令〉

行政機関情報公開法	行政機関の保有する情報の公開に関する法律（※）
行政機関情報公開法施行令	行政機関の保有する情報の公開に関する法律施行令
独立行政法人等情報公開法	独立行政法人等の保有する情報の公開に関する法律（※）
独立行政法人等情報公開法施行令	独立行政法人等の保有する情報の公開に関する法律施行令
公文書管理法	公文書等の管理に関する法律
公文書管理法施行令	公文書等の管理に関する法律施行令
特定秘密保護法	特定秘密の保護に関する法律
特定秘密保護法施行令	特定秘密の保護に関する法律施行令
個人情報保護法	個人情報の保護に関する法律（※）
個人情報保護法施行令	個人情報の保護に関する法律施行令
行政機関個人情報保護法	行政機関の保有する個人情報の保護に関する法律（※）
行政機関個人情報保護法施行令	行政機関の保有する個人情報の保護に関する法律施行令
独立行政法人等個人情報保護法	独立行政法人等の保有する個人情報の保護に関する法律（※）
独立行政法人等個人情報保護法施行令	独立行政法人等の保有する個人情報の保護に関する法律施行令
番号利用法	行政手続における特定の個人を識別するための番号の利用等に関する法律
番号利用法施行令	行政手続における特定の個人を識別するための番号の利用等に関する法律施行令
情報通信技術利用法	行政手続等における情報通信の技術の利用に関する法律
情報通信技術利用法施行規則	行政機関の保有する個人情報の保護に関

する法律に係る行政手続等における情報通信の技術の利用に関する法律施行規則

憲法	日本国憲法
行訴法	行政事件訴訟法
民訴法	民事訴訟法
民訴規	民事訴訟規則
刑訴法	刑事訴訟法
刑訴規	刑事訴訟規則

※　本書は、①行政機関個人情報保護法、独立行政法人等個人情報保護法、行政機関情報公開法、独立行政法人等情報公開法の平成28年改正（平成28年法律第51号による改正。公布の日（平成28年5月27日）から起算して1年6カ月を超えない範囲内において政令で定める日から施行）、②個人情報保護法の平成27年改正（平成27年法律第65号による改正。公布の日（平成27年9月9日）から起算して2年を超えない範囲内において政令で定める日から施行）を織り込んで解説し、本書発刊時の現行法と改正法の条文番号等が異なる場合には、改正法の条文番号の後に〔　〕により現行法の条文番号等を示している。ただし、本書第2章Ⅴにおいては、②について現行法下の裁判例や改正の経緯等に触れるため、現行法の条文番号により解説を行うので留意されたい。

〈判例集等〉

民集	最高裁判所民事判例集
刑集	最高裁判所刑事判例集
集民	最高裁判所裁判集民事
行集	行政事件裁判例集
訟月	訟務月報
裁時	裁判所時報
最判解民	最高裁判所判例解説民事篇
判時	判例時報
判タ	判例タイムズ
金商	金融・商事判例
金法	金融法務事情
判自	判例地方自治

凡 例

季報　　　　季報情報公開・個人情報保護
裁判所HP　　最高裁判所ウェブサイト「裁判例情報」
総務省DB　　総務省ウェブサイト「情報公開・個人情報保護関係答申・判決データベース」

●参考文献●

（50音順）

相澤哲ほか編著『論点解説　新・会社法』（2006年・商事法務）
秋山幹男ほか『コンメンタール民事訴訟法Ⅳ』（2010年・日本評論社）
石川寛俊＝カルテ改ざん問題研究会『カルテ改ざんはなぜ起きる』（2006年・日本評論社）
伊藤眞『民事訴訟法〔第4版〕』（2011年・有斐閣）
岩原紳作編『会社法コンメンタール(7)機関(1)』（2013年・商事法務）
宇賀克也『情報公開の理論と実務』（2005年・有斐閣）
宇賀克也『情報公開・個人情報保護』（2013年・有斐閣）
宇賀克也『新・情報公開法の逐条解説〔第6版〕』（2014年・有斐閣）
右崎正博ほか編『新基本法コンメンタール情報公開法・個人情報保護法・公文書管理法』（2013年・日本評論社）
江頭憲治郎編『会社法コンメンタール(1)設立(1)』（2008年・商事法務）
江頭憲治郎＝弥永真生編『会社法コンメンタール(10)計算等(1)』（2011年・商事法務）
大阪弁護士会裁判員制度実施大阪本部編『コンメンタール公判前整理手続〔補訂版〕』（2010年・現代人文社）
押切謙徳ほか『注釈刑事確定訴訟記録法』（1988年・ぎょうせい）
落合誠一編『会社法コンメンタール(8)機関(2)』（2009年・商事法務）
賀集唱ほか編『基本法コンメンタール民事訴訟法2〔第3版追補版〕』（2012年・日本評論社）
兼子一『条解民事訴訟法〔第2版〕』（1951年・弘文堂）
川崎英明＝三島聡『刑事司法改革とは何か』（2014年・現代人文社）
佐藤幸治『日本国憲法論』（2011年・成文堂）
新堂幸司『民事訴訟法〔第5版〕』（2011年・弘文堂）
総務省行政管理局編『詳解　情報公開法』（2001年・財務省印刷局）
高橋滋ほか編著『条解行政情報関連三法』（2011年・弘文堂）
平野龍一＝松尾浩也『新実例刑事訴訟法(2)公訴の提起及び公判』（1998年・青林書院）
松井茂記『日本国憲法〔第3版〕』（2007年・有斐閣）

参考文献

松井茂記『情報公開法〔第2版〕』（2003年・有斐閣）
松本時夫ほか編『条解刑事訴訟法〔第4版〕』（2009年・弘文堂）
三宅弘＝小町谷育子『個人情報保護法』（2003年・青林書院）
山下友信編『会社法コンメンタール(4)株式(2)』（2009年・商事法務）

序　章
情報公開・開示請求に関する手続の流れ

I　はじめに

　情報公開制度を利用した情報公開・開示請求（本章II参照）や、個人情報保護制度を利用した自己情報開示請求（本章III参照）は、情報を保有している主体に応じて根拠法令が異なる。

　情報公開制度では、国の行政機関に対する請求は行政機関情報公開法、独立行政法人に対する請求は独立行政法人等情報公開法、地方公共団体に対する請求は各地方公共団体の情報公開条例によることになる。

　個人情報保護制度のほうも、国の行政機関に対する請求は行政機関個人情報保護法、独立行政法人に対する請求は独立行政法人等個人情報保護法、地方公共団体に対する請求は各地方公共団体の個人情報保護条例によることとなる（さらに自己情報開示請求は、個人情報保護法に基づき、民間の個人情報取扱事業者に対して請求することも可能である）。

　これらの手続は、根拠法令に応じて若干の違いはあるものの、概要は同じである。ここではまず、国の行政機関に対する請求を例にとって、行政文書開示請求および自己情報開示請求のそれぞれの手続の流れを解説する。

　これらの手続は、実際に利用してみると、驚くほど手軽で簡便である。

▷坂本　団

Ⅱ　情報公開制度を利用した情報公開・開示請求の手続の流れ

　ここでは、国の行政機関に対する行政機関情報公開法に基づく行政文書開示請求を行う場合の手続の流れを紹介し（後記1～3参照）、その後、実務上のポイントについて地方公共団体（大阪市）に対する情報公開条例に基づく開示請求の実例を通して説明する（後記4）。

1　開示請求の準備

　国の行政機関の保有する文書の開示を請求しようとする場合、インターネットを利用できるのであれば、まず、電子政府の総合窓口 e-Gov にアクセスするのが便宜である。

　トップページから「申請・手続をする」をクリックすると、「情報公開・公文書管理」にアクセスできる。

1　電子政府の総合窓口 e-Gov ウェブサイト「トップページ」〈http://www.e-gov.go.jp/〉（平成28年6月30日閲覧。以下、同様）。

序章　情報公開・開示請求に関する手続の流れ

　ここには、各省庁の情報公開手続や問合せ先がまとめられている。開示請求書の書式等もダウンロードできるようになっている。

2　開示請求の実施

　たとえば、報道などにより、政府が平成19年に閣議決定した「カウンターインテリジェンス機能の強化に関する基本方針」に基づいて、重要な秘密を取り扱う国家公務員に対し身辺調査を実施していることを知り、その基本方針の内容を知りたいと考えたとする。この文書はインターネット上では公表されていないようなので、情報公開制度の利用を考えることになる。

　閣議決定された文書なので、これを保有しているのは、内閣官房であろうと推測される。そこで、電子政府の総合窓口 e-Gov「情報公開・公文書管理」のページから、内閣官房ウェブサイトへアクセスすると[3]、内閣官房の情報公開窓口の連絡先や、請求方法（本書刊行時点では、郵送での請求のみ受け付けている）が記載されている。

2　電子政府の総合窓口 e-Gov ウェブサイト「情報公開・公文書管理」〈http://www.e-gov.go.jp/link/disclosure.html〉。
3　内閣官房ウェブサイト「情報公開・公文書管理」〈http://www.cas.go.jp/jp/koukai〉。

Ⅱ　情報公開制度を利用した情報公開・開示請求の手続の流れ

> **内閣官房** Cabinet Secretariat　サイトマップ
> トップページ｜内閣官房の概要｜所管法令｜記者会見｜採選発表｜資料集
> 政策課題｜国会提出法案｜パブリックコメント等｜情報公開・公文書管理｜調達情報｜リンク
> トップページ＞情報公開・公文書管理
> **情報公開・公文書管理**
>
> □ 情報公開窓口・行政文書ファイル管理簿閲覧場所
>   (情報公開に関する各種の照会も下記にお願いします)
>   ・内閣官房内閣総務官室内情報公開窓口（中央合同庁舎第8号館2階N213号室）
>   〒100-8968　東京都千代田区永田町1丁目6番1号
>   電話 03-5253-2111（代表）（内線）81298　FAX 03-5510-0859
>   ※内閣府の情報公開窓口（内閣府大臣官房総務課情報公開窓口）を併設しています。
>
> □ 窓口での開示請求の受付時間
>   行政機関の休日を除く日の午前9時15分から午後5時30分まで
>   （ただし、午後0時から午後1時までの間を除く）
>
> □ 郵送による開示請求の受付
>   上記公開窓口の住所あてに郵送して下さい。なお、ファクシミリあるいは電子メールでの請求は受け付けていません。

　ここから行政文書開示請求書の書式をダウンロードし（【書式１】参照）、ウェブサイトの案内に従って、必要事項を記入すればよい（行政機関情報公開法４条１項）。

　たとえば、行政文書開示請求書には、開示請求の宛先を記入する必要があるが、内閣官房では、情報開示に係る権限・事務を各部局の長に委任しており、行政文書開示請求の宛先には、請求する文書を保有している部局の長の名称を記入することになっている。そして、「開示請求の宛先一覧」を参照すると、七つの部局ごとに開示請求の宛先が異なることがわかる。

　しかし、開示を受けたい「基本方針」をどこの部局が保有しているのか、知っている人はほとんどいないだろう。そこで、そのような場合には、問合せ窓口に電話をして問い合わせるのが早くて簡単である（上記のウェブサイトでもそのように案内されている）。

　「請求する行政文書の名称等」の欄には、この例のように、開示を受けたい行政文書の正確な名称がわかっている場合はそれを記入すればよいが、不明な場合も多い。そのような場合には、どのような内容の文書が見たいのかをできるだけ具体的に書けばよい。どのように書けばよいかがわからないときには、ここでも問合せ窓口に電話をして相談するのがよい。

　書き方がわからなくて悩んでいるよりも、問合せ窓口に電話することである。

　必要事項を記載した後は、開示請求手数料の印紙を貼って郵送すれば開示

序章　情報公開・開示請求に関する手続の流れ

請求は完了である。

【書式1】　行政文書開示請求書

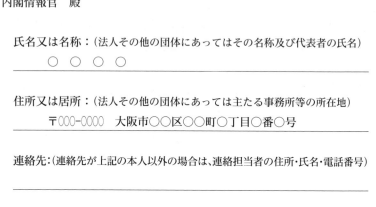

方法等を記載してください。

```
ア　事務所における開示の実施を希望する。
　　〈実施の方法〉　① 閲覧　② 写しの交付　③ その他（　　　　　）
　　〈実施の希望日〉
㋑　写しの送付を希望する。
```

開示請求手数料 （1件300円）	ここに収入印紙をはってください。	（受付印）

＊この欄は記入しないでください。

担当課	
備　考	

3　開示・不開示決定と閲覧・写しの交付の申出

　開示請求後、原則として30日以内に開示・不開示の決定がされ（行政機関情報公開法9条1項・10条1項。もっとも、実際には延長決定がなされ（同条2項）、開示・不開示決定が遅れることも多い）、請求者に通知される。

【書式2】 行政文書開示等決定通知書

閣情○号
平成○年○月○日

行政文書開示等決定通知書

○○○○　様

内閣情報官
○　○　○　○　㊞

　平成○年○月○日付け行政文書の開示請求（平成○年○月○日付け受付）について、行政機関の保有する情報の公開に関する法律（以下「法」という。）第9条第1項の規定に基づき、下記のとおり開示することとしましたので通知します。

記

1　開示する行政文書の名称
　　カウンターインテリジェンス機能の強化に関する基本方針
2　不開示とした部分とその理由
　　上記文書中、
　　我が国の情報保全業務や事案対処要領のうち具体的な内容が記載されている部分は、公にすることにより、他国機関等から対抗・妨害措置を講じられ、当室を含む政府における情報保全事務の適正な遂行に支障を及ぼすおそれがあり、ひいては我が国の安全が害されるおそれがあることから、法第5条第3号及び第6号に該当するため不開示とした。

　＊　この決定に不服がある場合は、行政不服審査法（平成26年法律第68号）第2条の規定により、この決定があったことを知った日の翌日から起算して3か月以内に、内閣総理大臣に対して審査請求をすることができます（なお、決定があったことを知った日の翌日から起算して3か月以内であっても、決定の日の翌日から1年を経過した場合には審査請求をすることができなくなります）。
　　　また、この決定の取消しを求める訴訟を提起する場合は、行政事件訴訟法（昭和37年法律第139号）の規定により、この決定があったことを知った日から6か月

II　情報公開制度を利用した情報公開・開示請求の手続の流れ

以内に、国を被告として（訴訟において国を代表する者は法務大臣となります。）、東京地方裁判所等に処分の取消しの訴えを提起することができます（なお、決定があったことを知った日から6か月以内であっても、決定の日から1年を経過した場合には処分の取消しの訴えを提起することができなくなります。）。

　開示決定（部分開示決定も含む）があったら、次に、具体的にどのようにして開示を受けるか（閲覧しに行くのか、写しの送付を受けるのかなど）を連絡することになる。
　これは、通知があった日から30日以内に、開示の実施方法等申出書を提出することになっている（行政機関情報公開法14条2項・3項。なお、条例の場合には、最初の開示請求書に開示の実施方法についても記載し、開示決定後にはあらためてこのような申出書の提出を要しない場合も多い）。その際、手数料の支払いが必要である。

【書式3】　行政文書の開示の実施方法等申出書

行政文書の開示の実施方法等申出書

平成○年○月○日

　　内閣情報官　　殿

　　　　氏名又は名称　　○　○　○　○
　　　　住所又は居所　　〒000-0000　　大阪市○○区○○町○丁目○番○号
　　　　連絡先電話番号　　06-0000-0000

　行政機関の保有する情報の公開に関する法律第14条第2項の規定に基づき、下記のとおり申出をします。

9

記

1　行政文書開示決定通知書の番号等
　　日　　付　　平成○年○月○日
　　文書番号　　閣情第○号

2　求める開示の実施の方法
　　下表から実施の方法を選択し、該当するものに○印を付してください。

行政文書の名称	種類・量	実施の方法	
カウンターインテリジェンス機能の強化に関する基本方針	○○○○ ○○○○	1　○○○○	①全部（○で囲み） ②一部（　　　）
		2	①全部 ②一部（　　　）
		3	①全部 ②一部（　　　）

3　開示の実施を希望する日

4　「写しの送付」の希望の有無　　㊒：同封する切手の額　　○○円
　　　　　　　　　　　　　　　　　　無

開示請求手数料 ○○円	ここに収入印紙をはってください。	（受付印）

＊担当課等

　なお、不開示決定や部分開示決定がなされた場合の争い方については、第1章Ⅲ以下を参照されたい。

4　実務上のポイント──大阪市に対する開示請求の実例を通して

(1)　開示（公開）請求方法の確認

　省庁や地方公共団体が公文書を保有しているかもしれないと考えた場合、まずその省庁や地方公共団体のウェブサイトにアクセスし、開示（公開）請求の方法を調べる。

　郵送でしか開示（公開）請求を受け付けないのか、ファクシミリ、電子メール、またはウェブサイト上から開示請求することができるのか等、具体的な手続が各省庁や各地方公共団体によってそれぞれ微妙に異なってくるからである。

　たとえば、筆者が多く利用する大阪市の場合、郵送、ファクシミリ、ウェブサイト上からの方法によって開示請求が可能である。

(2)　開示（公開）請求書の作成

　次に、実際に開示（公開）請求書等に必要事項を記入する。

　この際、開示請求する公文書の特定が一番気を遣うところである。

　もっとも、省庁や地方公共団体が実際にどのような公文書を保有しているのかは、開示（公開）請求側がはっきりわからないことがほとんどである。

　そこで、情報公開請求をする際には、開示（公開）請求書の開示を求める文書欄に「〇〇に関する資料すべて」「〇〇に関する資料一切」などと記載することが多い。

　逆に、開示（公開）対象文書を狭く絞りすぎると、本来入手したい文書や関連する重要な文書が開示（公開）の対象から抜け落ちたりすることがある。

　大阪市（環境局事業部）に対する公開請求書（【書式4】参照）の例を示す。

【書式4】 公開請求書(大阪市)

公開請求書

平成〇年〇月〇日

(提出先)

　　　公開請求者　住所又は居所

　　　　　　　　　〒000-0000　大阪市〇〇区〇〇町〇丁目〇番〇号
　　　　　　　　　⎱法人その他の団体にあっては、⎰
　　　　　　　　　⎱事務所又は事業所の所在地　　⎰
　　　　　　　　　氏名及び連絡先　　〇　〇　〇　〇
　　　　　　　　　⎱法人その他の団体にあっては、　　⎰
　　　　　　　　　⎱その名称及び代表者の氏名　　　　⎰
　　　　　　　　　⎱並びに担当者の氏名及び連絡先　　⎰
　　　　　　　　　電話番号　06-0000-0000

　大阪市情報公開条例第5条の規定により、次のとおり公文書の公開を請求します。

請求する公文書の件名又は内容	〇〇〇〇〇〇〇〇　(平成〇年〇月〇日付け)
公開の実施方法の区分	1　文書又は図画の場合 　□　閲　覧 　☑　写しの交付　　☑　両面印刷を希望 　　　　　　　　　　□　片面印刷を希望 2　電磁的記録の場合 　ア　閲覧に準ずる方法 　　□　用紙に出力したものの閲覧 　　□　専用機器により再生したものの聴取又は視聴 　イ　写しの交付に準ずる方法 　　□　用紙に出力したものの写しの交付 　　□　フロッピーディスクに複写したものの交付 　　□　光ディスクに複写したものの交付

		☐ 録音テープに複写したものの交付
		☐ ビデオテープに複写したものの交付
		3　実施場所等の希望
		☐ 市民相談室会議室での公開
		☐ 担当局・区が指定する会議室等での公開
		☑ 郵送
※担　当		環境局　事業部　○○○○課
		（電話番号　06-0000-0000）

注1　各欄に必要な事項を記入し、又は該当する☐にレを付けてください。
　2　※印の欄については、記入しないでください。
　3　電磁的記録については、用紙に出力したものの閲覧又は写しの交付に限らせていただく場合があります。
　4　「担当局・区が指定する会議室等での公開」とは、市役所本庁舎以外に主たる事務所がある局又は区が公開の担当である場合に、その主たる事務所又は区役所庁舎内の会議室等で行う公開をいいます。ただし、公開の担当が市役所本庁舎に主たる事務所がある局である場合は、市民相談室会議室での公開となります。

(3)　開示（公開）請求書の提出

　開示（公開）請求書に住所または居所、氏名、電話番号、開示（公開）請求の対象文書の内容や文書名等、開示（公開）の実施方法を記載する。

　なお、ホームページから開示請求する場合、請求者の氏名や住所などの情報を登録するので、2回目以降の開示（公開）請求は、開示請求の対象文書の内容、開示（公開）の実施方法を記載するだけでよく、効率的に行うことができる。

　国の省庁に開示請求を行う場合は、開示請求書とともに収入印紙300円を貼付する。

(4)　情報公開担当者との電話のやりとり

　情報公開手続は、請求書を提出したら、後は結果（決定）を待てばよいというわけではなく、省庁や地方公共団体の情報公開担当者との何らかのやり

とりが続くのが通常である。

特に、開示対象文書について、情報公開請求書に「○○に関する資料すべて」「○○に関する資料一切」などと包括的な表示をすると、まず情報公開担当者が対象文書を特定したいとのことで請求者に電話がかかってくることが多い。

気をつけないといけないのは、この時、情報公開担当者によっては、対象文書の特定があいまいであるとの理由で対象文書の範囲をとにかく絞らせようとすることである。

これは行政事務の効率上致し方ないかもしれないが、何が必要な情報かは公文書を見てみないとわからないこともある。

開示（公開）請求側にとって、関連文書の包括的な請求が重要な場合には、開示（公開）請求側には省庁や地方公共団体がどのような公文書を保有しているのかはっきりとわからないことが多いこと、裁判例（東京地判平成15・10・31裁判所HP、高松高判平成14・12・15裁判所HP）においては文書の特定は緩やかに解されていることを情報公開担当者に明確に伝え、すべての関連する情報を対象に情報開示を検討させるべきである。

(5) 開示・不開示決定

その後、開示・不開示決定通知書が請求者のもとに送られてくる。省庁の場合、開示・不開示決定通知書とともに行政文書の開示の実施方法等申出書、開示の実施方法や開示に必要な手数料が記載された案内文が送られてくる。

情報公開法上の規定では原則として決定は請求があった日から30日以内（条例では14日以内とする例が多い）であるが（行政機関情報公開法10条1項）、通常、請求から決定が届くまで1カ月と少し（30日目に決定を出し、そこから開示請求者に郵送で決定通知書を郵送する）である。

大阪市（環境局事業部）に対する公開請求について公開決定通知書（【書式5】参照）および部分公開決定通知書（【書式6】参照）の例を示す。

【書式5】 公開決定通知書（大阪市）

公開決定通知書

大環境事第○○号
平成○年○月○日

○○○○　様

大阪市長　○　○　○　○　㊞

　平成○年○月○日付けの公開請求について、大阪市情報公開条例第10条第1項の規定により、次のとおり公文書の全部を公開することを決定したので通知します。

公文書の件名	○○○○○○○○（平成○年○月○日付け）
公開の日時	郵送させていただきます。
公開の場所	郵送させていただきます。
公開の実施方法	文書の写しの交付
担　　当	環境局　事業部　○○○○課 （電話番号　06-0000-0000）

注　公文書の公開を受ける際には、この通知書を受付へ提示してください。

【書式６】　部分公開決定通知書（大阪市）

部分公開決定通知書

　　　　　　　　　　　　　　　　　　　　　　　大環境事第○○号
　　　　　　　　　　　　　　　　　　　　　　　平成○年○月○日

　　○○○○　様

　　　　　　　　　　　　　　　　　大阪市長　　○　○　○　○　㊞

　平成○年○月○日付けの公開請求について、大阪市情報公開条例第10条第１項の規定により、次のとおり公文書の一部を公開することを決定したので通知します。

公文書の件名	○○○○○○○○（平成○年○月○日付け）
公開の日時	郵送させていただきます。
公開の場所	郵送させていただきます。
公開の実施方法	文書の写しの交付
公開しないこととした部分	裏面（略）のとおり
上記の部分を公開しない理由	大阪市情報公開条例第７条第○号に該当（説明）
担　　当	環境局　事業部　○○○○課 （電話番号　06-○○○○-○○○○）
備　　考	

注１　この決定に不服がある場合は、この決定があったことを知った日の翌日から起算して３箇月以内に、大阪市長に対して審査請求をすることができます。
　　　この決定については、上記の審査請求のほか、この決定があったことを知った日の翌日から起算して６箇月以内に、大阪市を被告として（訴訟において大阪市を代表する者は大阪市長となります。）、処分の取消しの訴えを提起することができます。
　　　なお、上記の審査請求をした場合には、処分の取消しの訴えは、その審査請

求に対する裁決があったことを知った日の翌日から起算して6箇月以内に提起することができます。
　ただし、上記の期間が経過する前に、この決定（審査請求をした場合には、その審査請求に対する裁決）があった日の翌日から起算して1年を経過した場合は、審査請求をすることや処分の取消しの訴えを提起することができなくなります。なお、正当な理由があるときは、上記の期間やこの決定（審査請求をした場合には、その審査請求に対する裁決）があった日の翌日から起算して1年を経過した後であっても審査請求をすることや処分の取消しの訴えを提起することが認められる場合があります。
2　公文書の公開を受ける際には、この通知書を受付へ提示してください。

(6) 公文書の開示

(ア) 複写

　開示（部分開示）決定後、開示のための手数料（大阪市の場合は銀行振込み、国の場合は印紙を貼付）と郵送代を支払った後、対象行政文書が請求者の手許に届く。

　なお、国に対して情報公開請求を行った場合には、行政文書開示申出書を郵送して送付しなければならない。また、すでに300円分の手数料を事前に納付しているので、開示の手数料が300円未満であれば追加で手数料を支払う必要はない。

　官公庁や地方公共団体によっては、対象文書をPDFファイルにして、CD-Rで開示（公開）してくれるところもある。国の場合、CD-Rで開示を求めた場合、郵送料は140円なので、行政文書開示申出書を送付する際、140円分の切手を同封することになる。

　なお、開示（公開）された文書が大量であれば、大阪市の場合は、ゆうパック（着払い）で送付する。ゆうパックの場合、同一あて割、複数口割が適用され、実施機関から伝えられた郵送料よりも安くなることがある。

　このような手続の流れによって、請求した公文書は手数料を納付してから1週間程度で請求者の手許に届く。

(イ) 閲覧

　対象文書を閲覧する場合、省庁および地方公共団体が指定する日時の中か

ら希望の日時を選択し、指定された場所に赴き閲覧する。閲覧の場合、当然ではあるが郵送料は不要である。

5　情報公開費用

　国・独立行政法人等に対して情報公開請求を行うに際し、複写代などの「開示実施手数料」とは別に、まず「開示請求手数料」がかかる。

　開示請求手数料とは、情報公開請求をする際にあらかじめ必要な費用である。本書刊行時点（平成28年7月現在）では、国であれば行政文書1件あたり300円（オンライン請求なら200円）を支払わないと情報公開請求を受け付けてもらえない。独立行政法人等であれば各法人によって開示請求手数料が異なる（国際協力機構であれば1件あたり300円、国民生活センターは無料）。支払方法は、国の場合は印紙（オンライン請求の場合、原則電子納付）、独立行政法人等であれば銀行振込みや現金など、法人ごとに対応が異なる。

　地方公共団体で開示請求手数料をとる例はほとんどないが、神戸市では株式会社等からの請求の場合は1件あたり1000円、神戸市内在住、在勤、在学していない個人や神戸市内に所在地のない法人等の場合は1件あたり300円を事前に支払わなければいけない。

　一方、開示実施手数料とは、情報公開請求に対して開示されたものを閲覧・入手する際に必要な額である。国・独立行政法人等の場合、閲覧する際は100枚ごとに100円の開示実施手数料がかかり、複写は白黒A3まで1枚につき10円がかかる（費用は開示請求手数料から控除される）。

　地方公共団体の場合、9割以上の地方公共団体では閲覧する際の費用はかからないが、東京都は1枚につき10円（1件100円が上限）かかる。複写は9割以上の地方公共団体で白黒A3まで1枚10円だが、東京都は上記閲覧手数料に加えて1枚20円かかる（平成28年4月現在）。

　電磁的記録をCDで開示する場合等は、各情報公開窓口に問い合わせていただきたい。

〈表1〉 開示請求手数料・開示実施手数料

	開示請求手数料	開示実施手数料	
		閲覧	複写
国	行政文書1件あたり300円（オンライン請求は200円）	100枚までごとにつき100円	白黒A3まで1枚につき10円
独立行政法人等	多くの法人が1件あたり300円（国民生活センターは無料）	100枚までごとにつき100円	白黒A3まで1枚につき10円
地方公共団体	ほとんどの地方公共団体でなし（神戸市は株式会社からの請求は1件1000円など）	9割以上の地方公共団体ではとらない（東京都は1枚につき10円、1件100円上限）	9割以上の地方公共団体で白黒A3まで1枚10円（東京都は1枚20円）

> **コラム　閲覧手数料と開示請求手数料**
>
> 　地方公共団体で情報公開条例ができ始めた1990年代、多くの地方公共団体で閲覧手数料をとっていた。平成7年に全国市民オンブズマン連絡会議が全都道府県・政令指定都市に対して官官接待に関する情報公開請求を一斉に行おうとしたとき、1決裁文書につき200円～300円という閲覧手数料をとる県が多く、実態解明の障害となった。閲覧手数料が200円の県の場合、1000回官官接待をしていれば書類を見るだけで200円×1000＝20万円もかかってしまう。しかも、コピー代が1枚30円の地方公共団体もあり、何十万円も請求された事例が多発した。
>
> 　地方公共団体側の言い分としては「情報公開をするために必要な手数がかかる。そのための人件費など実費分を請求者に負担してもらうのだ」とのことだが、市民、県民が税金の使途を調査しようとする場合には民主主義の原理と対立する。税の使途についての役所の情報は市民にとって必要不可欠のもののはずである。閲覧手数料をとる地方公共団体は情報公開制度の名に値しないとして、平成10年2月に全国市民オンブ

ズマン連絡会議が発表した「第2回全国情報公開度ランキング」では失格扱いとし、コピー代も10円より高ければ減点を行って評価した。

情報公開度ランキングを毎年発表したことで、閲覧手数料をとる地方公共団体は激減し、平成24年4月1日現在調査では、47都道府県、東京23区、786市を調査したところ、回答拒否の渋谷区を除く855地方公共団体中、閲覧手数料を何らかの形でとるのは75地方公共団体（8.8％）、コピー代が11円以上は69地方公共団体（8.1％）になった（地方公共団体では北海道乙部町と福井県池田町だけが情報公開条例が未整備である）。

地方公共団体の制度は改善したが、国・独立行政法人等については開示請求手数料をとっており、情報公開請求するだけで費用がかかってしまう。平成23年に全国市民オンブズマン連絡会議は電力会社やその他団体から大学に対して支払われている受託研究、共同研究、奨学寄付金を情報公開請求しようとしたが、東北大学からは学部ごとに書類があるといわれ、学部・研究科・各種センター合計49ごとに1請求と数えるとされた。よって開示請求手数料を300円×49×2＝2万9400円をまず支払えとのこと。その後、交渉によって大学本部で一括している資料を請求することになったため開示請求手数料はそれほどかからなかったが、1請求をどう数えるかは国・独立行政法人等で定めているため、計算によっては莫大な金額となり、事実上情報公開請求を拒否するものである。

一刻も早く行政機関情報公開法・独立行政法人等情報公開法を改正し、開示請求手数料をなくしてもらいたい。

▷坂本　団（1〜3）
▷服部崇博（4）
▷内田　隆（5・コラム）

Ⅲ 個人情報保護制度を利用した自己情報開示請求の手続の流れ

次に、国の行政機関に対する、行政機関個人情報保護法に基づく自己情報開示請求の手続の流れを説明する。

自己情報開示請求についても、電子政府の総合窓口 e-Gov から、各省庁の問合せ窓口や開示請求の方法を知ることができる。書式の入手も可能である。

1 開示請求の実施

国の行政機関に対しては、行政機関個人情報保護法に基づく自己情報開示請求を行うことになる。

行政機関情報公開法に基づく開示請求は、何人でも利用できる手続だが（同法3条）、自己情報開示請求は、当然ながら本人しか利用できない（行政機関個人情報保護法12条1項。未成年者や成年被後見人の法定代理人による請求は可能だが（同条2項）、弁護士等任意代理人による請求は認められない）。

自己情報開示請求は、保有個人情報開示請求書（第2章Ⅱ3(2)【書式10】参照）に必要事項を記入して行う（行政機関個人情報保護法13条1項柱書）。開示請求の宛先や開示を請求する保有個人情報を記載する必要があること、不明な点があれば、問合せ窓口に電話すればよいのは、情報公開の場合と同じである（同項1号・2号）。ただし、自己情報開示請求は、本人しか利用できないため、運転免許証や健康保険証（被保険者証）等の本人確認書類を提示または提出することが必要とされている（同条2項）。

2 開示・不開示決定と閲覧・写しの交付の申出

自己情報開示請求後、原則として30日以内に開示・不開示決定がなされること（行政機関個人情報保護法19条1項）、開示決定がされたら、保有個人情

報の開示の実施方法等申出書（第2章Ⅱ3⑿【書式11】参照）を提出して開示の方法を指定して開示を受けることも（同法24条）、行政機関情報公開法に基づく開示請求の場合と同様である。

▷坂本　団

第1章
情報公開法・情報公開条例による開示請求

I 情報公開を求める権利と開示請求手続

1 知る権利と情報の自由な流通の保障

　憲法21条1項の表現の自由保障は、伝統的な思想・表現の自由のみならず、情報の収集・伝達・受領のすべてのプロセスにおける自由、すなわち、自由な情報の流通を保障するものと考えられるようになっている[1]。

　そのため、憲法21条1項は、情報の受け手側の自由である「知る権利」の一類型として、政府情報の情報公開を求める権利（政府情報開示請求権）も保障していると解されている。

　ただし、憲法21条1項の保障する政府情報開示請求権は、抽象的な権利であって、具体的権利性はないとされる。

　この点、最高裁判所は、「地方公共団体が公文書の公開に関する条例を制定するに当たり、どのような請求権を認め、その要件や手続をどのようなものとするかは、基本的には当該地方公共団体の立法政策にゆだねられているところである」と判示した（最判平成13・12・18民集55巻7号1603頁）。

　したがって、憲法21条1項の保障する政府情報開示請求権は、後述する行政機関情報公開法、独立行政法人等情報公開法（以下、これらを総称して「情報公開法」ともいう）、情報公開条例の制定によって初めて具体的な権利として保障されることになった（後記2(2)参照）。国民・住民は、これらに基づいて政府情報の開示を求め、開示が拒絶された場合には、裁判所に訴え、司法による救済を求めることができる。

1　松井茂記『日本国憲法〔第3版〕』477頁。

2　政府の情報管理と情報公開

(1)　政府情報の分散管理

わが国においては、国の各行政機関、裁判所、国会等、独立行政法人等、地方公共団体の各実施機関がそれぞれ固有の事務として、その保有する情報を管理している。国と各地方公共団体が分かれていることはもとより（本章Ⅱ2(6)参照）、国の内部にあっても政府情報を一元的に管理し開示する権限のある機関はない（国の保有する個人情報の管理に関するものであるが、最判平成20・3・6判タ1268号110頁〔最高裁住基ネット判決〕）。

このような政府情報の分散管理の態様に対応して、情報公開に関する法制は、国レベルと地方レベルと分かれて制度化され、国レベルにおいても、行政機関と独立行政法人等とでは法律が異なっている。

すなわち、国レベルにおいては、行政機関情報公開法および独立行政法人等情報公開法、地方レベルにおいては、各地方公共団体の制定する情報公開条例である。なお、裁判所、国会に至っては法律すらない（後記8参照）。

さらに、国民・住民の情報公開請求の相手方も、行政機関情報公開法にあっては、当該情報を管理している各行政機関、独立行政法人等情報公開法にあっては各独立行政法人等、情報公開条例にあっては地方公共団体の各実施機関とされている。

(2)　政府の情報管理の法律化

わが国の政府（国、地方公共団体等）の情報管理は、情報そのものではなく情報を記録する文書（媒体）を基礎として行われてきた。

行政機関情報公開法や情報公開条例の制定前には、政府情報、すなわち、公文書の管理は、国民の権利利益にかかわりのない行政の内部的行為と考えられ、文書管理規程などの訓令によって規律された[2]。行政法上、公文書は、もっぱら公用物（行政主体が自己の執務の用に供する有体物）と位置づけられ

2　松井茂記『情報公開法〔第2版〕』46頁。

ていた。

　ところが、各地方公共団体において情報公開条例が国に先んじて制定され、平成11年に行政機関情報公開法が制定されるに至り、公文書の管理が法律事項であることが明確にされた。平成21年の公文書管理法制定前の行政機関情報公開法22条は、公文書管理法が制定されるまで、公文書管理の一般法であり、その精神は、公文書管理法に引き継がれていく。政府の保有する公文書は、かつての公用物から公共用物（行政主体により国民一般の利用に供される有体物）と考えられるようになった。

　これによって、政府情報の管理は、理念的にはコペルニクス的転換を遂げたといわれている。

　だが、行政機関情報公開法、独立行政法人等情報公開法および情報公開条例の一部の条文、実際の解釈運用には、今なお公用物的思想が根強く残っており、広い意味での国民の知る権利（憲法21条1項）の実現の妨げとなっている。

(3) 情報公開における文書型と情報型

　すでに述べたとおり、政府の情報管理は、文書（媒体）を基礎として行われており、情報公開法および情報公開条例に基づく開示請求権も、開示対象は文書（媒体）である。

　一般に、各国の情報公開制度においては、開示対象を情報自体とする場合（情報型）と、情報が記録された媒体とする場合（文書型）がある。

　情報型において、政府は、開示請求者に対し、情報のみを開示すればよいが、文書型においては、開示請求の対象は、記録媒体であるので、記録媒体へのアクセスを認めることになる。

　情報型の例としてオランダの情報公開制度がある。一方、文書型の例は、アメリカ合衆国の情報公開制度である。

3　宇賀克也『新・情報公開法の逐条解説［第6版］』14頁。
4　佐藤幸治『日本国憲法論』280頁。
5　松井・前掲（注2）79頁、宇賀克也『情報公開の理論と実務』221頁。

わが国の情報公開法は、その名称にもかかわらず、文書型であり、一般的な情報公開条例もそうである。

　情報公開法制定過程で行政改革委員会が作成した「情報公開法要綱案の考え方」（平成8年11月）は、「開示請求権制度は、行政機関の保有する情報を処理・加工して国民に提供するのではなく、あるがままの行政運営に関する情報を国民に提供するものであるから、本要綱案では、開示請求の対象を、情報が一定の媒体に記録されたもの（文書）とすることとした」と説明している。

　この点、情報公開条例に基づく情報公開請求の対象が「情報」か「文書（媒体）」かが問題となり、この視点から判断された判例として、最判平成17・6・14判時1905号60頁がある。

　すなわち、最高裁判所は、旧岐阜県情報公開条例（本件条例）における開示請求の対象につき、次のように判示した。

　「本件条例2条2項、3項及び5条の規定によれば、本件条例が、本件条例に基づく公開の請求の対象を『情報』ではなく『公文書』としていることは明らかである。したがって、本件条例に基づき公文書の公開を請求する者が、例えば、『大垣土木事務所の県営渡船越立業務に関する情報が記録されている公文書』というように、記録されている情報の面から公開を請求する公文書を特定した場合であっても、当該公文書のうちその情報が記録されている部分のみが公開の請求の対象となるものではなく、当該公文書全体がその対象となるものというべきである。本件条例の下において、実施機関が、公開の請求に係る公文書に請求の対象外となる情報等が記録されている部分があるとし、公開すると、そのすべてが公開の請求に係る事項に関するものであると混同されるおそれがあるとの理由で、上記部分を公開しないことは許されないというべきである」。

3 開示請求権者

(1) 何人も

　情報公開法は、行政機関等に対し保有する文書等の開示を求める権利をすべての人に認めている（行政機関情報公開法3条、独立行政法人等情報公開法3条）。

　すなわち、開示請求権者は、自然人か法人かを問わず、内国人か外国人かも問われない。いわゆる法人格のない団体も情報公開法上の開示請求権者に含まれると解されている。ただし、法人格のない団体が開示拒否決定を訴訟で争うためには一定の訴訟上の要件を満たすことが必要である（東京地判平成4・10・15判時1436号6頁）。

　地方公共団体の制定する情報公開条例の中には、開示請求権者を当該地方公共団体の「住民」に限っている例もある。

(2) 未成年者・任意代理人

　未成年者による情報公開請求の取扱いについては、その法定代理人からのみの請求に限るべきか議論の余地はあるが、行政窓口において、特に年齢確認が励行されているわけではないようである。

　任意代理人による請求も可能である。

　弁護士が業務上情報公開請求を行う場合、依頼者本人からの委任状提出の手間を省くため、弁護士自身が直接に情報公開請求を行うこともある。

　たとえば、「氏名又は名称」欄に「弁護士　〇〇〇〇」とし、「住所又は居所」欄は、法律事務所の所在地を記載する。

4 開示請求の対象

　開示請求の対象となる文書等は、行政機関情報公開法にあっては「行政文書」（同法2条2項）、独立行政法人等情報公開法にあっては、「法人文書」（同法2条2項）と呼ばれる。一般に、情報公開条例では「公文書」という用語が用いられる場合が多い（たとえば、大阪市情報公開条例2条2項）。

便宜上、本書では、法律・条例上開示請求の対象となる文書等を総称して「開示対象文書」という（なお、公文書管理法上の「公文書等」は、行政文書、法人文書に「特定歴史公文書等」を加えたものと定義される。公文書管理法2条8項）。

開示対象文書のうち、後述する非開示事由（本章Ⅵ参照）に該当しない文書ないし文書の一部が開示される文書となる。

開示対象文書に関する論点は、本章Ⅱにおいて詳説する。

5 開示請求権の法的性質

(1) 具体的権利性

情報公開法および情報公開条例に基づく開示請求権は、憲法21条1項の保障する国民の知る権利の具体化であると解されている（ただし、情報公開法は、「知る権利」を明記していない）。

情報公開法および情報公開条例に基づく開示請求権が司法的救済の対象となる具体的な権利であることは、争いがない。

かつて、情報公開条例について、これを否定する裁判例もあったが、現在では、判例上も具体的権利性が肯定されており、情報公開法においても同様に解されている。

(2) 一身専属性

もっとも、情報公開法および情報公開条例に基づく開示請求権は、一般的な財産権のように処分等が可能な権利とは考えられていない。

情報公開法および情報公開条例に基づく開示請求権は、開示請求権者の一身専属的な権利であると考えられている。したがって、開示請求権は、相続の対象とはならない。

その結果、不開示処分を抗告訴訟（行訴法3条1項）で争っている場合に、訴訟当事者である開示請求権者が死亡すると、民事訴訟のように訴訟承継は行われず、訴訟は終結する（最判平成16・2・24判時1854号41頁）。

訴訟の長期化が見込まれる場合、実務的には、開示請求権者を複数名とす

るか、新たな開示請求を行い開示拒否決定を経て、原告を追加する（具体的には、別訴を提起して裁判所に併合を求める）などの工夫が必要となる。

(3) 不開示情報の性格

情報公開法および情報公開条例に基づく開示請求権は、権利であるので、請求を受けた行政機関等は、原則として、開示対象文書を開示する義務を負うが、法律・条例ともに例外となる不開示情報を定めている。

この点、不開示情報の性格は、行政機関等の開示義務を免除した免除規定か、開示の禁止義務を定めた禁止規定かについて争いがある。

免除規定説は、不開示情報が禁止規定であるのであれば、情報公開法（条例）は、秘密保護法（条例）にほかならず、このような包括的な不開示情報の規定を憲法21条に反しないと解することは困難であるとする。同説は、不開示情報の裁量的な開示に肯定的であり、行政機関情報公開法7条の公益上の理由による裁量的開示規定は、確認規定であるとする。

一方、禁止規定説は、行政機関情報公開法7条の公益上の理由による裁量的開示規定の反対解釈として、不開示情報は、同条に該当する場合以外は開示してはならないとする。

不開示情報を免除規定とする解釈は、アメリカ情報公開法（FOIA）も採用するところであるが、わが国の政府は、禁止規定説に立つようである。

情報公開法制定後、不開示情報に該当する政府情報については、個人情報保護法制が整備され、最近では特定秘密保護法が制定された。これらの禁止規定と情報公開法との関係が整理される必要がある。

6 開示請求の手続

(1) 書面主義

情報公開法は、開示請求にあたって、請求に関する法律関係を明確にするため、書面主義を採用し、必要的記載事項を定めている（行政機関情報公開

---

6 松井・前掲（注2）129頁。
7 総務省行政管理局編『詳解 情報公開法』40頁。

法4条1項、独立行政法人等情報公開法4条1項)。

　請求先は、開示対象文書を保有する行政機関(独立行政法人等情報公開法の場合は、独立行政法人等)の長であり、当該行政機関の窓口に提出することが原則とはいえ、郵送による提出も認められている。国の行政機関は、かつて情報システムを利用したインターネットによる開示請求も認められていたが、現在では、ほとんどの行政機関でその取扱いを停止している。ただし、電子メールによる開示請求を認めている行政機関がいくつかある。

　具体的な手順は、各行政機関のウェブサイトで説明されている。

　電子政府の総合窓口 e-Gov は、各行政機関の情報公開手続や窓口、行政文書ファイル管理簿などへのリンク先が一覧表示されている[8]。また、参考例として、実際の請求書の記載例をあげる。

　地方公共団体の場合も国と同様に書面主義を採用しているが、たとえば、大阪市のように、インターネットによる開示請求(ファクシミリも可)が認められている地方公共団体もある。

(2)　開示請求の相手方とその特定

　情報公開法および情報公開条例に基づく開示請求に対し開示・不開示の処分を行う行政庁は、行政機関情報公開法にあっては行政機関の長、独立行政法人等情報公開法にあっては独立行政法人等の長、情報公開条例にあっては実施機関である。

　開示請求書の提出先について見当がつかない場合は、どうしたらよいか。あるいは、開示請求書の提出先を間違えた場合はどうなるのか。

　㋐　国の場合

　⒜　情報公開・個人情報保護総合案内所

　行政機関情報公開法22条1項は、行政機関の長に対し開示請求をしようとする者が容易かつ的確に開示請求することができるよう、当該行政機関が保有する行政文書の特定に資する情報の提供その他開示請求をしようとする者

8　電子政府の総合窓口 e-Gov ウェブサイト「情報公開・公文書管理」〈http://www.e-gov.go.jp/link/disclosure.html〉。

に利便を考慮した適切な措置を講ずることを規定し、同条2項の規定を受けて、総務省に設置された「情報公開・個人情報保護総合案内所」もある（総務省本省およびその出先機関である「管区行政評価局」（総務省設置法24条1項）。たとえば、関東の場合、関東管区行政評価局があり、そこに情報公開・個人情報総合案内所がある。さらに管内の埼玉県以外の各都県に行政評価事務所があり、そこにも「情報公開・個人情報総合案内所」が設けられている）。

また、各行政機関にもそれぞれ窓口がある。開示請求書の提出先を特定するため、こうした窓口に事前に相談するという方法がある。

公文書が開示されるかどうかは別として、一般的には、情報提供に関する行政機関の窓口対応は、親切であるので、どんどん相談されたい。

もっとも、情報提供に関する窓口対応が争われた事案も存在する。

刑務所の受刑者が行政文書の特定等に関する情報提供を請求したところ、情報公開・個人情報保護担当窓口の職員が、正式な開示請求を受けたら当該文書を特定するための調査等を行うと回答したことが行政機関情報公開法22条に違反しないかが争われた。第1審（東京地判平成21・5・25季報35号49頁）は、行政機関の対応を違法と判断したが、控訴審（東京高判平成21・10・28季報37号59頁）はこれを覆した。

(B) 開示請求への応答

開示請求書の提出先を間違えた場合、たとえば、提出先の行政機関は、請求対象の文書を保有していないが、他の行政機関が保有しているという場合、当該行政機関は、開示請求に応答する義務はない。

しかし、実務上、行政機関情報公開法22条1項の情報提供として請求先について教えてもらえる場合が多いであろう。

(C) 行政文書ファイル管理簿の公表

また、公文書管理法7条2項は、行政文書ファイル管理簿についての一般の閲覧・ホームページでの公表を義務づけている。

電子政府の総合窓口 e-Gov のウェブサイトで、行政文書ファイル管理簿の検索が可能である。

もっとも、本書序章において、参考例であげた内閣官房の保有する「カウンターインテリジェンス機能の強化に関する基本方針」のように、文書が存在するにもかかわらず、検索してもデータが見当たらない場合が少なからずあるので注意を要する。

　(イ)　独立行政法人等の場合

　独立行政法人等情報公開法も、行政機関における情報提供制度と同様の制度を規定している（独立行政法人等情報公開法23条）。

　(ウ)　地方公共団体の場合

　各地方公共団体で事情は異なるが、大阪市の場合、国と類似した情報提供制度がある。もっとも、地方公共団体の場合、当該地方公共団体の長の下の各部局ではなく、首長自身が開示請求先となる実施機関の一つであるので、開示請求先の特定に悩むことはあまりないだろう。

(3)　開示対象文書の特定

　(ア)　情報公開法の規定

　行政機関情報公開法4条1項2号は、開示請求書に「行政文書の名称その他の開示に係る行政文書を特定するに足りる事項」の記載を求めている。

　「行政文書を特定するに足りる事項」とは、行政文書の様式、標題、記録されている情報の概要、作成または取得の年月日など、行政文書を特定する手がかりとなる事項をいい、当該記載から行政文書を識別できる程度の記載があれば足りるとされている。

　独立行政法人等情報公開法4条1項2号も同様の規定であり、情報公開条例もまた同様の定めをおくものが多い。

　(イ)　特定の程度

　(A)　厳密な特定は不要

　一般国民が、行政機関がどのような文書を保有しているかを詳細に知ることは困難である。

9　電子政府の総合窓口 e-Gov ウェブサイト「行政文書ファイル管理簿の検索」〈http://files.e-gov.go.jp/servlet/Fsearch〉。

したがって、「行政文書を特定するに足りる事項」がいかなる程度の記載を求めているかについては、緩やかに解すべきである。

たとえば、「行政文書の名称」が正式名称である必要はないし、名称がわからなくても、行政機関が合理的努力をすれば対象文書を特定できる程度の事項が記載されていればよい。すでに述べたとおり、行政機関は、行政文書の特定に資する情報の提供等適切な措置を講じなければならないとされている（行政機関情報公開法22条1項、独立行政法人等情報公開法23条1項）。

(B) 包括的文書表示の是非

文書の名称を特定することが困難な場合も多く、開示請求者は、包括的な文書表示（「に関する一切の文書」「その他一切の書類」）で文書を特定することが裁判例において肯定されている。

「○○に関する一切の書類」型

新規検査、中古新規検査、構造変更検査等を東京陸運支局練馬検査登録事務所および東京陸運支局八王子検査登録事務所で、行われ、車体の形状が「教習車」で登録された時の車両に関する申請書類の一切（すべて）の平成14、13、12、11、10、09、08、07、年度申請分すべて

行政機関情報公開法に関する事案であるが、東京地方裁判所は、上記文書表示につき特定があると判断した（東京地判平成15・10・31裁判所HP）。

「○○その他一切の書類」型

平成8年4月1日から平成11年10月5日までの間における、徳島県議会の支出（議長交際費、県政調査研究、報酬、日当、宿泊料、食糧費、費用弁償、物品購入、タクシー券等）に係る支出命令書その他一切の書類

情報公開条例（徳島県）に関する事案であるが、高松高等裁判所は、上記文書表示につき違法ではないと判断した。

もっとも、「その他一切の書類」は、その前に記載された具体的な文書（上記事案では「支出命令書」）に準ずるか、これと一体的ないし密接な関連を

有する文書を特定するものである旨判示し、歳出整理簿および歳入歳出外現金整理簿は、「支出命令書その他一切の書類」に含まれないとした（高松高判平成14・12・15裁判所HP）。

　(C)　権利濫用

　ところで、「○○課の業務によって生じた行政文書全部」のように、特定部署の行政文書を包括請求する趣旨の記載では、特定されているとしても、権利濫用を理由に開示が認められない場合がある。

　この点について、横浜地判平成22・10・6判自345号25頁およびその控訴審である東京高判平成23・7・20判自354号9頁が参考になる。この事案は、横須賀市情報公開条例に関して、「平成13年度の土木部道路建設課及び用地課の公文書すべて」の公開を求めたものである。そして、これに該当する文書は、段ボール120箱分に相当する量があった。

　横浜地方裁判所は、開示対象文書が大量であることと文書の特定性とは別異の問題であるとして、文書の特定自体はなされていると判断したうえで、「実施機関の業務の遂行に著しい支障を生じさせる場合」かつ、原告が「公文書公開制度の目的に従った開示請求を行う意思が何らなく、実施機関の業務に著しい支障を生じさせることを目的とした」場合には、権利濫用の法理により開示請求は認められないと判示した。

　一方、東京高等裁判所は、包括請求がされた場合、開示請求者が全部の行政文書の開示を希望しているとは通常考えがたいこと、対象となる行政文書の量が膨大になるのが通常であること等を理由として、「『公文書を指定するために必要な事項』が必要的記載事項とされた趣旨を没却しないような例外的な事情がある場合」以外は、文書の特定がなされていないものと判断した。そして、上記の例外的な事情として、「請求者が真に特定部署の公文書全部の閲覧等を希望しており、かつ、請求対象公文書の全部の閲覧等を相当期間内に実行することのできる態勢を整えており、行政機関をいたずらに疲弊されるものでないような場合」をあげている。

(ウ) 検索等による情報収集

　なお、前述のとおり、行政機関が保有する行政文書については、行政文書ファイル管理簿が作成されており（本章Ⅰ6(2)(ア)(C)参照）、一応検索をすることが可能である[10]（公文書管理法7条2項）。

　また、総務省、各行政評価局、各行政評価事務所（総務省の出先機関）には、情報公開・個人情報保護総合案内所が設けられているので、ここで情報を得ることもできる（本章Ⅰ6(2)(ア)(A)参照）。

　もっとも、行政文書を特定するにあたって、これらの検索等を必ずしなければならないとか、検索等によって判明する事項が記載されていなければ特定したといえないといった解釈はされるべきでない。

7　不備の補正と却下決定

　行政機関情報公開法4条2項は、「行政機関の長は、開示請求書に形式上の不備があると認めるときは、開示請求をした者（以下「開示請求者」という。）に対し、相当の期間を定めて、その補正を求めることができる。この場合において、行政機関の長は、開示請求者に対し、補正の参考となる情報を提供するよう努めなければならない」と規定する。同様の規定は、独立行政法人等情報公開法、各情報公開条例にもおかれている。

　行政機関情報公開法4条2項は、行政手続法7条の行政庁の補正義務を確認したものとされるが、行政機関情報公開法4条2項の後段は、さらに積極的に補正の参考となる情報提供の努力義務を行政機関に対し課している。

8　行政機関以外の国の機関による情報公開

　裁判所や国会は行政機関ではないため、行政機関情報公開法の適用がない。ただし、これら機関であっても、内部の行政事務は行われており、事務遂行上文書が作成されている。

10　電子政府の総合窓口 e-Gov ウェブサイト「行政文書ファイル管理簿の検索」〈http://files.e-gov.go.jp/servlet/Fsearch〉。

そこで、各機関は、行政機関情報公開法が定められたことを踏まえ、通達等の方法で独自に情報公開について定めている。

以下に各機関の情報公開制度の根拠となる通達等の名称および開示対象文書の名称をあげる（〈表2〉参照）。公開に関する判断に対する苦情申出の制度も整備されている。ただし、あくまでも内部規程にすぎないため、不服があっても訴訟で争うことはできない。

〈表2〉 行政機関以外の各機関の情報公開制度に関する通達等および開示対象文書

機関	通達等の名称	開示対象文書の名称
最高裁判所	最高裁判所の保有する司法行政文書の開示等に関する事務の取扱要綱	司法行政文書
下級裁判所	裁判所の保有する司法行政文書の開示に関する事務の基本的取扱いについて	司法行政文書
衆議院	衆議院事務局の保有する議院行政文書の開示等に関する事務取扱規程	議院行政文書
参議院	参議院事務局の保有する事務局文書の開示等に関する事務取扱規程	事務局文書
国立国会図書館	国立国会図書館事務文書開示規則	事務文書

※ 各機関の保有する開示対象文書の開示または開示に関する苦情の申出書の様式は、最高裁判所ウェブサイト「裁判所の情報公開・個人情報保護について」〈http://www.courts.go.jp/about/siryo/johokokai/〉、衆議院ウェブサイト「衆議院事務局の情報公開について」〈http://www.shugiin.go.jp/internet/itdb_annai.nsf/html/statics/osirase/jyouhoukoukai.htm〉、参議院ウェブサイト「参議院事務局の情報公開」〈http://www.sangiin.go.jp/japanese/annai/johokoukai/seido.html〉、国会図書館ウェブサイト「国立国会図書館の情報公開制度」〈http://ndl.go.jp/jp/aboutus/koukai/seido.html〉を参照されたい。

▷豊永泰雄（1～7）
▷岡本大典（8）

II 開示請求の対象となる文書

1 開示対象文書についての法律・条例の定め方

(1) 行政機関情報公開法

　行政機関等による開示・不開示決定の前提として、そもそも開示請求されている文書等が法律・条例上開示の対象となる文書（開示対象文書）でなければならない。

　この開示対象文書は、行政機関情報公開法においては、「行政文書」と呼ばれる。

　「行政文書」は、「行政機関の職員が職務上作成し、又は取得した文書、図画及び電磁的記録（電子的方式、磁気的方式その他人の知覚によっては認識することができない方式で作られた記録をいう。以下同じ。）であって、当該行政機関の職員が組織的に用いるものとして、当該行政機関が保有しているもの」と定義される（行政機関情報公開法2条2項。なお、同項ただし書は、官報、歴史文書等を除外している）。

(2) 独立行政法人等情報公開法

　独立行政法人等情報公開法においては、開示対象文書は、「法人文書」と呼ばれる。

　「法人文書」は、「独立行政法人等の役員又は職員が職務上作成し、又は取得した文書、図画及び電磁的記録（電子的方式、磁気的方式その他人の知覚によっては認識することができない方式で作られた記録をいう。以下同じ。）であって、当該独立行政法人等の役員又は職員が組織的に用いるものとして、当該独立行政法人等が保有しているもの」と定義される（独立行政法人等情報公開法2条2項。なお、同項ただし書は、官報、歴史文書等を除外している）。

(3) 情報公開条例

　地方公共団体の定める情報公開条例においては、一般に、開示対象文書

は、「公文書」と呼ばれる。

たとえば、大阪市情報公開条例においては、「公文書」は、「実施機関の職員（本市が設立した地方独立行政法人及び住宅供給公社等（以下『本市が設立した地方独立行政法人等』という。）の役員を含む。以下同じ。）が職務上作成し、又は取得した文書、図画及び電磁的記録（電子的方式、磁気的方式その他人の知覚によっては認識することができない方式で作られた記録をいう。以下同じ。）であって、当該実施機関の職員が組織的に用いるものとして、当該実施機関が保有しているもの」と定義される（大阪市情報公開条例2条2項。ただし、官報等の除外規定あり）。

2　開示対象文書の要件

前記1でみたとおり、開示対象文書の定義は、行政機関情報公開法、独立行政法人等情報公開法、一般的な情報公開条例は、ほぼ共通であるので、以下、行政機関情報公開法に関して論じ、必要に応じて、他の法律、条例に言及する。

(1)　行政機関の職員が職務上作成し、または取得した文書等（職務上作成・取得）

「行政機関の職員が職務上作成し、又は取得した」（行政機関情報公開法2条2項）とは、行政機関の職員が当該職員に割り当てられた仕事を遂行する立場で、すなわち公的立場において作成し、または取得したことをいう。

職員が勤務期間中に職務に関連して作成受領したものは、基本的に「行政機関の職員が職務上作成し、又は取得した」ものというべきである。[11]

したがって、行政機関の職員が関係団体との会議に出席したときなどのメモや配付資料も職務上作成・取得が肯定されるべきである（もっとも、組織共用性が認められない可能性はある）。

ところで、行政機関ではない機関（国の場合。たとえば、国会、裁判所）、

11　松井・前掲（注2）87頁。

実施機関ではない機関（地方公共団体の場合）の職員が職務上作成し、または取得した文書等は、開示対象文書とはならない（地方公共団体の実施機関ではない機関の職員が作成した文書等について、開示対象文書であることを否定した判例として最判平成13・12・14民集55巻7号1567頁）。情報公開請求にあたっては、行政機関・実施機関の具体的範囲を法・条例で確認する必要がある（行政機関情報公開法2条1項、大阪市情報公開条例2条1項等）。

行政機関情報公開法の行政機関は、ほぼすべての行政に関する機関が含まれていると考えてよいが、国会、裁判所は、行政機関ではないので当然に対象外である（ただし、裁判所、国会は、内部規程による情報公開制度を有している。本章Ⅰ8参照）。

また、内閣自体にも行政機関情報公開法は適用されない（ただし、閣議に関する情報を保有する内閣官房は行政機関に含まれる）。なお、行政機関には、いわゆる特殊法人は含まれないが、その情報公開に関しては、独立行政法人等情報公開法が制定されている。

また、各都道府県の情報公開条例における実施機関は、かつては公安委員会が実施機関から軒並み除外されていたが、現在では、かなりの都道府県で公安委員会および警察本部長を実施機関に含めるようになっている。また、「行政に関する機関」ではない地方議会を実施機関に含める例、地方議会の保有する情報に関して別途情報公開条例を制定する例も増えている。

(2) **文書、図画および電磁的記録（文書等）**

「文書、図画」（行政機関情報公開法2条2項）は、人の思想等を文字・記号または象形を用いて有体物に可視的状態で表現したものをいい、「電磁的記録」（同項）とは、電子的方式、磁気的方式その他人の知覚によって認識することができない方式でつくられた記録をいう。

行政機関情報公開法においては、すべての電磁的記録を開示対象としている。情報がいかなる記録媒体に保存されているかを問わない。また、電子計算機による情報処理の用に供されるものである必要はなく、いわゆる電子情報に限られない再生機器を用いなければ情報を知覚し得ない録画テープ、録

音テープを含む。

　情報公開条例においても、電磁的記録を例外なく開示対象とすることが一般化している。[12]

(3)　当該行政機関の職員が組織的に用いるもの（組織共用文書）

　「組織的に用いる」（行政機関情報公開法2条2項）とは、作成または取得に関与した職員個人の段階のものではなく、組織としての共用文書の実質を備えた状態、すなわち、当該行政機関の組織において、業務上必要なものとして、利用または保存されている状態のものを意味する。したがって、①職員が単独で作成し、または取得した文書であって、もっぱら自己の職務の遂行の便宜のためにのみ利用し、組織としての利用を予定していないもの（自己研鑽のための研究資料、備忘録等）、②職員が自己の職務のために利用する正式文書と重複する当該文書の写し、③職員の個人的な検討段階にとどまるもの（決裁文書の起案前の職員の検討段階の文書等。なお、担当職員が原案の過程で作成する文書であっても、組織おいて業務上必要なものとして保存されているものは除く）などは、組織的に用いるものには該当しない。[13]

　作成または取得された文書が、どのような状態にあれば組織的に用いるものといえるかについては、①文書の作成または取得の状況（職員個人の便宜のためにのみ作成または取得するものであるかどうか、直接的または間接的に当該行政機関の長等の管理監督者の指示等の関与があったものであるかどうか）、②当該文書の利用の状況（業務上必要として他の職員または部外に配付されたものであるかどうか、他の職員がその職務上利用しているものであるかどうか）、③保存または廃棄の状況（もっぱら当該職員の判断で処理できる性質の文書であるかどうか、組織として管理している職員共用の保存場所で保存されているものであるかどうか）などを総合的に考慮して実質的な判断を行うこととなるとされる。[14]しかし、厳格に解釈されるべきではない。[15]

12　宇賀・前掲（注3）46頁。
13　総務省行政管理局編・前掲（注7）24頁。
14　総務省行政管理局編・前掲（注7）24頁。

また、組織共用性を備える段階の目安は、たとえば、①決裁を要するものについては起案文書が作成され、稟議に付された時点、②会議に提出した時点、③申請書等が行政機関の事務所に到達した時点、④組織として管理している職員共用の保存場所に保存した時点等とされる。[16]

組織共用文書か否かがよく争われる例として、個人メモ、会議を録音した磁気テープ、電子メール等がある。

(4) 電子メール等の組織共用性

電子メールその他の電磁的情報の組織共用性が問題となった事例を紹介する。

㋐ 電子メール

(A) 佐賀県情報公開・個人情報保護審査会平成25年3月29日答申（諮問第72号）

「本件電子メールは、県政に関するインターネット上の情報を関係各課が活用することを目的として、危機管理・広報課が、収集された情報の中から情報を選別した上で関係各課に情報提供したものであることから、全て関係各課の業務の参考になるものとして、そこでの情報がその業務のために供されているものであって、当該実施機関〔編注・佐賀県知事〕が『組織のために用いる』ものであるというべきである」。

(B) 岡山市情報公開及び個人情報保護審査会平成18年10月27日答申（答申第48号）

「規程〔編注・岡山市文書取扱規程において定められている、電子メールの受領等を含む文書の収受に関する規定〕によれば、課宛の電子メールについては、課長が指名した『組織用電子メール受信担当者』が受領し、収受処理を行い、職員個人宛の電子メールについては、親展扱いすべきものを除き、当該職員が収受処理を行うものとされている（〔編注・規程〕第26条）

---

15 右崎正博ほか編『新基本法コンメンタール情報公開法・個人情報保護法・公文書管理法』26頁。
16 総務省行政管理局編・前掲（注7）24頁。

が、いずれにせよ、受信メールは、上記受信担当者又は職員個人による収受処理手続が終了して初めて、組織的に用いられ、かつ保有されるのが通例である。

　当審査会が行った実施機関〔編注・岡山市長〕担当職員らに対する口頭での意見陳述を中心とする職権調査によれば、職員個人宛のメールについては、組織的に共用する必要があると判断される場合には収受処理がなされるが、そうでない場合は、収受処理をしないままにサーバーに保存した様態で消えるに任せているとのことであり、本件での受信メールは、そのほとんどが『通常電話で済ますような内容』であり、『課内で共有するほどのものではない』との判断から規程の定める収受手続は行われないままに、サーバーに放置されていたものであること、したがって、実際にも組織的に用いられるものとしては保有されていないことが認められた。

　なお、規程には、組織的に共用する必要性があるがどうか（収受処理すべきものかどうか）についての明確な判断基準は定められておらず、基本的に職員個人の判断に委ねられている。そうした状況の下で、本件受信メールについて、収受処理をしなかった実施機関の対応や判断が、メールの内容に照らして、まったく合理性を欠いたものとも断定しえない」として、本件受信メールについて岡山市情報公開条例2条が規定する公文書に該当しない。

　また、送信メールについては、「電磁的記録として存在してはいたが、しかし、起案等内部事務処理手続に基づいて作成、送信したものではなく、当該実施機関の職員が、電話での対応と同じ意識で個人として作成・送信し、受信メールと同じく、サーバーに放置されていたものである。その処理手続及び内容から見て、送信メールもまた、『実施機関が組織的に用いるものとして、……保有しているもの』ということはできず」、岡山市情報公開条例2条の公文書には該当しない。

　(C)　北海道情報公開・個人情報保護審査会平成24年11月5日答申（答申第152号）

　北海道情報公開条例2条2項では、「公文書は『実施機関が組織的に用い

るものとして、当該機関が管理しているもの』と定義されており、電子メールは電話やFAX、伝言メモの代わりに使用する場合があることや、専ら各職員の判断で処理できる性質のものであること、電子メールの一部はプリンタから印刷された文書を組織的に管理している実態があることを総合的に判断すると、電子メールには公文書に該当するものと該当しないものがあると認められる。

このため、電子メールごとに内容から判断し特定等をする必要があるが、電子メールの取扱いが基本的には各職員の判断にゆだねられていることからすれば、各職員の判断により電子メールを廃棄し、現存していないということはやむを得ないものと考えるところである」。

(D) 大阪市情報公開審査会平成21年3月30日答申（答申第249号）

「実施機関〔編注・大阪市長〕の説明によれば、職務上のメールは、職員が、担当又は個人単位で実施機関から付与された公的メールアドレス（以下「公的アドレス」という。）により、職場の庁内情報利用パソコンを使って送受信しており、実施機関が管理している庁内情報ネットワーク内のメール保存先フォルダに保有されているとのことである。

かかるメールは、〔編注・大阪市情報公開〕条例第2条第2項に基づけば、実施機関の職員が職務上作成し、又は取得し、実施機関が保有している電磁的記録であると認められる。

したがって、上記メールの内容が、例えば、職務上の権限や責任に基づいて行われた指示や命令、依頼、通知、報告、照会回答、及び外部との折衝や交渉の記録等であり、当該実施機関の職員が組織的に用いるものとして、保有しているものであると認められれば、公文書に該当する」。

(イ) その他の電磁的情報

(A) 内閣府情報公開・個人情報保護審査会平成19年3月15日答申（平成18年度（行情）答申第430号）

① Cookies（またはそれに相当する）フォルダおよびフォルダ内のテキスト（およびこれに類する）ファイル、② History（またはこれに相当する）

フォルダ内のインターネットショートカット（およびこれに類する）ファイルおよび履歴の保存日程設定（またはこれに相当するもの）、③ Temporary Internet Files（またはこれに相当する）フォルダおよびフォルダ内の html（およびこれに類する）ファイルは、通常パソコンに搭載されているソフトウェアの提供する機能により自動的に記録がなされるもので、インターネットに接続できるパソコンであれば、これらのフォルダは自動的に作成されているものであり、職員が組織的に用いるものではないことから、行政文書に該当するとは認められない。

IPアドレスは、LANシステムに関する文書等の提示を受け、その内容を確認したところ、その一部において個別のIPアドレスが記載されていることが認められる。異議申立人は、開示請求において「IPアドレス」と記載するのみであり、当該請求文言では具体的にどのような行政文書の開示を求めているのか直ちに判断しがたいといわざるを得ないが、当該請求文言に照らせば、IPアドレスについて何らかの記載のある文書が存在する以上、このような文書が請求対象文書に該当しないとはいえず、IPアドレスについて記載のある文書は、本件開示請求の対象文書に該当しうると考えられる。

(B) 前掲大阪高判平成18・2・14

研究班会議の議事メモ（議事録の作成は義務づけられておらず、議事メモは、報告書作成の必要に応じて作成していたもの）を電子メールで送付された職員が、それをそのまま共同支援システムのサーバに保存し、後日添付ファイルを取り出して共用ドライブに整理した時点で「当該行政機関の職員が組織的に用いるものとして、当該行政機関が保有」する行政文書（行政機関情報公開法2条2項）となったものと認めるのが相当であると判示した。

(5) 当該行政機関が保有しているもの

㋐ 機関による保有

行政機関情報公開法においては、開示対象文書は、「行政機関が保有しているもの」（行政機関情報公開法2条2項）でなければならない。情報公開条例の場合も、一般に開示対象文書を実施機関が保有（または管理）している

ものとする。

　開示対象文書の保有（管理）主体は、国または地方公共団体という行政主体ではなく、その機関である。

　国または地方公共団体の機関であっても、法または条例によって規定された行政機関または実施機関でなければ、保有（管理）している文書等は、開示対象文書とはならない（行政機関情報公開法2条、大阪市情報公開条例2条1項等）。

　　(イ)　作成または取得、保有（または管理）

　開示対象文書等の要件のうち、「作成または取得」と「保有（または管理）」は異なる要件である。

　特に、同じ行政主体（国または地方公共団体）の保有する文書等であっても、当該文書等を「作成または取得」する職員の属する機関と「保有（または管理）」する機関が異なる場合があるので、注意を要する。

　たとえば、県の議会事務局の職員が知事の補助職員に併任されており、知事の補助職員の立場で予算執行事務のために文書等を作成した場合がある。県議会ないし県議長が非実施機関であった場合、当該文書等が開示対象文書であるかどうかを判断するためには、当該文書等の保有（管理）者が県議会ないし県議会議長であるか否かを検討する必要がある。

　この点、前掲最判平成13・12・14は、旧徳島県情報公開条例上非実施機関である県議会事務局の職員が実施機関の職員を併任している事案につき、仮に実施機関の職員として作成し、または取得した文書であるとしても、そのことから、その保存の根拠規定、保存に至る手続、保存の方法等の実態について検討しないまま、直ちに実施機関の管理する文書であるということはできない旨述べている。

　　(ウ)　保有（または管理）の意義

　「保有しているもの」（行政機関情報公開法2条2項）とは、所持している文書をいう。なお、条例において「管理」と規定する場合もあるが、特に両者を意識して区別する裁判例はみられない。

この「所持」は、物を事実上支配している状態をいい、当該文書を書庫等で保管し、または倉庫業者等をして保管させている場合にも、当該文書を事実上支配していれば（当該文書の作成、保存、閲覧・提供、移管・廃棄等の取扱いを判断する権限を有していること。なお、たとえば、法律に基づく調査権限により関係人に対し帳簿書類を提出させこれをとどめおく場合に、当該行政文書については返還されることとなり、廃棄はできないなど、法令の定めにより取扱いを判断する権限について制限されることはありうる）、「所持」に該当し、保有しているということができる。[17]

この点、前掲最判平成13・12・14は、当該公文書を「管理」している者が徳島県知事であるか、実施機関ではない県議会ないし県議会議長であるかが問題となる事案において、旧徳島県情報公開条例における公文書の「管理」を「当該公文書を現実に支配、管理していることを意味する」とし、公文書の保存の実態等を重視した。

また、この判例が、地方自治法149条8号における普通地方公共団体の長の事務分担規定（「証書及び公文書類を保管すること」）の「保管」と旧徳島県情報公開条例の「管理」を異なる概念としたうえで、同号に基づく長の保管を根拠にした県知事の「管理」を認めなかった点には注意を要する。

(6) 地方公共団体に特有の論点

㋐ 決裁・供覧要件

情報公開条例の中には、開示対象文書につき、決裁または供覧の手続を終了したものであることを要件とするものがある。この要件の解釈については、従来、文書規程等により決裁等の所定の文書処理手続が予定されている文書（決裁等対象文書）のみを公開の対象とする趣旨であると解する限定説と、決裁等対象文書については決裁等を終了する必要があるが、決裁等対象文書以外の文書を公開対象から除外する趣旨ではないと解する非限定説とが対立している。判例は、どちらの立場に立っているともいえない（最判平成

17　総務省行政管理局編・前掲（注7）25頁。

16・9・10集民215号155頁、最判平成16・11・18集民215号625頁）。

　もっとも、情報公開法は、開示対象文書の要件として、決裁・供覧要件ではなく、組織共用要件を採用しており、地方公共団体もその例に倣うものが増えてきている。

　　(イ)　機関委任事務に関する文書

　いわゆる機関委任事務（平成11年法律第87号による改正前の地方自治法150条・151条）は、国の事務を地方自治体の機関、特に長に委任する制度であり、その際、受任者たる地方公共団体の機関は、法的には国の機関として位置づけられ、当該事務については、地方公共団体の条例制定権も及ばないと解されていた。

　この点、国の機関委任事務を通じて保有するに至った文書も、地方公共団体における情報公開条例の開示対象文書であると解されている。

　というのも、公文書の管理は、それが機関委任事務に係るものであってもその他の事務に係るものであっても、地方公共団体の固有事務であると解すべきところ、公文書の公開は、その事務処理面での性格上、公文書の管理の一つの態様であるといえるから、地方公共団体は機関委任事務に係る公文書の公開の根拠を条例で規定することができるからである（最判平成7・2・24民集49巻2号517頁の解説[18]。なお、この判例は、国の機関委任事務を通じて保有するに至った文書につき、開示対象文書該当性を正面から判断していないが、それを前提としている。直接判断した裁判例（積極）として、那覇地決平成元・10・11行集40巻10号1374頁、徳島地判平成4・11・27判自111号11頁がある）。

　なお、平成11年地方自治法改正で「機関委任事務」は廃止され、その代わりに法定受託事務が導入された。地方公共団体の条例制定権は、法定受託事務にも及ぶとされており、法定受託事務にかかる文書等は、地方公共団体の情報公開条例の開示対象文書となる。

▷豊永泰雄

▷八木香織（2(4)）

18　最判解民平成7年度(上)206頁。

III　開示・不開示決定と関連論点

1　開示・不開示決定

　開示請求権者が開示請求を行った場合、行政機関等は、請求対象文書につき開示または不開示の決定を行う（行政機関情報公開法9条）。

　情報公開法の場合、決定の期限は、原則、30日以内である（行政機関情報公開法10条1項）。情報公開条例も一般に同じ期限である。ただし、「事務処理上の困難その他正当な理由があるとき」は、これを最大30日延長することができる（同条2項）。また、さらなる例外として、開示請求の対象となる行政文書が著しく大量で、「60日以内にそのすべてについて開示決定等をすることにより事務の遂行に著しい支障が生ずるおそれがある場合」には、60日以内に開示できる部分だけ開示し、残りはさらに期限を定めて開示すればよいとされている（同法11条）。

　開示対象文書は、開示決定がなされるのが原則であるが、開示対象文書に不開示情報が記録されていた場合、不開示決定となる。不開示事由の有無の判断時点は、決定時点である。

　請求対象となる文書等が存在しなかった場合、または開示対象文書ではなかった場合の不開示も不開示決定である。

2　不開示決定と理由提示

(1)　理由提示の程度

　不開示決定は申請に対する拒否処分であるので、行政機関等は、不開示決定の際に不開示の理由を提示しなければならない（行政手続法8条1項本文）。

　この不開示理由をどの程度提示すればよいかについては、最判平成4・12・10判夕813号184頁が参考になる。

　この判例の事案は、東京都の公文書開示条例（本条例）に関するものであ

り、本条例に、非開示の際には非開示決定通知書に非開示の理由を付記すべきとの規定（同条例7条4項）があったところ、東京都知事は「東京都公文書の開示等に関する条例第9条第8号に該当」との理由のみを付記して非開示としたというものである（なお、現在の東京都情報公開条例は、以下の判示を受けて改正がなされている）。

　最高裁判所は、「公文書の非開示決定通知書に付記すべき理由としては、開示請求者において、本条例9条各号所定の非開示事由のどれに該当するのかをその根拠とともに了知し得るものでなければならず、単に非開示の根拠規定を示すだけでは、当該公文書の種類、性質等とあいまって開示請求者がそれらを当然知り得るような場合は別として、本条例7条4項の要求する理由付記としては十分ではないといわなければならない」と判示した。

　これと同様に、情報公開法上の不開示決定の際の理由提示についても、不開示の根拠規定を示すのみならず、その規定に該当する根拠まで示す必要がある。

　また、この判例を受けて、提示された不開示理由が「その根拠とともに了知し得る」ものであるかどうかが争われたものとして、東京地判平成17・1・28裁判所HPがある。この事案は、原告が、独立行政法人（病院）に対して、原告の亡父の血液製剤管理簿および処方箋の開示を求めたところ、同法人が、独立行政法人等情報公開法8条に基づき、「特定の個人に係る診療等の内容を記録したものであり、当該法人文書が存在しているか否かを答えることは、個人の病歴等の有無を答えることと同様の結果を生じることになり、法第8条に該当するので、不開示（存否応答拒否）とする」との理由を提示して不開示としたというものである（行政文書の存否を明らかにしないで行う開示拒否については本章Ⅲ4参照）。

　東京地方裁判所は、この記載を、「法〔編注・独立行政法人等情報公開法〕8条に該当する根拠が、本件行政文書の性質に当てはめて具体的に記載されており、理由の記載は必要かつ十分であると認められる」と判断した。この判断は、控訴審（東京高判平成17・5・25裁判所HP）でも維持されている。

(2) 理由提示の事後的補足

　不開示決定の際に示された理由が不十分なものであったが、その後、行政機関等が理由について補足説明をした場合、補足説明をしたことで適法な理由提示があったこととなるかという問題である。

　これについても、前掲最判平成4・12・10が参考になる。この事案では、非開示処分後、補助職員が口頭で非開示理由を説明したという事実があった。

　最高裁判所は、「後日、実施機関の補助職員によって、被上告人に対し口頭で非開示理由の説明がされたとしても、それによって、付記理由不備の瑕疵が治癒されたものということはできない」と判示した。

　したがって、不開示決定の際に適切な理由を示す必要があるのであって、事後的な補足をしても理由提示義務を果たしたことにならないと解すべきである。

3　部分開示

(1) 部分開示義務

　行政機関情報公開法6条1項は、一定の要件の下で部分開示を義務づけている。一般に情報公開条例も同様である（部分開示の例）。部分開示は、不開示決定である。

(2) 独立一体説の否定

　かつて、開示対象文書中、不開示情報とそうでない情報が含まれている場合、これらを独立した一体的な情報としてとらえることができるのであれば、独立した一体的な情報をさらに細分化して不開示情報に該当しない情報を開示する義務はないという見解があった（独立一体説（情報単位説）。なお、同様の規定のある大阪府情報公開条例について、最判平成13・3・27民集55巻2号530号）。

　行政機関情報公開法6条2項は、開示対象文書から個人識別情報（不開示情報）を除外した部分を不開示情報ではないとみなして部分開示を義務づけ

ているところ、その反対解釈として、同項の適用がない場合には、独立した一体的な情報を細分化して開示する義務はないと解釈された。

しかし、現在では、この考え方は事実上否定されている[19]（最判平成19・4・17集民224号97頁）。すでに述べたとおり、わが国の情報公開法制は、開示する対象を情報が記録されている媒体とする文書型であり、独立一体説の情報を単位とする考え方には理論的根拠がないこと、部分開示規定の由来となったアメリカ情報自由法の解釈、行政機関情報公開法6条2項は、同条1項の確認規定と解するべきであること等の理由からである。

(3) **容易区分除去**

不開示情報が記録されている場合の部分開示の要件として、不開示情報とそうでない情報を容易に区分して除くことができなければならない（行政機関情報公開法6条1項）。

「区分」とは、不開示情報が記録されている部分とそれ以外の部分とを概念上区分けすることを意味し、「除く」とは、不開示情報が記録されている部分を、当該内容がわからないように黒塗り、被覆等を行い、開示対象文書から物理的に除去することを意味する。

(4) **有意性**

同じく部分開示の要件である有意性の判断にあたっては、同時に開示される他の情報があればこれもあわせて判断されるべきとされている。有意性がないとは、部分開示義務の原則が全うされるようにするとの観点から、不開示情報が記録されている部分を除いた残りの部分に記録されている情報の内容が、開示しても意味がないと認められる場合を意味する。本条では、個々の請求者の意図によらず、客観的に決めるべきものとされる。

19　右崎ほか編・前掲（注15）67頁。

4 行政文書の存否を明らかにしないで行う開示拒否

(1) 概　要

開示対象文書が存在する、あるいは存在しないと回答すること自体によって、一定の情報が開示されてしまい、不開示情報の保護利益が害されることとなる場合がある。たとえば、その存在を公開しない約束で外国から文書を入手した場合等が考えられる。

このような行政文書については、行政機関等は、開示対象文書の存否を明らかにしないで開示請求を拒否することが認められている（行政機関情報公開法8条）。

(2) 開示拒否が認められる行政文書

この開示拒否を広く認めると、行政機関がこれを濫用するおそれがある。

情報公開法および情報公開条例上、開示拒否が認められる行政文書の範囲に限定はないが、開示拒否は本来例外的な処分であるから、開示拒否が認められるのは一定の場合に限られると考えるべきである。たとえば、文書が存在すること自体が、個人のプライバシーを害する場合、国家の安全や外交を害する場合、特定の被疑者に対する内偵捜査の有無を明らかにしてしまう場合等に限られると解すべきである。

(3) 開示拒否の際の理由提示

存否応答拒否の際にも理由提示が必要である。

この場合、行政文書の存否についての情報が、行政機関情報公開法5条各号の不開示情報のいずれかに該当するはずであるから、いずれの不開示情報に該当するのかを示さなければならない。また、その不開示情報に該当することの根拠も、あわせて示す必要がある。

(4) 開示拒否が認められた事例

前述のとおり、存否を明らかにしない開示拒否が認められるのは、存否を明らかにすること自体によって行政機関情報公開法5条各号のいずれかの情報が開示されることになる場合に限られる（本章Ⅵ1～6参照）。

存否を明らかにしない開示拒否が認められた裁判例や、内閣府情報公開・個人情報保護審査会の答申例を、5条各号のいずれに該当するものと判断されたかによって区分すると、そのほとんどは、1号（個人情報）または4号（公共安全情報）に該当するとされている。

たとえば、東京地判平成15・5・29裁判所HPの事例は、大正天皇の「病状として異常な挙動及び血液に関する記録」の開示を請求したところ、その存否を明らかにすることなく不開示とされたというものである。東京地方裁判所は、こうした記録の存否について応答すれば、大正天皇が病状として異常な挙動を示していたか否か、血液に関して病状として何らかの異常があったか否かという情報を開示することになるとして、5条1号に基づき、存否を明らかにしない開示拒否を認めた。

また、東京地判平成15・1・24裁判所HPの事例は、特定の宗教団体またはその会員である特定の者を視察対象として決定した会議の議事録等の開示を請求したところ、その存否を明らかにすることなく不開示とされたというものである。東京地方裁判所は、視察等の情報収集活動を行っていることが情報収集の相手方の知るところとなれば、情報収集の目的である犯罪の予防、公共の安全や秩序の維持の達成が著しく困難になるとして、5条4号に基づき、存否を明らかにしない開示拒否を認めた。

そのほか、5条1号・4号に該当するとされた事例は相当数みられる。

一方、それ以外の各号に該当するとされた事例は、裁判例では5条2号（法人情報）に該当するとされたものが1件みられるのみである。しかも、その1件は前掲東京地判平成15・1・24であり、情報が開示されれば当該宗教団体の正当な利益を害すると判断して、5条4号とあわせて2号にも該当するとされたものである。すなわち、5条1号・4号以外で、単独で、存否を明らかにしない開示拒否が認められた裁判例は見当たらない。

内閣府情報公開・個人情報保護審査会の答申例でいうと、5条1号・4号のほか、3号（外交防衛情報）に該当するとされた例がみられるが、そのほかは、平成20年以降では2号に該当するとされた例が1件、6号イ（事務執

行情報）に該当するとされた例が1件あるのみである。

　このうち、5条6号イに該当するとされた事例（平成22年10月20日答申（平成22年（行情）答申第296号））は、存否の開示によって公正取引委員会による情報収集活動が妨げられると判断されたものであり、実質的には5条4号に準じるものといえる。

　残る5条2号に該当するとされた事例（平成22年11月9日答申（平成22年（行情）答申第349号））は、A社が偽装請負をして是正指導を受けたという事実は公知となっていたが、偽装請負の相手方の社名は公知となっていなかったという状況下において、「A社における偽装請負についてA社やB社などに対して是正を指導したことに関する文書」の情報公開請求がなされたというものである。情報公開・個人情報保護審査会は、当該文書が公開されれば、B社の事業活動に支障を及ぼすと判断して、5条2号に基づき、存否を明らかにしない開示拒否を認めた。当該文書は、B社が違法行為をしていたか否かに直結する文書であるから、例外的に存否を明らかにしない開示拒否が認められたものと考えられる。

　このようにみると、存否を明らかにしない開示拒否が認められうるのは、原則的には5条1号・4号に該当する場合に限られており、そのほか、特に5条2号・5号・6号に関する場合は、極めて例外的な事例でない限り開示拒否は認められないというべきである。

5　判例・裁判例における関連論点

(1)　第三者による取消請求

㈜　概　要

　行政文書の開示決定がされた場合、その行政文書に第三者に関する情報が含まれていると、当該第三者の利益を害する可能性がある。

　このような場合、第三者から、開示決定について不服申立てをすることができ、最終的には取消訴訟を提起することとなる。

(イ)　第三者の「法律上の利益」

　取消訴訟を提起するには、原告が取消しを求めることについて「法律上の利益を有する者」でなければならない（行訴法9条1項）。

　「法律上の利益を有する者」とは、当該処分により自己の権利もしくは法律上保護された利益を侵害されまたは必然的に侵害されるおそれのある者をいい、当該処分を定めた行政法規が不特定多数の者の具体的利益をその個々人の個別的利益としても保護すべきものとする趣旨を含んでいる場合には、この個々人の利益も法律上保護された利益にあたるというのが多数説である。

　問題は、行政文書の開示決定に対して第三者が取消請求をした場合、この第三者の主張する利益が、行政法規上、個々人の個別的利益としても保護すべきものとされているといえるか否かである。

　東京高判平成9・7・15判夕985号145頁は、大学を設置する学校法人が、施設整備補助金の交付申請に際し、学校法人の経理内容に関する情報を記載した文書を栃木県に提出していたところ、この文書の開示請求がなされ、栃木県知事が一部開示決定をしたので、学校法人が開示決定の取消しを求めたものである。

　東京高等裁判所は、栃木県公文書の開示に関する条例に、「個人に関する情報がみだりに公開されることのないよう最大限の配慮をしなければならない」との規定があること、「公開することにより、当該法人等又は当該事業を営む個人に不利益を与えることが明らかであると認められるもの」を不開示文書としていること、開示請求に係る公文書に第三者情報が記載されている場合に第三者の意見聴取を行うこととなっていること等をあげて、これらの規定は法人の秘密ないし情報を具体的利益としてとらえていると判示して、学校法人が「法律上の利益を有する者」にあたると判断した（ただし、取消請求自体は棄却した）。

　一方、最判平成13・7・13判自223号22頁は、那覇防衛施設局長が海上自衛隊庁舎の建築工事計画通知書等を那覇市に提出していたところ、この文書

の開示請求がなされ、那覇市長が一部開示決定をしたので、国が開示決定の取消しを求めたものである。国は、開示決定によって国の防衛上の秘密保持の利益が害されると主張し、また、当該文書は旧那覇市情報公開条例において非公開文書とされている「法令により、明らかに守秘義務が課されている情報が記録されている公文書」（同条例6条1項1号）にあたると主張していた。

最高裁判所は、「本条例6条1項……が上告人の主張に係る利益を個別的利益として保護する趣旨を含むものと解することはできず、他に、上告人の主張に係る利益を個別的利益として保護する趣旨を含むことをうかがわせる規定も見当たらない」と判示して、国は「法律上の利益を有する者」にあたらないと判断し、国の訴えを却下した。

最高裁判所は判断の詳細を明らかにしていないが、「守秘義務が課されている情報」というのは、那覇市に守秘義務が課されている情報をいうのであって、那覇市以外の者（たとえば、国）に守秘義務が課されている情報を含まないとの前提で、この規定は国の利益を保護するためのものではないと判断したのではないかと思われる。

現在、行政機関情報公開法では、個人の権利利益を害するおそれがある情報、競争上の地位等の利益を害するおそれのある情報等が、不開示情報として規定されている（同法5条1号・2号）。前掲東京高判平成9・7・15を前提にすると、これらの情報の保護を求める第三者は、「法律上の利益を有する者」にあたることになろう。

一方、行政機関情報公開法では、公にすることによって国の安全が害されるおそれがあると認めることにつき相当の理由がある情報や、公にすることによって国の事務、事業の遂行に支障を及ぼすおそれがある情報についても、不開示情報としており（同法5条3号・6号）、各地方公共団体の情報公開条例にも同様の規定がある場合がある。そうした条例のある地方公共団体については、防衛上の秘密を保護しようとする国が取消請求をした場合、国が「法律上の利益を有する者」にあたると判断される可能性がある。

(ウ)　法律上の争訟性

　国が地方公共団体に対して取消訴訟を提起する場合、それは私人や私的団体と同様の権利義務の主体となっている場合の紛争ではなく、単なる行政権限相互間の紛争にすぎないので、これは「法律上の争訟」（裁判所法3条）にあたらないのではないかとの問題がある。これは、国が「法律上の利益を有する者」にあたるか否か以前の問題である。

　前掲最判平成13・7・13の原審である福岡高那覇支判平成8・9・24判タ922号119頁は「法律上の争訟」にあたらないとして国の請求を却下したが、前掲最判平成13・7・13は、国が、建築工事確認通知書等の開示によって警備上の支障等が生じる等と主張していることをあげて、「法律上の争訟」性を認めた。国が建物所有者として私人と同様の利益を主張していると考えたものと思われる。

(2)　文書の存否に関する争い

　(ア)　解釈上の不存在

　開示請求がなされた行政文書が存在するのに、不存在であるとの理由で不開示とした場合、この決定は取消請求の対象となる。行政機関に存在する行政文書が、開示請求がなされた行政文書に含まれるか否かについて、開示請求者と行政機関との間で主張の対立があると、この問題が生じる。

　東京地判平成21・5・27判時2045号94頁は、渋谷区長や渋谷区議会議長が使用する自動車のガソリン代金に関する公文書の公開請求がなされたところ、渋谷区長が、公開請求に係る公文書は存在しないとの理由で公文書を公開しない旨の決定をしたというものである。渋谷区には、区有車全部について、給油日、数量、単価、車両番号等が網羅的に記載された内訳書や、ガソリンの給油を受けた都度発行される納品書が存在していたが、渋谷区長は、これら内訳書、納品書には区長車や議長車以外の自動車の給油状況についても記載されていること等を理由に、これら文書は公開請求に係る公文書にあたらないと主張した。

　しかし、東京地方裁判所は、車両番号を参照すれば区長車、議長車に関す

る記載を特定することは可能であるとして、渋谷区長の主張を排斥し、非公開決定を取り消した。

　　(イ)　物理的不存在

　開示請求がなされた行政文書が物理的に存在しないとの理由で不開示とされた場合、存在するか否かについては、開示請求者が立証責任を負うと考えられている。

　この点につき、過去のある時点において存在したことの立証がなされれば、不開示決定時にも存在していたものと推認できるかが争われた事例がある。いわゆる沖縄返還密約文書開示請求事件の上告審である最判平成26・7・14集民247号63頁は、この推認ができるかに関し、「当該行政文書の内容や性質、その作成又は取得の経緯や上記決定時〔編注・不開示決定時〕までの期間、その保管の体制や状況等に応じて、その可否を個別具体的に検討すべきものであり、特に、他国との外交交渉の過程で作成される行政文書に関しては、公にすることにより他国との信頼関係が損なわれるおそれ又は他国との交渉上不利益を被るおそれがあるもの（情報公開法〔編注・行政機関情報公開法〕5条3号参照）等につき、その保管の体制や状況等が通常と異なる場合も想定されることを踏まえて、その可否の検討をすべき」と判示して、結果として推認を認めず、開示請求を認めなかった。

　しかし、この事件で開示請求された文書は、昭和44年から昭和46年までに作成された文書である。平成23年4月1日には、公文書管理法および公文書管理法施行令が施行されており、公文書ごとの保管期間が定められているし、保管期間が経過した後に廃棄した場合もその廃棄の状況を帳簿に記録することとなっている。開示請求された文書がその後どのように管理されていたのか、廃棄されたのか否か等は、こうした帳簿によって明らかとなるので、今後は前掲最判平成26・7・14のような争いはなくなるはずであろう。

　(3)　**不開示文書の検証（インカメラ審理）**

　　(ア)　概　要

　インカメラ審理とは、開示請求の対象となっている行政文書が不開示情報

に該当するかどうかを判断するために、裁判所が行政機関に対して当該行政文書の提示を命じ、裁判官が直接当該行政文書を見分することをいう。

通常、裁判所は紛争の対象となっている行政文書を見ることなく、推認によって判断するが、これでは不開示理由の存否を適切に判断できない場合があり、このようなときには、インカメラ審理が有効である。

実際、情報公開・個人情報保護審査会における調査では、インカメラ審理が認められている（情報公開・個人情報保護審査会設置法9条1項）。また、行政機関に対し、行政文書に記載された情報を分類、整理して、それぞれについて不開示とした理由を説明した資料（ヴォーン・インデックス（Vaughn Index）と呼ばれる）を作成、提出させることもできる（同条3項）。

　(イ)　取消訴訟においてインカメラ審理をすることの問題点

しかし、取消訴訟の場面になると、民事訴訟法にも、行政事件訴訟法にも、インカメラ審理を認める明文の規定が存在しない。

検証物提示命令の制度はあるが（民訴法232条・223条6項）、これは裁判所が検証を採用するか否かを判断するために提示を命ずるものであって、検証自体をインカメラ審理で行う旨の規定ではない。したがって、インカメラ審理の結果検証を採用することとなった場合、原告には検証に立ち会う権利があるうえ、検証調書には検証の内容が記載されることとなってしまう。

また、インカメラ審理が濫用されると、十分な審理を尽くさず、インカメラ審理のみで不開示理由の存否の判断がなされてしまう事態が考えられる。その場合、判決には、「インカメラ審理の結果、不開示理由に該当する（しない）ものと判断した」旨の記載しかされないので、これに不服のある当事者は適切な控訴理由を主張できなくなってしまう。

さらに、第1審裁判所でインカメラ審理がなされ、その後控訴がなされた場合、控訴審裁判所は当該行政文書を見ずに判断しなければならないとの指摘もある。

　(ウ)　インカメラ審理についての判例の態度

インカメラ審理の許否については、福岡高決平成20・5・12判タ1280号92

頁およびこの上告審である最決平成21・1・15判タ1290号126頁が参考になる。

福岡高等裁判所は、「行政文書の開示・不開示に関する両当事者の主張を公正かつ中立的な立場で検討し、その是非を判断しなければならない裁判所が、その職責を全うするためには、当該文書を直接見分することが不可欠であると考えた場合にまで、実質的なインカメラ審理を否定するいわれはない」。「インカメラ審理に代わり得る有効適切な手段は見当たらない」等と判断し、原告が検証の立会権を放棄していること、当該行政文書の詳細が明らかになる方法での検証調書の作成を求めない旨陳述していることを踏まえて、検証物提示命令を一部認めた。

一方、最高裁判所は、前記(イ)の問題点を指摘したうえ、明文の規定がないことを理由に、インカメラ審理は許されないものと判断し、検証物提示命令申立てを却下した。

(エ)　まとめ

現状では、最高裁判所の判断のとおり、インカメラ審理は否定されている。

しかし、インカメラ審理をしなければ適切に判断できないと考えられる事例もあるはずである。確かにインカメラ審理は濫用される可能性があるので、通常の審理を十分尽くしたうえでなおインカメラ審理をしなければ適切な判断ができないと認められる場合に限り、原告の申立てにより、インカメラ審理をすることができる旨の明文規定を創設するべきである。

平成22年に内閣府が示した「情報公開制度の改正の方向性について」でも、同様の明文規定の創設が提言され、平成23年には内閣から、平成25年には議員立法として、いずれも廃案となったものの行政機関情報公開法等改正案が提出された。今後の行政機関情報公開法等の改正をまちたい。

(4)　理由の差替え

(ア)　概　要

行政機関が不開示決定をする際には理由を示さなければならないが、その

後不開示決定の適否をめぐって紛争となった際、行政機関が、不開示決定の際に示した理由とは異なる理由をあげて、不開示決定が適法である旨主張する場合がある。

こうした理由の事後的差替えが認められるかが問題である。

　(イ)　理由の差替えについての判例の態度

理由の差替えの許否については、横浜地判平成6・8・8判自138号23頁およびこの上告審である最判平成11・11・19集民195号333頁が参考になる。

横浜地方裁判所は、「原告に対する本件各処分の通知書に付記しなかった非公開事由をもって、同通知書に付記した事由に代替させ、あるいはそれを補充することは許されず、これにより右各処分についての瑕疵の治癒を認めることはできないと解される」と判示して、理由の差替えについての被告（逗子市監査委員）の主張を一蹴した。

この判断は、控訴審（東京高判平成8・7・17民集53巻8号1894頁）でも維持された。

一方、最高裁判所は、理由付記を要する目的について、「非公開の理由の有無について実施機関の判断の慎重と公正妥当とを担保してそのし意を抑制するとともに、非公開の理由を公開請求者に知らせることによって、その不服申立てに便宜を与えることを目的としている」と判断したうえで、こうした目的は、非公開の理由を具体的に記載して通知させることをもって「ひとまず実現される」と判示した。そして、条例上、付記した理由以外の理由を主張することを許さないとの趣旨を含むと解すべき根拠はないとして、理由の差替えを認めた。

　(ウ)　まとめ

前掲最判平成11・11・19は、あくまでも逗子市の条例における判断であり、その他の条例や情報公開法上、理由の差替えが無制限に認められるとの一般的判断を示したものではない。

前掲最判平成11・11・19が判示した理由付記を要する目的は適切なものであるが、非公開の理由を通知させることでその目的がひとまず実現されると

いう判断は、全く誤っているといわざるを得ない。理由の差替えが認められるならば、不開示の際に示す理由はとりあえずのものであってもかまわないこととなり、恣意の抑制や不服申立ての便宜は達成されないこととなろう。

　他の条例ないし情報公開法上は、理由の差替えは認められないものと理解すべきである。

▷岡本大典

Ⅳ 審査請求（不服申立て）

1 行政不服審査法による審査請求

　行政機関情報公開法9条1項（全部開示決定、部分開示決定）、2項（全部不開示決定）の開示決定等は、いずれも行政処分であるから、行政不服審査法による審査請求（不服申立て）が可能である（なお、全部開示決定の場合は、開示請求者には何ら不利益はないが、対象となった行政文書に第三者の情報が含まれている場合には、開示によりその第三者が不利益を被る可能性があることから、第三者が審査請求をすることが可能である）。

　審査請求は、処分のあったことを知った日の翌日から起算して3カ月以内に、書面（参考書式として【書式7】）を提出して行う必要がある。

【書式7】　審査請求申立書

審査請求申立書

平成28年5月10日

内閣総理大臣　○○○○　殿

（住所または所在地）
　〒000-0000
　　大阪市○○区○○町○丁目○番○号　　○○ビル○階
　　　電　話　06-0000-0000
　　　ＦＡＸ　06-0000-0000
　　審査請求人　　○　○　○　○　㊞
　　　　　　　　（昭和○年○月○日　○○歳）

IV 審査請求(不服申立て)

原　　処　　分	一部不開示決定
原　処　分　者	内閣情報官　○○○○
原処分を知った日	平成28年4月16日
教　示　の　有　無	あり
そ　の　内　容	行政不服審査法のとおり
審査請求の趣旨及び理由	別紙のとおり

(別紙)

審査請求の趣旨及び理由

第1　審査請求の趣旨
　平成28年4月13日付け行政文書（カウンターインテリジェンス機能の強化に関する基本方針）の開示決定につき、不開示部分の開示を求める。

第2　審査請求の理由
　1　不開示の理由について
　　　平成28年4月13日付けの行政文書開示等決定通知書によると、上記文書中、我が国の情報保全業務や事案対処要領のうち具体的な内容が記載されている部分は、公にすることにより、他国家機関等から対抗・妨害措置が講じられ、政府における情報保全事務の適正な遂行に支障を及ぼすおそれがあり、ひいては我が国の安全が害されるおそれがあることから、行政機関の保有する情報の公開に関する法律（以下「法」という。）第5条第3号及び第6号に該当するため不開示とした。

　2　不開示の理由がないこと
　(1)　適正評価制度の内容がおおよそわかることについて
　　　「秘密保全のための法制の在り方について（報告書）」（以下「報告書」という。）においては、「人的管理」について詳しく記載されており、人的管理等についておおよその内容は理解することができる。
　　　加えて、報告書には、一般的抽象的な記載しかなく、カウンターイ

ンテリジェンス機能の強化に関する基本方針においても一般的抽象的な内容しか記載されていないことが予想される。

このような記載内容からすれば、本件不開示部分を開示したとしても、法第5条第3号及び第6号に該当しない。

さらには、秘密保全のための法制の在り方に関する有識者会議(第3回)の議事要旨の2頁によると、政府が選別した有識者でさえ、制度の透明性を高めるために適格性確認の評価の観点やそれに対応する調査事項を明らかにすることが適当であると述べている。

(2) 法的拘束力がないこと

カウンターインテリジェンス機能の強化に関する基本方針は法律ではなく、単なるガイドラインである。とすれば、現在の人的管理制度の基準や評価については、何ら法的な拘束力はなく、政府もこのガイドラインに縛られる必然性はない。したがって、本件不開示部分を開示したとしても、法第5条第3号及び第6号に該当しない。

3 結語

以上から、本件不開示部分は、法第5条第3号及び第6号に該当しないのであるから、審査請求の趣旨どおりの決定を求める。

以上

なお、行政機関情報公開法は審査請求前置主義を採用していないので、審査請求をせず、直ちに行政訴訟を提起することも可能である。

2 情報公開・個人情報保護審査会

開示決定等に対する審査請求が行われた場合には、行政庁は、原則として、情報公開・個人情報保護審査会に諮問しなければならない。ただし、審査請求が不適法であり、却下するときおよび行政庁が部分開示決定または全部不開示決定を取り消して、全部開示決定をするときには、諮問する必要はない(行政機関情報公開法19条)。

情報公開・個人情報保護審査会は、必要があると認めるときは、諮問庁に

対し、行政文書等の提示を求めることができるとされており（情報公開・個人情報保護審査会設置法9条1項）、諮問庁はこれを拒むことはできない（同条2項）。

　行政訴訟では裁判所が非開示とされた行政文書そのものを見るインカメラ審理はできないとされているが、情報公開・個人情報保護審査会は、そのものを見分して審理を行うことができるのである。

　情報公開・個人情報保護審査会はほかにも、諮問庁に対し、行政文書等に記録されている情報の内容を情報公開・個人情報保護審査会の指定する方法により分類または整理した資料を作成し、情報公開・個人情報保護審査会に提出することを求めること（情報公開・個人情報保護審査会設置法9条3項）や、審査請求人や諮問庁等に対し、意見書または資料の提出を求めることなど、必要な調査を行うことができることとされている（同条4項）。

　情報公開・個人情報保護審査会が原決定を変更すべきである旨の答申をした場合であっても、原決定が直ちに覆るわけではなく、諮問庁があらためて開示決定等を行う必要がある。その際、明文で規定されてはいないが、諮問庁は情報公開・個人情報保護審査会の答申を尊重すべき義務がある。実際にもほとんどの場合に諮問庁は答申に従って開示決定等を行っているのが実情である。

3　独立行政法人等の場合の審査請求

　独立行政法人等の行う開示決定等も処分性を有するので、同様に行政不服審査法に基づく審査請求（不服申立て）が可能である（独立行政法人等情報公開法18条1項）。

　開示決定等に対して審査請求があったときは、独立行政法人等は、原則として、情報公開・個人情報保護審査会に諮問しなければならないとされているのも同様である。

4　地方公共団体の条例の場合の審査請求

　地方公共団体の情報公開条例に基づく開示請求に対して開示決定等がなされた場合も、処分性があるので、行政不服審査法に基づく審査請求（不服申立て）が可能である。

　そして多くの地方公共団体でも、国と同様に、情報公開審査会等を設置し、原則として審査会への諮問を義務づけているところである。

▷坂本　団

Ⅴ　情報公開訴訟

1　はじめに

　序章および本章Ⅰにおいて、国等に対し情報公開を求める際の開示請求手続に触れた。わが国の情報公開制度は、費用が高いなどの問題はあるが、特別な知識がなくとも、一般市民でも手続ができる。

　もっとも、手続が難しくないことは、必ずしも情報公開という結果を保障するものではない。むしろ、国、地方公共団体等を問わず、多くの重要な情報が不開示とされているのが現状であり、自由な情報の流通が実現していると評価できる実情にはない。

　全部または一部不開示決定を争う方法（救済制度）として、行政上の不服申立制度（審査請求。本章Ⅳ参照）と行政訴訟制度（情報公開訴訟）がある。

　ここでは、国の行政機関情報公開法を念頭に、情報公開訴訟制度について概説する。

2　情報公開訴訟

(1)　全部または一部不開示決定の通知

　全部または一部不開示決定（以下、単に「不開示決定」という）がなされた場合、開示請求者に対する通知（行政機関情報公開法9条）において理由が提示され（行政手続法8条）、不服申立ての教示もなされる（行政不服審査法82条）。

　不服申立ての教示の一般的内容は、次のとおりである。

　「この決定に不服がある場合は、行政不服審査法（平成26年法律第68号）第2条の規定により、この決定があったことを知った日の翌日から起算して3カ月以内に、内閣総理大臣に対して審査請求をすることができます（なお、決定があったことを知った日の翌日から起算して3カ月以内であっても、決定の

日の翌日から起算して1年を経過した場合には審査請求をすることができなくなります。)。

　また、この決定の取消しを求める訴訟を提起する場合は、行政事件訴訟法（昭和37年法律第139号）の規定により、この決定があったことを知った日から6カ月以内に、国を被告として（訴訟において国を代表する者は法務大臣となります。)、東京地方裁判所等に処分の取消しの訴えを提起することができます（なお、決定があったことを知った日から6カ月以内であっても、決定の日から1年を経過した場合には処分の取消しの訴えを提起することができなくなります。)」。

(2)　訴訟提起

　㋐　出訴期間

　不開示決定は、行政処分であり、その取消しを裁判所に訴えることができる（取消訴訟。行訴法3条1項・2項）。

　出訴期間は、原則、不開示決定のあったことを知った日から6カ月である（行訴法14条1項。ただし、審査請求を行った場合には、原則その裁決があったことを知った日から6カ月となる（同条3項))。

　例外として正当な理由があるときは別であるが（行訴法14条1項ただし書等）、正当な理由が認められるためのハードルは高い。審理を本案に集中させるためにも6カ月以内に提訴をすべきであるし、場合によっては再度情報公開を行ってから提訴に及んだほうが早い場合もある。

　独立行政法人等、地方公共団体に対する情報公開訴訟も同様である。

　㋑　管　轄

　情報公開訴訟は、原則として、取消訴訟を被告（国）の普通裁判籍の所在地を管轄する裁判所または不開示決定をした行政機関の所在地を管轄する裁判所に提起することができるし、原告（開示請求者）の住所地を管轄する高等裁判所の所在地を管轄する地方裁判所にも提起することができる（行訴法12条1項・4項）。

　たとえば、和歌山市の住民が内閣情報官の保有する行政文書の不開示決定

を争う場合、東京地方裁判所と大阪地方裁判所のいずれかで情報公開訴訟を提起することができる。

独立行政法人等、地方公共団体に対する情報公開訴訟も同様である。

(ウ) 請求の趣旨

(A) 取消し

全部不開示の場合の訴状に記載する請求の趣旨の例は、次のとおりである（独立行政法人等、地方公共団体に対する情報公開訴訟も同様である）。

> 処分行政庁が平成○年○月○日付けで原告に対しした不開示決定（○○○○第○号）〔編注・不開示決定に付された番号〕を取り消す。

一部不開示の場合の訴状に記載する請求の趣旨の例および「行政文書目録」「別紙不開示部分一覧表」の記載例は、次のとおりである。

> 処分行政庁が平成○年○月○日付けで原告に対しした別紙「行政文書」目録記載の行政文書の一部不開示決定（○○○○第○号）のうち不開示とした部分（別紙不開示部分一覧表記載の部分）を取り消す。

（別紙）

> ### 行政文書目録
>
> カウンターインテリジェンス機能の強化に関する基本方針（平成19年8月9日カウンターインテリジェンス推進会議決定（ただし、平成23年12月6日付け改訂後のもの。））

(別紙)

不開示部分一覧表

1　別紙「行政文書」の4頁17行目から5頁2行目までの部分
　（第2部Ⅰ3⑴のイ「クリアランス手続の構成」の部分。以下「不開示部分①」という。）（以下略）

　　(B)　義務付け
　現在の行政訴訟制度においては、義務付け訴訟が認められており（行訴法3条6項）、情報公開訴訟においても請求の趣旨に取消しだけではなく、義務付けを追加することが多い。
　訴状に記載する請求の趣旨の例は、次のとおりである。独立行政法人等、地方公共団体に対する情報公開訴訟も同様である。

　　処分行政庁は、原告に対し、処分行政庁が平成○年○月○日付けで原告に対しした別紙「行政文書」目録記載の行政文書の一部不開示決定（○○○○第○号）のうち不開示とした部分（別紙不開示部分一覧表記載の部分）の開示決定をせよ。

　　(エ)　訴額の算定
　情報公開請求は、財産上の請求でないので、訴額は160万円となる（民事訴訟費用等に関する法律4条2項）。
　印紙額にして1万3000円である。
　　(オ)　被告と処分行政庁
　　(A)　行政機関情報公開法
　被告は、国であり、処分行政庁は、不開示決定をした行政機関である。
　訴状における当事者の表示の記載例は、次のとおりである。

```
被　　告　　　国
代　表　者　　法務大臣〇〇〇〇
処分行政庁　　内閣情報官〇〇〇〇
```

(B)　情報公開条例

被告は、地方公共団体であり、処分行政庁は実施機関となる。

実施機関が首長の場合（通常）の訴状における当事者の表示の記載例は、次のとおりである。

```
被　　　　　告　　　〇〇市
同代表者兼処分行政庁　〇〇市長〇〇〇〇
```

実施機関が地方議会の場合の訴状における当事者の表示の記載例は、次のとおりである（「普通地方公共団体の議会又は議長の処分又は裁決に係る普通地方公共団体を被告とする訴訟については、議長が当該普通地方公共団体を代表する」（地方自治法105条の２））。

```
被　　　　　告　　　〇〇市
同代表者兼処分行政庁　〇〇市議会議長〇〇〇〇
```

実施機関が都道府県公安委員会の場合の訴状における当事者の表示の記載例は、次のとおりである（公安委員会は都道府県警察を管理する権限を有し（警察法38条３項）、「委員長は、会務を総理し、都道府県公安委員会を代表する」（同法43条３項））。

```
被　　　　　告　　　〇〇県
同代表者兼処分行政庁　〇〇県公安委員会
同委員会代表者委員長　〇〇〇〇
```

(3)　訴状記載例

訴状記載例は、次のとおりである（【書式８】）。

【書式8】 訴　状

訴　　　状

平成○年○月○日

大阪地方裁判所　御中

　　　　　　　　　　原告訴訟代理人弁護士　○　○　○　○　㊞

当事者の表示　　別紙当事者目録記載のとおり

行政文書部分開示決定処分取消等請求事件
　訴訟物の価額　160万円
　貼用印紙額　1万3000円

第1　請求の趣旨
1　処分行政庁が平成○年○月○日付けで原告に対しした別紙「行政文書」目録記載の行政文書の一部不開示決定（○○○○第○号）のうち不開示とした部分（別紙不開示部分一覧表記載の部分）を取り消す
2　処分行政庁は、原告に対し、処分行政庁が平成○年○月○日付けで原告に対しした別紙「行政文書」目録記載の行政文書の一部不開示決定（○○○○第○号）のうち不開示とした部分（別紙不開示部分一覧表記載の部分）の開示決定をせよ
3　訴訟費用は、被告の負担とする
との判決を求める。

第2　請求の原因
1　本件訴訟に至る経緯
(1)　原告による行政文書公開請求
　　原告は、大阪弁護士会に登録する弁護士である。
　　原告は、行政機関の保有する情報の公開に関する法律（以下「法」という。）3条に基づき、処分行政庁に対し、平成○年○月○日付け（同月○日受付）で、「カウンターインテリジェンス機能の強化に関する基本方針」（以下「本件行政文書」という。）の開示請求をした（甲1）。

(2) 原告の開示請求に対する処分行政庁の処分

　　処分行政庁は、平成〇年〇月〇日、法第9条第1項に基づき、原告に対し、本件行政文書の一部について開示する旨の決定をした。

　　しかしながら、本件行政文書のうち、情報保全業務や事案対処要領のうち具体的内容が記載されている部分は、公にすることにより、他国機関等から対抗・妨害措置を講じられ、政府における情報保全事務の適正な遂行に支障を及ぼすおそれがあり、ひいては我が国の安全が害されるおそれがあることから、法第5条第3号及び第6号に該当するため不開示とする旨決定した（甲2、甲3）。

(3) 本件不開示決定処分の違法性（略）

第3　結語

　　以上から、本件では、原告の請求が認められることが明らかであって、請求の趣旨記載のどおりの判決を求める次第である。

証拠方法

1　甲第1号証行政文書開示請求書
2　甲第2号証行政文書開示等決定通知書
3　甲第3号証カウンターインテリジェンス機能の強化に関する基本方針

附属書類

1　訴状正・副本　　各1通
2　甲号各証（写）　各2通
3　訴訟委任状　　　1通

(別紙)

```
                           当事者目録


    〒000-0000
        大阪府○○市○○区○○町○丁目○番○号
        原      告      ○  ○  ○
    〒000-0000
        大阪府○○市○○区○○町○丁目○番○号　○○ビル9階
        ○○法律事務所
        電　話　06-0000-0000
        ＦＡＸ　06-0000-0000
        原告訴訟代理人    ○  ○  ○


    〒000-0000
        東京都千代田区霞が関1－1－1
        被        告      国
        代  表  者      法務大臣○○○○
        処 分 行 政 庁    内閣情報官○○○○
```

(4) 判　決

　開示請求者である原告が勝訴判決（取消判決）を得た場合、判決が確定すれば、不開示決定をした行政機関に対し拘束力が生じる（行訴法33条）。

　　　　　　　　　　　　　　　　　　　　　　　　　▷豊永泰雄

VI 非開示事由

ここでは、行政機関情報公開法5条各号(および情報公開条例において同様に定められたもの)に規定された行政文書の非開示事由について、規定の趣旨・構造に触れるとともに、判例・裁判例などを通してその考え方を示すこととする(ここで単に条文番号等のみ示されているものは、行政機関情報公開法のものとする)。

1 5条1号(個人情報)

(1) 5条1号の趣旨および構造

5条1号は、5条柱書の定める原則開示の例外として、個人に関する情報(以下、「個人情報」という)が不開示となる場合の要件を定めている。

行政文書に含まれる個人情報の開示については、情報公開の要請と個人の権利利益の保護の調整を適切に図る必要がある。5条1号は、特定の個人を識別することができるものであれば、当該情報は原則非開示とし(同号本文)、そのうえで、公知の情報等保護する必要性のない情報や、個人の権利利益を侵害してでも公益上の要請などから開示すべき情報を同号イ・ロ・ハで限定列挙するという形で、情報公開の要請と個人の権利利益の保護の調整を図っている。

(2) 5条1号の考え方

(ア) 概 要

原則非開示となるのは、「個人に関する情報(事業を営む個人の当該事業に関する情報を除く。)であって、当該情報に含まれる氏名、生年月日その他の記述等……により特定の個人を識別することができるもの(他の情報と照合することにより、特定の個人を識別することができることとなるものを含む。)又は特定の個人を識別することはできないが、公にすることにより、なお個人の権利利益を害するおそれがあるもの」である(5条1号本文)[20]。

なお、5条1号の「個人」には死者も含まれると解される。個人情報保護法2条1項、行政機関個人情報保護法2条2項は、「個人情報」を「生存する個人に関する情報」と規定しており、死者の情報を含まないことが明らかであるのに対し、情報公開法上はこうした限定がないからである。

　ただ、特定の個人を識別できる情報であったとしても、①民間人が所属する法人・団体の職務として行った行為に関する情報（法人等の従業員の職務の遂行に関する情報）、②公務員が職務として行った行為に関する情報（公務員職務遂行情報）は、「個人」というよりは「公」にかかわる情報ともいえる。こうした①法人等の従業員の職務の遂行に関する情報や②公務員職務遂行情報も、「個人に関する情報」にあたるとして原則非開示とすべきなのか、それとも、そもそもこうした公にかかわる情報は「個人に関する情報」にはあたらないと解釈すべきなのが問題となってきた。

20　平成28年第190回国会で成立した行政機関個人情報保護法等の改正（平成28年法律第51号による改正。第2章Ⅰほか参照）により、行政機関情報公開法、独立行政法人等情報公開法も一部改正された。これにより、行政機関情報公開法5条1号本文に次の下線部（本文の「……」部分）の記述が追加された（独立行政法人等情報公開法5条1号本文も同じ）。

　「個人に関する情報（事業を営む個人の当該事業に関する情報を除く。）であって、当該情報に含まれる氏名、生年月日その他の記述等<u>（文書、図画若しくは電磁的記録に記載され、若しくは記録され、又は音声、動作その他の方法を用いて表された一切の事項をいう。次条第2項において同じ。）</u>により特定の個人を識別することができるもの（他の情報と照合することにより、特定の個人を識別することができることとなるものを含む。）又は特定の個人を識別することはできないが、公にすることにより、なお個人の権利利益を害するおそれがあるもの」。

　平成27年9月に成立した改正個人情報保護法（平成27年法律第65号による改正）でも2条1項1号（個人情報の定義）で同様の改正が加えられ、今回の独立行政法人個人情報保護法等の改正でも同様の改正が加えられており（行政機関個人情報保護法2条2項柱書、改正独立行政法人等個人情報保護法2条2項柱書）、これらに平仄を合わせたものと考えられる。

　もっとも、行政機関情報公開法は、元々、開示請求の対象となる「行政文書」には「文書、図画及び電磁的記録」が含まれると定義していることから（同法2条2項）、本改正による実質的な変更はないものと考えられる（独立行政法人も同様）。

この点に関しては、大阪市情報公開条例について最高裁判決（最判平成15・11・11判時1842号31頁）があり、最高裁判所は、以下のとおり判断している（事案の概要と判示の詳細は本章Ⅵ1(5)参照）。

① 法人等の従業員の職務の遂行に関する情報　「個人情報」に該当する（原則非開示）。

② 法人等を代表する者に関する情報　当該法人等の行為そのものと評価される行為に関する情報については、「個人情報」には該当しない（法人等に関する情報として非公開事由に該当するか否かが検討される）。

③ 公務員の職務の遂行に関する情報の個人情報該当性　「個人情報」には該当しない。

情報公開法における個人情報該当性についても、この最高裁判決に沿った解釈がなされるべきと考えられる。

ところが、情報公開法に関する裁判例においては、公務員職務遂行情報に関しこの最高裁判決の判示と異なる裁判例が散見される。

　(ｲ)　情報公開法における「公務員職務遂行情報」の判断傾向

大阪市の公文書公開条例（本件条例）に関する前掲最判平成15・11・11は、「国及び地方公共団体の公務員の職務の遂行に関する情報は、公務員個人の社会的活動としての側面を有するが、公務員個人の私事に関する情報が含まれる場合を除き、公務員個人が同条〔編注・本件条例6条〕2号にいう『個人』に当たることを理由に同号の非公開情報に当たるとはいえない」と判示し、公務員の氏名を原則公開すべきと判断している。

その趣旨について最高裁判所は、「本件条例は、大阪市の市政に関する情報を広く市民に公開することを目的として定められたものであるところ、同市の市政に関する情報の大部分は、同市の公務員（特別職を含む。）の職務の遂行に関する情報ということができる。そうすると、本件条例が、同市の公務員の職務の遂行に関する情報が記録された公文書について、公務員個人の社会的活動としての側面があることを理由に、これをすべて非公開とすることができるものとしているとは解し難いというべきである」と述べている。

この最高裁判決の判旨に従うのであれば、情報公開法においても、私事に関するものでない限り、公務員の個人名は開示されるべきものと考えるのが自然と思われる。
　ところが、情報公開法に関する裁判例においては、公務員の氏名が行政機関情報公開法5条1号ハに該当しない（すなわち不開示）との判断が相次いでいる（東京地判平成16・12・24判タ1211号69頁等）。
　また、学説上も、「この最高裁判決（平成15年11月11日判決）は行政機関情報公開法のように公務員等情報も『個人に関する情報』であることを前提として例外的に公務員等の職および当該職務遂行の内容にかかる部分の開示を義務付ける法律は、判旨の射程外にしていると思われる」などと説明するものもある。[21]
　しかし、最高裁判所が公務員の氏名を原則公開すべきとした根拠は、行政情報を広く公開すべきという価値判断や法のそもそもの趣旨にあることは明らかである。法文の規定ぶりによってこうした最高裁判所の解釈が射程外になるという論理は、情報公開法の趣旨を没却するといわざるを得ない。
　この点、松井茂記教授も、「アカウンタビリティを確保するためには、職務遂行に係る公務員の氏名を公開することも不可欠である。アカウンタビリティは組織としての行政機関だけではなく、個々の職員も果たすべきだからである。……やはり公務員に関する場合は、公務に関する情報と個人に関する情報を区別し、前者については個人情報と考えない方が筋がとおっているように思う。それゆえ、……国の情報公開法についても、公務に関する公務員の氏名は『個人に関する情報』に該当しないと見るべきであろう」。「除外事由ハは職務の遂行に係る情報のうち公務員の『職』について公開すべきことを明記しただけで、『氏名』については解釈にゆだねたものと解すれば足りよう」と述べている。[22]

21　宇賀克也『新・情報公開法の逐条解説［第5版］』71頁。
22　松井・前掲（注2）203頁。

公務員の氏名に関しては、前掲最判平成15・11・11の趣旨に沿って、原則開示すべきである。
　なお、実際の運用上は、公務員（補助的業務に従事する非常勤職員を除く）の氏名については、5条1号ハには該当しないという解釈をとりつつも、一方で「慣行として公にされ、又は公にすることが予定されている情報」（同号イ）には該当するものとして、特段の支障の生ずるおそれがある場合を除き公にするものとするものとされている（平成17年8月3日付け情報公開に関する連絡会議申合せ）。
　したがって、現実の運用では、公務員の氏名も、慣行として公にされている情報として公開されるのが原則となっている。

(3) **本人開示請求**

　開示請求者自身の個人情報も、5条1号により非開示となるのかという問題がある。確かに、開示請求者自身の情報であれば、5条1号により非開示とする実質的理由は乏しい。前掲最判平成13・12・18も、兵庫県情報公開条例に基づくレセプトの自己情報開示請求に対し、当該個人の権利利益を害さないことが明らかであれば個人情報であることを理由に開示請求を拒否することはできないと判示している。
　しかし、開示請求者が誰かによって5条1号の適用の有無が決まるというのは論理的ではない。また、現在では、行政機関個人情報保護法が制定されており、自らの個人情報については同法に基づき開示請求が可能であって、情報公開法の解釈でこれを認める必要性も乏しい（この最高裁判決は、個人情報保護条例が未制定であることを前提としている）。
　したがって、開示請求者自身の個人情報であっても、5条1号の個人情報に該当する限り、行政機関情報公開法上は非開示となると解すべきである。なお、情報公開法に基づく本人開示請求があった場合は、行政機関個人情報保護法に基づく開示請求を行うよう適切な情報提供が行われるべきであろう。

(4) 除外事由

　個人情報に該当する場合であっても、5条1号イ・ロ・ハに該当する場合には、開示されることとなる。

㋐　5条1号イの考え方

　まず、「法令の規定により又は慣行として公にされ、又は公にすることが予定されている情報」については、開示しても個人の権利利益が侵害されることはないとして、開示される（5条1号イ）。

　法令の規定によるものとしては、登記簿に記載されている法人役員に関する情報や、不動産の権利関係に関する情報などがある。また、慣行によるものとしては、叙勲者名簿、中央省庁の職員録等がある。

　個人情報でありながら、法令または慣行により公開すべきか否かが問題となった裁判例としては、いずれも条例に関するものであるが、①奈良県土地開発公社が個人地権者から買収した土地（当該土地）の買収価格に関する情報について、「当該土地の客観的性状から推認し得る一定の範囲内の価格であって、一般人であればおおよその見当をつけることができる」として、開示と判断した裁判例（最判平成17・10・11集民218号1頁）、②奈良県土地開発公社が個人地権者に支払った建物、工作物、動産、植栽、権利等の補償価格に関する情報について、「地権者がどのような工作物、動産、植栽等を有するかについては、公示されるものではなく、また、必ずしも一般人の目に触れるものではない。建物については、所有状況が不動産登記簿に登記されて公示されるものの、その価格要因のすべてが公示されるものではなく、一般人は、外部から観察することができるにとどまり、建物の内部の構造、使用資材、施工態様、損耗の状況等の詳細を知ることができない。したがって、上記補償価格は、一般人であればおおよその見当をつけることができるものとはいえない」として、非開示と判断した裁判例（前掲最判平成17・10・11）、③大阪府土地開発公社による公共事業用地の代替地の取得または処分に関する文書である「平成11年度代替地取得及び処分協議決裁文書」の買収価格等または評価答申額等に関する情報について、「価格及びその単価は、

一般人であればおおよその見当をつけることができる一定の範囲内の客観的な価格であるということができる。したがって、上記の買収価格等をもって公社に土地を買収され、又は公社から土地を取得したことは、個人である土地の所有者等にとって、私事としての性質が強いものではなく、これに関する情報は、性質上公開に親しまないような個人情報であるとはいえない」として、開示と判断した裁判例（最判平成18・7・13判時1945号18頁）、④土地改良に関する換地計画書（本件公文書）について、「本件公文書は、土地改良法に従って縦覧に供され、一旦は公開されたものであるが、本件公開請求の時点においては縦覧期間が経過し、何人でも閲覧できるというものではなく、その情報を容易に入手しうるということはできない」として、非開示と判断した裁判例（福井地判平成6・5・27判タ884号135頁）がある（各裁判例の事案と判示の詳細は本章Ⅵ1(5)参照）。

　(イ)　5条1号ロの考え方

次に、「人の生命、健康、生活又は財産を保護するため、公にすることが必要であると認められる情報」についても、こうした利益の保護を優先する観点から開示される（5条1号ロ）。

非開示により保護される利益と開示により保護される利益の比較衡量により、後者が前者に優越すると認められるときに開示が義務づけられることとなる。

　(ウ)　5条1号ハの考え方

最後に、「公務員等の職及び当該職務遂行の内容に係る部分」については、政府の諸活動を説明する責務を全うするため、仮に当該公務員が識別される結果になるとしても例外的に開示されるものとされている（5条1号ハ）。

ここにいう「職」および「職務遂行の内容に係る」情報とは、公務員が行政機関その他国の機関または地方公共団体の機関の一員として、その担当する職務を遂行する場合における当該活動についての情報を意味する。たとえば、行政処分その他の公権力に関する情報や職務としての会議への出席、発言その他の事実行為に関する情報などがこれにあたる。

なお、当該規定があるからといって、公務員の氏名が当然に個人情報に該当すると考えるべきでないことはすでに述べたとおりである。松井教授が指摘するとおり、5条1号ハはあくまで公務員の「職」について開示すべき旨を定めているだけで、公務員の氏名については解釈に委ねていると考えるべきである。そして、前掲最判平成15・11・11の判旨に沿えば公務員の氏名は開示されると解すべきである。

また、現実の運用においても、公務員の氏名は、個人情報には該当すると解釈しつつも、慣行として公にされている情報として、5条1号イにより公開されるのが原則となっている。

(5) 5条1号に関する判例・裁判例

　(ア) 法人等の代表者が職務として行う行為等に関する情報や公務員の職務遂行に関する情報は個人情報の非公開事由にあたらないとした事例（条例）

前掲最判平成15・11・11は、被上告人らが、平成4年6月15日、大阪市公文書公開条例（本件条例）[23]に基づき、大阪市長に対し、昭和63年7月から平成4年3月までの間の大阪市財政局財務部財務課に係る食糧費の支出関係文書の公開を請求したところ、上告人が、同請求に係る公文書の件名を上記期間における同課の食糧費支出に係る支出決議書、支出命令書および歳出予算差引簿と特定したうえ、上記各文書を全部非公開とする決定をしたため、被上告人らがその取消しを請求した事案であり、法人の従業員の職務遂行に関する情報は、個人に関する情報に該当するが、法人等を代表する者に関する

---

[23] 大阪市情報公開条例6条は、「実施機関は、次の各号のいずれかに該当する情報が記録されている公文書については、公文書の公開をしないことができる」とし、その2号は、「個人に関する情報（事業を営む個人の当該事業に関する情報を除く。）で、特定の個人が識別され、又は識別され得るもの。ただし、次に掲げる情報を除く」とし、「法令等の規定により、何人も閲覧することができるとされている情報」（同号ア）、「本市の機関が作成し、又は取得した情報で、公表を目的とするもの」（同号イ）、「法令等の規定に基づく許可、免許、届出等の際に本市の機関が作成し、又は取得した情報で、公開することが公益上必要であると認められるもの」（同号ウ）とする。

情報および公務員の職務遂行に関する情報は、個人に関する情報に該当しないとした。

判示内容は、以下のとおりである。

法人等の従業員の職務の遂行に関する情報の個人情報該当性について、「同号にいう『個人に関する情報』については、『事業を営む個人の当該事業に関する情報』が除外されている以外には文言上何ら限定されていないから、個人の思想、信条、健康状態、所得、学歴、家族構成、住所等の私事に関する情報に限定されるものではなく、個人にかかわりのある情報であれば、原則として同号にいう『個人に関する情報』に当たると解するのが相当である。そして、法人その他の団体の従業員が職務として行った行為に関する情報は、職務の遂行に関する情報ではあっても、当該行為者個人にとっては自己の社会的活動としての側面を有し、個人にかかわりのあるものであることは否定することができない。そうすると、上記の職務の遂行に関する情報も、原則として、同号にいう『個人に関する情報』に含まれるというべきである」とした。

また、法人等を代表する者に関する情報の個人情報該当性について、「2号において『個人に関する情報』から『事業を営む個人の当該事業に関する情報』を除外した上で、3号において『法人その他の団体（国及び地方公共団体を除く。以下「法人等」という。）に関する情報又は事業を営む個人の当該事業に関する情報』と定めて、個人に関する情報と法人等に関する情報とをそれぞれ異なる類型の情報として非公開事由を規定している。これらの規定に照らせば、本件条例においては、法人等を代表する者が職務として行う行為等当該法人等の行為そのものと評価される行為に関する情報については、専ら法人等に関する情報としての非公開事由が規定されているものと解するのが相当である。したがって、法人等の行為そのものと評価される行為に関する情報は、同条2号の非公開情報に当たらないと解すべきである」。

「そして、このような情報には、法人等の代表者又はこれに準ずる地位にある者が当該法人等の職務として行う行為に関する情報のほか、その他の者

の行為に関する情報であっても、権限に基づいて当該法人等のために行う契約の締結等に関する情報が含まれると解するのが相当である」とした。

　さらに、公務員の職務の遂行に関する情報の個人情報該当性について、「国及び地方公共団体の公務員の職務の遂行に関する情報は、公務員個人の社会的活動としての側面を有するが、公務員個人の私事に関する情報が含まれる場合を除き、公務員個人が同条2号にいう『個人』に当たることを理由に同号の非公開情報に当たるとはいえないものと解するのが相当である。その理由は、次のとおりである。本件条例は、市民の市政参加を推進し、市政に対する市民の理解と信頼の確保を図ることを目的とし、そのために市民に公文書の公開を求める権利を保障することとしており（1条）、実施機関に対し、『個人に関する情報』の保護について最大限の配慮をしつつも、公文書の公開を請求する市民の権利を十分尊重して本件条例を解釈適用する責務を負わせている（3条）。このように、本件条例は、大阪市の市政に関する情報を広く市民に公開することを目的として定められたものであるところ、同市の市政に関する情報の大部分は、同市の公務員（特別職を含む。）の職務の遂行に関する情報ということができる。そうすると、本件条例が、同市の公務員の職務の遂行に関する情報が記録された公文書について、公務員個人の社会的活動としての側面があることを理由に、これをすべて非公開とすることができるものとしているとは解し難いというべきである。そして、国又は他の地方公共団体の公務員の職務の遂行に関する情報についても、国又は当該地方公共団体において同様の責務を負うべき関係にあることから、同市の市政に関する情報を広く市民に公開することにより市政に対する市民の理解と信頼の確保を図ろうとする目的を達成するため、同市の公務員の職務の遂行に関する情報と同様に公開されてしかるべきものと取り扱うというのが本件条例の趣旨であると解される。したがって、国及び地方公共団体の公務員の職務の遂行に関する情報については、前記のとおりに解するのが相当である」とした。

(ｲ)　土地開発公社が買収した土地の価格は個人情報の非開示情報に該当しないが、建物等の補償価格は個人情報の非開示情報に該当するとした事例（個人識別型の規定）（条例）

　前掲最判平成17・10・11は、奈良県土地開発公社が個人地権者から買収した土地の買収価格に関する情報、奈良県土地開発公社が個人地権者に支払った建物、工作物、動産、植栽、権利等の補償価格に関する情報について、旧奈良県情報公開条例（本件条例）[24]に基づいて情報公開請求した事案であり、裁判所は、土地開発公社による土地の買収価格は本件条例所定の非開示情報に該当しないが、建物等の補償価格は非開示情報に該当するとした。

　判示内容は、以下のとおりである。

　買収価格について、「前記事実関係等によれば、5の記載部分に関する情報は、公社が個人地権者から買収した土地の買収価格に関する情報であって、当該個人地権者が識別され得るというのであるから、5の記載部分に関する情報は、個人に関する情報であって特定の個人が識別され得るものということができる。

　ところで、本件条例の趣旨、目的等に照らせば、本件条例10条2号イにいう『公表することを目的として実施機関が作成し、又は取得した情報』には、実施機関が作成し、又は取得した情報であって、公表することがもともと予定されているものも含まれると解するのが相当である（最高裁平成13年（行ヒ）第83号、第84号同15年10月28日第三小法廷判決・裁判集民事211号287頁参照）。前記事実関係等によれば、上記買収価格については、公拡法〔編注・公有地の拡大の推進に関する法律〕7条の適用があるものとされ、当該土地

24　旧奈良県情報公開条例10条は、「実施機関は、公文書の開示の請求に係る公文書に次の各号のいずれかに該当する情報が記録されているときは、当該公文書の開示をしないことができる」とし、その2号は、「個人に関する情報（事業を営む個人の当該事業に関する情報を除く。）であって、特定の個人が識別され、又は識別され得るもの。ただし、次に掲げる情報を除く」とし、「公表することを目的として実施機関が作成し、又は取得した情報」（同号イ）とする。

が地価公示法2条1項の都市計画区域内に所在するときは、同法6条の規定による公示価格を規準として算定した価格、すなわち、当該土地と同法2条1項の標準地との位置、地積、環境等の土地の客観的価値に作用する諸要因について比較して、標準地の公示価格と当該土地の買収価格との間に均衡を保たせるように算定した価格としなければならず、当該土地が上記都市計画区域以外の区域内に所在するときは、近傍類地の取引価格等を考慮して算定した当該土地の相当な価格、すなわち、正常な取引価格としなければならないとされているというのであるから、いずれも売買の当事者間の自由な交渉の結果が上記買収価格に反映することは比較的少ないものというべきである。そして、当該土地が公社に買い取られた事実については不動産登記簿に登記されて公示されるものである上に、当該土地の価格に影響する諸要因、例えば、駅や商店街への接近の程度、周辺の環境、前面道路の状況、公法上の規制、当該土地の形状、地積等については、一般に周知されている事項か、容易に調査することができる事項であるから、これらの価格要因に基づいて公示価格を規準として算定した価格又は近傍類地の取引価格等を考慮して算定した相当な価格は、当該土地の客観的性状から推認し得る一定の範囲内の価格であって、一般人であればおおよその見当をつけることができるものということができる。そうすると、5の記載部分に関する情報は、性質上その内容が不特定の者に知られ得る状態にあるものとして、公表することがもともと予定されているものということができるから、本件条例10条2号イの『公表することを目的として実施機関が作成し、又は取得した情報』に当たり、同号所定の非開示情報に該当しないというべきである」とした。

　また、建物、工作物、動産、植栽、権利等の補償価格について、「前記事実関係等によれば、3の記載部分に関する情報は、公社が個人地権者に支払った建物、工作物、動産、植栽、権利等の補償価格に関する情報であって、当該個人地権者が識別され得るというのであるから、3の記載部分に関する情報は、個人に関する情報であって特定の個人が識別され得るものということができる。上記補償価格は、県において定められた損失補償基準に基

づいて算定されたところ、その算定手法は、適正な価格を算出するものとして、ある程度予想することができるものということもできる。しかし、地権者がどのような工作物、動産、植栽等を有するかについては、公示されるものではなく、また、必ずしも一般人の目に触れるものではない。建物については、所有状況が不動産登記簿に登記されて公示されるものの、その価格要因のすべてが公示されるものではなく、一般人は、外部から観察することができるにとどまり、建物の内部の構造、使用資材、施工態様、損耗の状況等の詳細を知ることができない。したがって、上記補償価格は、一般人であればおおよその見当をつけることができるものとはいえないから、3の記載部分に関する情報は、公表することがもともと予定されているものということはできず、本件条例10条2号イ所定の情報に当たらないというべきである。また、3の記載部分に関する情報は、同号ア及びウ所定の情報にも当たらないから、同号所定の非開示情報に該当するというべきである」とした。

(ウ) 土地開発公社が買収した土地の価格は個人情報の非開示事由に該当しないとした事例（プライバシー型の規定）（条例）

前掲最判平成18・7・13は、大阪府土地開発公社による公共事業用地の代替地の取得または処分に関する文書である「平成11年度代替地取得及び処分協議決裁文書」の買収価格等または評価答申額等に関する情報（本件記載部分）について、大阪府情報公開条例（本件条例）に基づいて情報公開請求した事案であり、裁判所は、土地開発公社が買収した土地の価格は本件条例の非開示事由に該当しないとした。[25]

判示内容は、以下のとおりである。

---

25 大阪府情報公開条例9条は、「実施機関は、次の各号のいずれかに該当する情報が記録されている行政文書を公開してはならない」とし、その1号は、「個人の思想、宗教、身体的特徴、健康状態、家族構成、職業、学歴、出身、住所、所属団体、財産、所得等に関する情報（事業を営む個人の当該事業に関する情報を除く。）であって、特定の個人が識別され得るもののうち、一般に他人に知られたくないと望むことが正当であると認められるもの」とする。

「本件条例9条1号は、私事に関する情報のうち性質上公開に親しまないような個人情報が記録されている行政文書を公開してはならないとしているものと解される。

前記事実関係等によれば、土地の所有者等が個人である場合の本件記載部分に関する情報は、買収価格等又は評価答申額等に関する情報であって、当該個人の氏名等が既に公開されているというのであるから、個人の財産、所得等に関する情報であって特定の個人が識別され得るものということができる。

しかしながら、前記事実関係等によれば、大阪府における事業用地の取得価格は、『公共用地の取得に伴う損失補償基準』等に基づいて、公示価格との均衡を失することのないよう配慮された客観的な価格として算定された価格を上限とし、正常な取引価格の範囲内で決定され、公社による代替地の取得価格及び譲渡価格は、公示価格を規準とし、公示価格がない場合又はこれにより難い場合は近傍類地の取引価格等を考慮した適正な価格によるものとされているというのである。そうすると、当該土地の買収価格等に売買の当事者間の自由な交渉の結果が反映することは比較的少ないというべきである。そして、当該土地の買収価格等に影響する諸要因、例えば、駅や商店街への接近の程度、周辺の環境、前面道路の状況、公法上の規制、当該土地の形状等については、一般に周知されている事項か、容易に調査することができる事項であり、これらの価格要因に基づいて上記のとおり決定される価格及びその単価は、一般人であればおおよその見当をつけることができる一定の範囲内の客観的な価格であるということができる。したがって、上記の買収価格等をもって公社に土地を買収され、又は公社から土地を取得したことは、個人である土地の所有者等にとって、私事としての性質が強いものではなく、これに関する情報は、性質上公開に親しまないような個人情報であるとはいえない。

また、前記事実関係等によれば、公社による代替地の取得価格及び譲渡価格は評価答申額等と同額である場合が多いというのであるから、評価答申額

等は、代替地の取得価格及び譲渡価格から推知されるものというべきである。そして、代替地の取得価格及び譲渡価格が一般人であればおおよその見当をつけることができる一定の範囲内の客観的な価格であることは上記のとおりであるから、これらの価格から推知される評価答申額等に関する情報も、性質上公開に親しまないような個人情報であるとはいえない。

したがって、土地の所有者等が個人である場合の本件記載部分に関する情報は、いずれも本件条例9条1号所定の非公開情報に該当しないというべきである」とした。

(エ) 土地改良事業における換地計画に関する文書は、土地改良法に従って縦覧に供されるものの、縦覧期間が限定されていることから、その経過後は「法令等の規定により何人も閲覧できるとされている情報」にはあたらないとした事例(条例)

前掲福井地判平成6・5・27は、土地改良に関する換地計画書(本件公文書)について、福井県公文書公開条例[26](本件条例)に基づいて情報公開請求した事案であり、裁判所は、本件条例所定の非開示情報にあたるとした。

判示内容は、以下のとおりである。

「ところで、本件条例7条1号本文は、『個人に関する情報(事業を営む個人の当該事業に関する情報を除く。)であって、特定の個人が識別され、または識別され、または識別され得る』情報が記載された公文書については公開しないものとする旨規定している。……本件公文書は、織田町営土地改良事業織田中部地区の換地計画に関する土地の評価や権利関係等、個人の財産の状況に関する情報を記載したもので、すでに土地所有者の住所、氏名等が公開されていて特定の個人が識別されることは明らかであるから、右情報は本

---

26 福井県公文書公開条例7条1号は、「法令および条例の規定により何人も閲覧できるとされている情報」(同号イ)、「公表することを目的として実施機関が作成または取得をした情報」(同号ロ)、「法令等の規定による許可、免許、届出等の際に実施機関が作成または取得した情報であって、公益上公開することが必要と認められるもの」(同号ハ)とする。

号本文に該当するというべきである」。

「本件条例7条1号ただし書イは、『法令及び条例（以下「法令等」という。）の規定により何人も閲覧できるとされている情報』は個人に関する情報であっても公開の対象になる旨規定しているが、これは、個人に関する情報であっても、何人でも容易に入手しうるものについては、公開することとしても、それによってプライバシーの侵害という問題が生じないことから公開するものとされたと解される。そこで検討するに、本件公文書は、土地改良法に従って縦覧に供され、一旦は公開されたものであるが、本件公開請求の時点においては縦覧期間が経過し（当事者間に争いがない。）、何人でも閲覧できるというものではなく、その情報を容易に入手しうるということはできない上、その縦覧手続における縦覧の方法、期間等を考慮すれば、本件公文書に記載された個人に関する情報は、縦覧によって広く一般の人々に知られているとも言えないから、右時点においては、公開によるプライバシーの侵害という問題が発生しうる状況となっているのであって、ただし書イの予定する場合を超えるものと考えられるから、ただし書イには該当しないというべきである」とした。

(6)　5条1号の2

　(ア)　新たな非開示事由の創設

平成28年第190回国会で成立した行政機関個人情報保護法等の改正（平成28年法律第51号による改正。第2章Ⅰほか参照）により、行政機関情報公開法、独立行政法人等情報公開法も一部改正された（なお、施行は、公布の日から1年6カ月以内の政令で定める日とされており、本書刊行時点では未定である）。

これにより、行政機関情報公開法、独立行政法人情報公開法に新たな非開示事由が追加されることとなった。新たに追加される5条1号の2（行政機関情報公開法も独立行政法人情報公開法も同じである）は、次のとおりである。

一の二　行政機関の保有する個人情報の保護に関する法律（平成15年法律第58号）第2条第9項に規定する行政機関非識別加工情報（同条第

> 10項に規定する行政機関非識別加工情報ファイルを構成するものに限る。以下この号において「行政機関非識別加工情報」という。）若しくは行政機関非識別加工情報の作成に用いた同条第5項に規定する保有個人情報（他の情報と照合することができ、それにより特定の個人を識別することができることとなるもの（他の情報と容易に照合することができ、それにより特定の個人を識別することができることとなるものを除く。）を除く。）から削除した同条第2項第1号に規定する記述等若しくは同条第3項に規定する個人識別符号又は独立行政法人等の保有する個人情報の保護に関する法律（平成15年法律第59号）第2条第9項に規定する独立行政法人等非識別加工情報（同条第10項に規定する独立行政法人等非識別加工情報ファイルを構成するものに限る。以下この号において「独立行政法人等非識別加工情報」という。）若しくは独立行政法人等非識別加工情報の作成に用いた同条第5項に規定する保有個人情報（他の情報と照合することができ、それにより特定の個人を識別することができることとなるもの（他の情報と容易に照合することができ、それにより特定の個人を識別することができることとなるものを除く。）を除く。）から削除した同条第2項第1号に規定する記述等若しくは同条第3項に規定する個人識別符号

　非常に複雑な非開示事由の規定であるが、概要を整理すると、①㋐行政機関非識別加工情報、もしくは、㋑（行政機関）保有個人情報から行政機関非識別加工情報を作成する際に削除した氏名、生年月日その他の記述等もしくは個人識別符号、または、②㋐独立行政法人等非識別加工情報、もしくは、㋑（独立行政法人等）保有個人情報から独立行政法人等非識別加工情報を作成する際に削除した氏名、生年月日その他の記述等もしくは個人識別符号を非開示とするものである。

　　㈠　非識別加工情報の提供
　改正行政機関個人情報保護法では、事業者からの提案を受けて、行政機関

がその提案を審査し、その提案が一定の基準に適合すると認めるときに、その事業者と契約を締結して、行政機関非識別加工情報を作成し、提供できるものとされている。事業者について欠格事由の定めもある（以上、同法44条の2〜44条の16。詳細は第2章Ⅱ7に譲る。なお、改正独立行政法人等個人情報保護法にも同様の規定がある）。

これに対して、行政機関情報公開法、独立行政法人等情報公開法は、いずれも「何人も」開示請求を行うことが可能であることから、行政機関非識別加工情報や独立行政法人等非識別加工情報が、情報公開法により開示されるとすると、非識別加工情報に関する改正行政機関個人情報保護法や改正独立行政法人個人情報保護法の規定と整合しないとして、非識別加工情報を非開示事由としたものと考えられる。

また、非識別加工情報を作成する際に削除した氏名、生年月日その他の記述等もしくは個人識別符号（以下、「削除情報」という）を情報公開法によって開示してしまうと、非識別加工情報について再識別化が可能となるおそれがある。非識別加工情報の提供を受けた事業者が再識別化を行うことは禁じられていると解されていることから（改正個人情報保護法38条。なお、この点には異論もある）、これらの削除情報についても非開示としたものと考えられる。

　　(ウ)　問題点

しかし、この条項のように、非識別加工情報や削除情報を一律に非開示とするのは、立法論として不合理である。

行政機関情報公開法5条1号の非開示事由は、個人に関する情報であって特定個人を識別可能なものから「事業を営む個人の当該事業に関する情報」や、同号ただし書イロハに該当する情報を除外しているので、行政機関個人情報保護法の保有個人情報であっても、行政機関情報公開法5条1号の非開示事由に該当しないことがある。

したがって、行政機関が、情報公開請求に対して全部開示される保有個人情報から、氏名、生年月日等あるいは個人識別符号を削除して非識別加工情

報を作成した場合、元の保有個人情報について情報公開請求すると全部開示されるのに、当該非識別加工情報や当該削除情報について情報公開請求をすると5条1号の2に該当して全部非開示になってしまうのである（改正行政機関個人情報保護法等は、非識別加工情報を作成する要件の一つとして、作成の元になる保有個人情報について、情報公開法に基づく開示請求がされた場合には、全部または一部を開示する旨の決定がされることをあげており（改正行政機関個人情報保護法2条9項2号イ。改正独立行政法人個人情報保護法も同じ）、こうした事態が生じうることを想定している）。

　上記のとおり、非識別加工情報の提供を受けた事業者は、再識別化を行うことが禁じられていると解されているが、元の保有個人情報を情報公開請求によって入手すれば、再識別化したのと同じ結果が得られることになってしまうのである。

　いうまでもなく、情報公開法は、「国民主観の理念にのっとり、行政文書の開示を請求する権利につき定める」ことで、「行政機関の保有する情報の一層の公開を図り」、「政府の有するその諸活動を国民に説明する責務が全うされるようにすること」等を目的としている（行政機関情報公開法1条等）。

　したがって、開示請求を受けた行政機関等は、原則として行政文書を開示する義務があり、例外として、5条各号の非開示事由に該当する場合にのみ開示しないこととなる。これらの非開示事由は、政府の説明責任等を踏まえても、非開示とせざるを得ないような、実質的な支障があることを想定していた。

　ところが、今回新設された1号の2の非開示事由は、非識別加工情報や削除情報を一律に非開示とするもので、非常に形式的である。元の保有個人情報が全部開示される場合（全部開示に近い一部開示も同様である）というのは、プライバシーや個人情報を保護する利益より、開示する利益のほうが上回る場合である。そうすると、その場合には、非識別加工情報や削除情報を非開示とすべき実質的な理由は考えられない。実質的な支障もないのに、非開示となってしまうのである。

このような非開示事由は他の非開示事由と全く異質なものであって、立法論としては極めて疑問といわざるを得ない。

2　5条2号（法人情報）

(1)　5条2号の趣旨および構造

5条2号は、5条柱書の定める原則開示の例外として、法人その他の団体に関する情報または事業を営む個人の当該事業に関する情報（法人情報）の非開示の場合の要件を定めている。

開示請求の対象となる行政文書の中には、法人その他の団体および個人の営む事業に関する情報が含まれているが、これらが無制限に開示されれば、競合他者などが取得して競争を優位に進めていくことが可能になり、法人その他の団体および個人の権利利益が害されてしまうおそれが生じる。そこで、行政機関の保有する情報公開の要請と法人や個人の権利、競争上の地位その他正当な利益の保護との調整を図ろうとしたものである。

ただし、法人等の活動や個人の事業活動により、時に人の生命、健康、生活または財産に対して重大な障害が生じる場合があるため、これらを保護するために必要であると認められる情報については義務的に開示すべきこととした。

(2)　5条2号本文の考え方

(ア)　法人その他の団体

「法人その他の団体」とは、株式会社のように営利を目的とするものに限られず、財団法人、社団法人、学校法人、宗教法人等の民間の法人のほか、特殊法人、認可法人、政治団体、外国法人や法人ではないが権利能力なき社団等、外国政府および国際機関等も広く含まれる。

ただし、「国、独立行政法人等、地方公共団体及び地方独立行政法人」は除かれている。これらに関する情報は、5条6号の定めによる。

(イ)　法人その他の団体に関する情報

「法人その他の団体に関する情報」とは、法人等の組織や事業に関する情

報のほか、法人の権利利益に関する情報等、法人と何らかの関連性を有する情報をいう。

なお、法人の代表者や構成員に関する情報は、それが権限に基づいて当該法人のためになした行為に関する情報であれば、法人に関する情報に含まれるが、単なる構成員の氏名といったものは個人情報として5条1号の問題となりうる。

(ウ) 事業を営む個人の当該事業に関する情報

「事業を営む個人の当該事業に関する情報」とは、事業に関する情報であるので、前記(イ)に掲げた法人等に関する情報と同様に解される。

(3) 5条2号ただし書の考え方

法人等に関する情報であっても、人の生命、健康、生活または財産を保護するため、公にすることが必要であると認められる情報は、常に開示が義務づけられる。公にすることが必要であるか否かは、当該情報を公にすることにより保護される人の生命、健康等の利益と、これを公にしないことにより保護される法人等または事業を営む個人の権利や利益との比較衡量をすることによって判断される。この比較衡量に際しては、開示により保護される利益と不開示により保護される利益について、双方の利益の具体的内容や性格に応じ、慎重に具体的に判断が行われている。

(4) 5条2号イの考え方

(ア) 権利、競争上の地位その他正当な利益

「権利」とは、財産権のみならず、信教の自由、集会・結社の自由および学問の自由といった非財産的権利も含み、法的保護に値する権利いっさいをいう。「競争上の地位」とは法人等または事業を営む個人の公正な競争関係における地位をいう。「その他正当な利益」とは、ノウハウ、信用等法人等または事業を営む個人の運営上の地位を広く含む。

5条2号イは、公にすることにより法人等または事業を営む個人の権利や競争上の地位その他正当な利益を害するおそれのある情報を保護しようというものであるから、すでに多数の人に周知されていたり、周知できる状態に

おかれている情報は5条2号による不開示情報には該当しない。

　　(イ)　害するおそれ

　「害するおそれ」があるかどうかの判断は、法人等または事業を営む個人の性格や権利利益の内容、性質等に応じ、当該法人等または事業を営む個人の憲法上の権利（信教の自由、学問の自由等）の保護の必要性、当該法人等または事業を営む個人と行政との関係、競争事情等を十分考慮して適切に判断することになる。このおそれについては、単なる抽象的なものではなく、具体的に判断しなければならない。

　裁判例においても、「形式的に営業上、経営上または財務上の秘密に属する情報に当たれば、そのすべてが非公開とされるとすると解するのは相当ではなく、当該情報の性質、内容、公にされている情報との関連性、これらを取り巻く具体的情勢などの要素を総合考慮した上」、「その充足性を判断するのが相当である」（名古屋地判平成13・12・13判タ1083号310頁）とされ、おそれの有無も「単なる確率的な可能性ではなく法的保護に値する蓋然性が必要である」（東京地判平成20・11・27裁判所HP）、「単に行政機関の主観においてその利益が害されるおそれがあると判断されるだけではなく、法人等の権利利益が害されるという相当の蓋然性が客観的に認められることが必要である」（東京地判平成21・2・27総務省DB）とされている。

　要するに、5条2号イの該当性判断にあたっては具体的な害悪発生の蓋然性が客観的に認められることが必要である。

　(5)　5条2号イに関する判例・裁判例

　　(ア)　5条2号イに該当するとして非開示とした事例

　5条2号イについて、非開示と判断した裁判例としては、①エネルギーの使用の合理化に関する法律（平成17年法律第93号による改正前のもの）11条の規定により製造業の事業者が経済産業局長に提出した定期報告書に記載された工場単位の各種の燃料等および電気の使用量等の各数値を示す情報の開示を求めた事案において、「本件数値情報が開示された場合には、これが開示されない場合と比べて、これらの者は事業上の競争や価格交渉においてより

有利な地位に立つことができる反面、本件各事業者はより不利な状況に置かれることによって本件各事業者の競争上の地位その他正当な利益が害される蓋然性が客観的に認められる」として5条2号イに該当するとした判例（最判平成23・10・14集民238号57頁）、②抗がん剤「イレッサ」の動物実験および臨床実験に関する行政文書の開示を求めた事案において、実験施設特定情報について、それが特定された場合には、他の製薬会社が動物実験を当該施設に依頼することで競合医薬品の開発期間を短縮することが可能となるため競争上の地位が害されるおそれがあるとし、また、動物実験および臨床実験等のデータについても、その内容およびそれを構築するための技術は当該製薬会社のノウハウということができるため、同様に競争上の地位が害されるおそれがあるとして、5条2号イに該当するとした裁判例（東京高判平成19・11・16訟月55巻11号3203頁）、③「平成14年2月25日防運第1501号で開示決定された『テロ対策特措法に基づく自衛隊部隊の活動実績について（14・1・16）』に記載された米英艦艇に対する給油約2万5千KLの油の購入費用に係る支払決議書及び当該支払いに係る請求書兼領収書」の情報の開示を求めた事案において、請求書兼領収書に記載された「振込銀行名」および「講座種別番号」の情報について、一般に、法人等の振込先金融機関名、預金種目、口座番号等は、いわゆる内部管理情報として秘密にしておくこと、開示の可否およびその範囲を自ら決定することのできる権利ないしそれを自己の意思によらないでみだりに他に開示、公表されない利益を有しているというべきであるし、これら金融情報は、第三者に知られることによって、悪用され、当該法人等の金融上の営業秘密が流出してしまうおそれが多分にあるとして5条2号イに該当するとした裁判例（東京地判平成15・9・16訟月50巻5号1580頁）、④租税特別措置法に基づく移転価格に関する税務調査および法人税の更正処分等において取得・作成された行政文書について、個人識別情報該当性を認めたうえ、その他の情報につき本件各文書の個々の情報を単体で見たときは行政機関情報公開法5条の不開示事由が認められないものについても、他の情報とあわせて見たときは不開示事由が認められるとして、5

条2号イに該当するとした裁判例(東京地判平成19・8・28訟月55巻8号2764頁)、⑤大阪労働基準監督署長に対してなされた労働基準法36条1項に基づく届出の開示を請求した事案において、時間外労働または休日労働をさせる必要のある具体的事由、業務の種類、労働者数の各情報は、当該事業場における具体的業務と人員配置等のノウハウに関する部分である可能性が高く競合他社に模倣されるなどにより競争上の地位を不当に害されるおそれがあるとして、5条2号イに該当するとした裁判例(大阪地判平成17・3・17判タ1182号182頁)がある。

　㈦　5条2号イに該当しないとして開示とした事例

　5条2号イについて、開示と判断した裁判例としては、①食糧費に関する情報の開示を求めた事案において、食糧費支出等の請求書に記載された飲食業者である債権者の取引銀行名、口座番号等の情報について、一般的な飲食店の業務態様をみれば、不特定多数の者が新規にその顧客となりうるのが通例であり、代金の請求書に口座番号等を記載して交付しているのは内部管理よりも決済の便宜に資することを優先させているものであるから、そのような顧客を通じてさらに広く知られうる状態におかれているとして開示しても正当な利益を害するものではないとして奈良県情報公開条例10条3号に該当しないとした判例(最判平成14・9・12集民207号77頁)[27]、②有線ラジオ放送事

---

[27] 奈良県情報公開条例10条(現7条)は、「実施機関は、開示請求があったときは、開示請求に係る行政文書に次の各号に掲げる情報(以下「不開示情報」という。)のいずれかが記録されている場合を除き、開示請求者に対し、当該行政文書を開示しなければならない」とし、10条3号(現7条3号)は、「法人その他の団体(国、独立行政法人等、地方公共団体及び地方独立行政法人を除く。以下「法人等」という。)に関する情報又は事業を営む個人の当該事業に関する情報であって、次に掲げるもの。ただし、人の生命、健康、生活又は財産を保護するため、公にすることが必要であると認められる情報を除く」とし、「公にすることにより、当該法人等又は当該個人の権利、競争上の地位その他正当な利益を害するおそれがあるもの」(同号ア)、「実施機関の要請を受けて、公にしないとの条件で任意に提供されたものであって、法人等又は個人における通例として公にしないこととされているものその他の当該条件を付することが当該情報の性質、当時の状況等に照らして合理的であると認められるもの」(同号イ)とする。

業者の設備の設置および業務の開始届および変更届等に関し、競争関係にある事業者が情報の開示を求めた事案において、当該事業者の適法営業区域と違法営業区域が客観的資料に基づいて事実関係が明らかになったとしても、憶測に基づいた違法営業の指摘が行われている現状と比べて当該事業者の公正な競争上の地位に看過しがたい不利益が生じるおそれがあると認められないとして、5条2号イに該当しないとした裁判例（東京地判平成18・9・26判時1962号62頁）、③愛知万博協会の長期借入金承認申請書の開示を求めた事案において、財団法人が経済産業大臣に提出した長期借入金の借入予定先情報や年度別運営費収支見通し情報について、資金調達に支障を来すおそれが客観的に存在するとは認められないことや、相手方との交渉ひいては協会の財務運営に客観的な支障が生じるとは認めがたいことを理由として、5条2号イに該当しないとした裁判例（前掲名古屋地判平成13・12・13）がある。

(6) 5条2号ロの考え方

(ア) 行政機関の要請を受けて、公にしないとの条件で任意に提供されたもの

法人等または事業を営む個人であっても、法的に提出が義務づけられていない情報を他人に流通させるかは、自らの判断で決定できるのが原則である。そこで、行政機関の要請を受けて、法人等または事業を営む個人が公にしないとの条件で任意に提供された情報は非開示とされた。

「行政機関の要請を受けて」とは、法律上行政機関への情報提出が義務づけられていて、その権限により行政機関が情報を収集する場合を除く趣旨である。

(イ) 法人等または個人における通例として公にしないこととされているものその他の当該条件を付することが当該情報の性質、当時の状況等に照らして合理的であると認められるもの

行政機関は、法律上提出が義務づけられているか否かを問わず、行政指導により情報を提出させることが多く、情報提供者側は非公開を暗黙の前提として、行政指導に応じることが多かった。このような場合に、単に非公開約束があることをもって不開示とすることは情報公開制度の意義を低下させて

しまいかねない。そのため、当該情報が、非公開約束を付することが当該情報の性質、当時の状況等に照らして合理的であるといえる場合に限り、5条2号により非開示としうることとなった。

「法人等又は個人における通例として公にしないこととされているもの」とは、当該法人等または個人が公開していない扱いをしてるかどうかではなく、当該法人又また個人が属する業界における通常の取扱いを基準に判断する。

「当該条件を付することが当該情報の性質、当時の状況等に照らして合理的であると認められる」とは非公開を求める条件が提供された情報の性質、提供された時の状況等に照らして合理的であるかで判断する。

(7) 5条2号ロに関する判例・裁判例

5条2号ロについて、再保険取引に関して損害保険会社が金融庁に提出しまたは金融庁が作成した文書の開示を求めた事案において、再保険取引の観点から保険会社が金融庁に提出した資料または同庁が同社からの報告、聴取、回答に基づき作成した文書情報は情報は各保険会社の内部における見込みまたは予想であって、公にすることを予定せずに提供されたものであり、当該情報の性質からしても、公にしないとの黙示的な合意があったものと推認され、かつその条件を付することにも合理性があるから、5条2号ロに該当するとした裁判例（東京地判平成16・4・23訟月51巻6号1548頁）がある。

3　5条3号（外交防衛情報）

(1) 5条3号の趣旨

国の保有する行政文書の中には、国の安全および外交関係に関する情報が含まれる。これらの情報の中には、国家秘密ともいわれるような情報があり、すべてが開示されるとすると外交および安全保障に支障を来すこととなる。そこで、これらの情報のうち、開示されれば「国の安全が害されるおそれ、他国若しくは国際機関との信頼関係が損なわれるおそれ又は他国若しくは国際機関との交渉上不利益を被るおそれがある」情報について、情報公開

の例外事由としたのが、5条3号である。

　5条3号では、これらの情報のうち、「行政機関の長が認めることにつき相当の理由がある情報」を非開示としている。他の例外事由の場合と異なり、行政機関の長の判断の合理性を審査の対象としており、行政機関の広範な裁量を認めているのが5条3号の特徴である。これは、その性質上、開示・非開示の判断に高度の政策的判断を伴うこと、対外関係上のまたは犯罪等に関する将来予測としての専門的・技術的判断を要することなどの特殊性が認められるからとされている。[28]

(2)　5条3号の構造および考え方

　㋐　国の安全が害されるおそれ

　「国の安全」とは、国家の構成要素である国土、国民および統治体制が平和な状態に保たれていること。すなわち、国家社会の基本的な秩序が平穏に維持されていることである。[29]

　外交、防衛に関する非開示事由は政府により濫用される危険性が高く、非開示事由を広範に定めると、本来は開示されるべき政府に都合の悪い情報が隠され、国民の知る権利が大きく害されることとなる。

　このような観点から、防衛情報について、「公開することにより、防衛の目的を失うことが明らかであるもの」との趣旨に限定すべきとの意見もある。[30]

28　行政改革委員会「情報公開法要綱案の考え方」（平成8年11月。以下、「情報公開法要綱案の考え方」という）4(4)イ。
29　情報公開法要綱案の考え方4(4)ア。
30　日本弁護士連合会「情報公開法の改正に関する意見書」（平成16年11月19日。以下、「日弁連意見書」という）第6③参照。

㈦　他国もしくは国際機関との信頼関係が損なわれるおそれまたは他国もしくは国際機関との交渉上不利益を被るおそれ

　他国もしくは国際機関との信頼関係が損なわれる場合に加え、交渉上不利益を被る場合を含め、国の外交政策を確保する趣旨である。情報公開法要綱案では、これらの場合に加えて通貨の安定が損なわれる場合も列挙されていたが、削除されている。ただ、通貨の安定のために国際協調により介入するが、相互の合意事項ついては非公開とする取決めをしているような場合には、「他国若しくは国際機関との信頼関係が損なわれるおそれ」がある。[31]

　外交情報についても防衛情報と同様に、「公開することにより、当該外交交渉の目的を失うことが明らかであるもの」に限定すべきとの意見がある。[32]

㈨　おそれがあると行政機関の長が認めることにつき相当の理由がある

　「おそれがある」場合に非開示とする他の非開示事由と異なり、「おそれがある」と判断する行政機関の長の第一次的な判断を尊重し、その判断の理由を審議する趣旨である。

　ただ、その立証責任の解釈を含め、裁判例において、行政機関の裁量は極めて広く認められる結果となっている。

　東京高判平成20・1・31裁判所HPは、「公にすることにより上記のおそれがある情報については、その性質上、当該情報が記録された行政文書の開示・不開示の判断に高度の政策的判断を伴うこと、我が国の安全保障上又は対外関係上の将来予測としての専門的・技術的判断を要することなどの特殊性が認められることから、司法審査の場においては、裁判所は、同号に規定する情報に該当するか否かについての行政機関の長の第一次的な判断を尊重し、その判断が合理性を持つ判断として許容される限度内のものであるかどうか、すなわち、上記開示・不開示の決定に事実認定の誤りがあり、あるいは、社会通念上著しく妥当性を欠くなどの裁量権の逸脱ないし濫用があると認められる点があるかどうかを審理判断することが相当である」と判示し、

31　宇賀・前掲（注3）94頁。
32　日弁連意見書第6③参照。

「したがって、本件のような不開示決定取消請求訴訟においては、開示請求者（被控訴人）が、上記裁量権の逸脱濫用があったことを基礎付ける具体的事実について主張立証する責任を負うというべきである」と判示している。

しかし、一般市民が、行政機関に裁量権の逸脱濫用があったことを知る由もない。相当な理由があるか否かは、本来、行政機関において主張立証すべきと考えられる。

もっとも、この判例も、「具体的な訴訟においては、開示請求対象文書がそもそも開示請求者及び裁判所の目に触れる状況に置かれないから、上記の一般論を機械的に適用したのでは、開示請求者に難きを強いることになり、また、裁判所は判断の手がかりを得ることができないこととなる。したがって、本件訴訟においては、控訴人（国）は、本件各行政文書の外形的事実等を示して当該文書に『公にすることにより、国の安全が害されるおそれ、他国若しくは国際機関との信頼関係が損なわれるおそれ又は他国若しくは国際機関との交渉上不利益を被るおそれがあると行政機関の長が認めることにつき相当の理由がある情報』が記録されていることについて、主張立証することを要するものと解するのが相当である」として、一定の配慮を示している。

しかし、立証は外形立証で足りるとしていること、相当な理由がある情報が記載されていることを立証すればよいとしている点など、結果的に行政機関の裁量を極めて広く認めている。

この点、東京高判平成26・7・25裁判所HPは、「外務大臣は、同条〔編注・行政機関情報公開法5条〕3号所定の法定不開示情報に該当すると判断して不開示決定をし、当該不開示決定の取消訴訟が提起された場合には、我が国を取り巻く国際情勢、我が国と当該他国又は国際機関との従前及び現在の関係、これらをめぐる歴史的経緯及び事象、我が国の外交方針、我が国と当該他国又は国際機関との今後の交渉及び将来の関係の展望等に関する事実について可能な限り具体的に主張立証し、これらを総合的に踏まえて、同条3号所定のおそれがあると合理的に判断する根拠があることを証明する必要

があると解するのが相当である」と判示し、行政機関側に立証の負担を求めており、判断の枠組みとしては妥当と考えられる。

　もっとも、後述するように、この判決は、各文書についての行政機関側の主張を全面的に入れ、処分の取消請求をことごとく棄却している（本章Ⅵ3(3)(ウ)参照）。

　このように、行政機関側の裁量をあまりにも広く認めることは、国民の知る権利の観点から大きな問題があるといえる。また、非開示とされた文書を、裁判所において当事者や代理人を除外して審理するインカメラ手続は、法律の明文にはない。また、最高裁判所も明文の規定がない以上、裁判所によるインカメラ手続は認められないとしており（前掲最決平成21・1・15）、現状では裁判所による審査に限界がある。

　これらの問題意識を踏まえ、平成23年の第177回国会で提出された行政機関情報公開法等改正案では、「相当な理由」を「十分な理由」とし、インカメラ手続も規定されていた。ただ、同法案の審議はなされず、結局解散によって廃案となっている。

　(3)　5条3号に関する判例・裁判例

　　(ア)　内閣官房報償費の支出に関する行政文書のうち、一定期間における支出の合計額がわかるにすぎない資料等については、外交防衛情報には該当しないとした事例

　大阪地判平成24・3・23判時2166号33頁は、内閣官房報償費の支出に関する行政文書の開示を請求したところ、内閣官房内閣総務官が、上記開示請求に係る行政文書につき、その一部を開示し、その余を不開示とする決定に対し、内閣官房報償費の支払い（支出）に係る政策推進費受払簿、支払決定書、出納管理簿、報償費支払明細書および領収書等を不開示とした部分の取消しを求めた事案であり、裁量権の逸脱、濫用を認め、5条3号の該当性を否定した事例である。同判決は、前掲東京高判平成20・1・31と同様の判断枠組みに立ちつつも、個々の文書において詳細に検討した結果、行政機関側の主張を一部退けている。

判示内容は、以下のとおりである。

「政策推進費受払簿に記録された情報が開示されたとしても、一定期間内における支払合計額が明らかになるのみで、具体的な使途や相手方等が特定されるおそれがあるとは考え難いことからすれば、これを開示することにより、国の安全が害されるおそれ、他国等との信頼関係が損なわれるおそれ又は他国等との交渉上不利益を被るおそれ等があるとはおよそ考え難い」。

「出納管理簿は、内閣官房報償費の出納に関する情報を一覧表にしてまとめたもの……一覧表のうち上記〈ア〉の国庫からの内閣官房報償費の支出（受領）に係る各項目の記載については、前記認定事実によれば、内閣官房長官から内閣官房会計担当内閣参事官に対して提出される請求書に記載された情報と同様の情報が記録されているにすぎないものと認められる。そうであるところ、前記前提となる事実(4)イによれば、当該請求書は既に開示されているというのであるから、当該情報が開示されても、内閣官房の事務に何らかの支障が生じるとは認められず、また、他国等との関係で情報公開法〔編注・行政機関情報公開法〕5条3号に規定するようなおそれがあるとする内閣官房内閣総務官の判断は合理性を持つものとして許容される限度を超えるものというべきであり、裁量権の範囲の逸脱又はその濫用がある」。

「一覧表のうち、月分計部分及び累計部分並びにそれぞれに対する内閣官房長官の確認印については、当該情報が開示されたとしても、各月における内閣官房報償費の支払合計額及び年度当初から特定の月の月末までの間の内閣官房報償費の支払合計額が明らかになるのみであり、それにより内閣官房報償費の具体的使途や支払の相手方等が明らかになるわけではないから、内閣官房の行う事務の遂行に支障が生じるとは認められず、また、他国等との関係で情報公開法〔編注・行政機関情報公開法〕5条3号に規定するようなおそれがあるとした内閣官房内閣総務官の判断は合理性を持つものとして許容される限度を超えるものといえ、裁量権の範囲の逸脱又はその濫用があるというべき」である。

「調査情報対策費及び活動関係費に係る各項目には、基本的に支払決定書

に記録された情報が転記されており、支払決定書に記録された情報のうち、支払決定の日付、支払決定に係る金額、調査情報対策費及び活動関係費の別等が記載されているが、支払決定書とは異なり、支払相手方の記載や個別具体的な使途の記載はないことが認められる。そうであれば、報償費支払明細書のうち、一覧表のうち調査情報対策費及び活動関係費に係る各項目に記録された情報が開示されたとしても、支払相手方や具体的な使途が明らかになることはないと考えられるから、これにより内閣官房の事務に何らかの支障が生じるとは認められず、また、他国等との関係で情報公開法〔編注・行政機関情報公開法〕5条3号に規定するようなおそれがあるとした内閣官房内閣総務官の判断は合理性を持つものとして許容される限度を超える」。

「支払明細書繰越記載部分には、内閣官房報償費全体の先月繰越額、本月受入額(国庫から支出を受けた内閣官房報償費全額)、本月支払額の合計、翌月繰越額の記載があるのみであるから、当該情報が開示された場合にも、特定の月において、支出された内閣官房報償費の合計額が明らかとなるが、これにより内閣官房の行う事務の遂行に支障が生じるとは認められず、また、他国等との関係で情報公開法〔編注・行政機関情報公開法〕5条3号に該当するようなおそれがあると行政機関の長が判断することは、社会通念上著しく妥当性を欠くものであって、裁量権の範囲の逸脱又はその濫用がある」とした。

(イ) 在外日本大使館・領事館の報償費の支出に関する文書について広く外交防衛情報に該当するとした事例

仙台高判平成21・4・28裁判所HP(第1審は仙台地判平成20・3・11裁判所HP)は、行政機関情報公開法(平成13年法律第140号による改正前のもの)の規定に基づき、外務省在外公館である在フランス日本国大使館、在イタリア日本国大使館および在ホノルル日本国総領事館の平成11年度における各報償費の支出に関する文書の開示を請求したところ、平成13年6月1日付けで全部不開示決定を受けたことから、その取消しを求めた事案であり、第1審は、一部の文書について5条3号の非開示事由にあたらないとしたが、控訴

審は該当するとした。控訴審は、行政機関側の主張を、「考えられないではなく」と繰り返し述べて、ことごとく受け入れており、広範に行政機関側の裁量を認めている。

　第1審は、①間接接触、つまり情報収集等または2国間・多国間の交渉そのものではなく、その交渉の準備として、あるいはその交渉結果を踏まえた対応の検討のための会合の経費に係る決裁書について、「会合経費に係る文書（ただし、後記のとおり、『請求書』及び支払先又は支払予定先関係者が独自に作成した『領収書』を除く文書。）に記載された情報のうち、『文書作成者名』、『決裁者名』、『起案・決済日』、『支払手続日』、『取扱者名』、『支払額』、『支払予定額』及び『目的・内容』の部分については、情報公開法〔編注・行政機関情報公開法〕5条6号又は3号に該当する情報であるとまでは認め難い。他方、会合経費に係る文書に記載された情報のうち、『支払先』及び『支払予定先』の情報については、……これが明らかになると、今後、我が国関係者の安全確保が困難になったり、我が国が情報収集等を行うに際し、当該場所に対する監視、盗聴等の妨害工作が行われることにより、外交事務の適正な遂行に支障を及ぼすおそれがあるということができるから、上記情報は、情報公開法5条3号及び6号に該当する情報であると認められる」、②事務経費にかかる文書に記録された情報について、「『支払先』及び『支払予定先』の情報は、……情報公開法5条3号及び6号に該当する情報であると認められる。また、『請求書』及び支払先又は支払予定先関係者が独自に作成した『領収書』についても、その様式から支払先又は支払予定先が推測されるおそれがあるから、上記と同様の理由により、その文書に記載された情報全体が、情報公開法5条3号及び6号に該当する情報であると認められる。他方、……『支払先』及び『支払予定先』を除く情報については、これが明らかになったとしても上記のような弊害が生じるとはいえないから、情報公開法5条3号又は6号に該当する情報であるとは認められない」、③大規模レセプションに係る経費の文書、酒類購入経費に係る文書、本邦関係者が外国訪問した際の車両の借上げ等の事務経費の文書のいずれも

「その全体が、……情報公開法5条3号及び6号に該当する情報であると認められる」とした。

控訴審は、間接接触に係る文書であって、国会議員等との会合について、「国会議員等の氏名が記載されていない場合であっても、他の情報等とあわせて当該国会議員等との会合であることが明らかとなる可能性も確かに考えられないではなく、それによって、相手国関係者が、特定の国会議員等とのこのような打合せの事実を知ることになれば、当該我が国国会議員等の言動が自らの独自の立場に基づく見解等ではなく、我が国外交当局の意を受けて、いわばその代弁をするにすぎないものではないかとの疑念を抱くこととなる可能性は考えられないではなく、……所掌事務等を掌理する者の判断として、理解できないものではなく、国会議員等との会合に係る文書に記録されている情報について、公にすることにより、他国若しくは国際機関との交渉上不利益を被るおそれがあると評価する1審被告の判断には、合理性が首肯できる」とした。

　　(ウ)　日韓会談に関する行政文書について広く外交防衛情報に該当するとした事例

前掲東京高判平成26・7・25（第1審は東京地判平成24・10・11裁判所HP）は、日本政府と大韓民国（韓国）政府との間において両国間の外交関係の開設等の関係の正常化を目的として実施されたいわゆる日韓会談に関する行政文書の開示を請求した事案であり、第1審では多くの文書の非開示決定が取り消されたが、控訴審では、いずれの文書も非開示情報であるとして、原判決を取り消した。第1審は、30年以上経過した文書については、行政機関の主張立証責任を重くとらえ、多くの文書の開示を認めたが、控訴審においては、行政機関の裁量を広く認め、すべて非開示とした。

第1審の判示内容は、以下のとおりである。

「情報公開法〔編注・行政機関情報公開法〕5条3号及び4号にいう『おそれ』としては、前示のような上記各号の趣旨に鑑み、単なる確率的な可能性ではなく、法的保護に値する蓋然性が必要である……同条3号又は4号を

理由として不開示処分を行うには、当該不開示処分に係る行政文書の作成時点ではなく、行政機関の長が当該不開示処分をした時点において、当該不開示処分に係る行政文書に記録された情報が同条3号又は4号にいう『おそれ』があると行政機関の長が認めることにつき相当の理由があることが必要であると解される上、当該『おそれ』の有無の判断は、前記のとおり政策的又は専門的・技術的判断を伴うものであり、当該情報の内容や当該不開示処分当時の状況等の諸般の事情を踏まえて行われるのであるから、当該行政文書が作成された後における時の経過、社会情勢の変化等の事情の変化についても、その考慮すべき要素になるものと解さざるを得ない」。

「行政文書が原則として一定の期間に限って保存され、このうち歴史資料として重要な公文書等については廃棄せずに国立公文書館等で公開することを予定していた……これらの点は、情報公開法〔編注・行政機関情報公開法〕5条各号の解釈に当たっても参酌されるべきである」。

「作成から当該不開示処分が行われるまでに少なくとも30年以上経過している場合には、被告は、一般的又は類型的にみて当該行政文書に記録されている情報が国の安全等の確保に関するもの（情報公開法〔編注・行政機関情報公開法〕5条3号）又は公共安全秩序維持に関するもの（同条4号）に当たることを推認するに足りる事情として、同条3号又は4号の不開示情報に該当するとされる当該情報につき、当該行政文書の作成後における時の経過、社会情勢の変化等の事情の変化を考慮しても、なお当該不開示処分の時点において同条3号又は4号にいう『おそれ』が法的保護に値する蓋然性をもって存在することを推認するに足りる事情をも主張立証する必要があると解するのが相当である」。

「当該情報が日韓会談において日本側が韓国側に提供した文書又は韓国側から提供された文書に記録されているものである場合には、一般的又は類型的にみて、これを公にすることにより、北朝鮮との交渉上不利益を被るおそれがあるとはいえず、国の安全等の確保に関するものに当たることを推認することができない」。

「当時の官公庁においてその当時又は将来的に一般国民に公開することも予定して一般的又は網羅的に調査するなどして得ていた情報であって現在において一般に入手可能なもの又は一般に入手可能な他の書籍等から引用されたものである場合には、一般的又は類型的にみて、これを公にすることにより、北朝鮮との交渉上不利益を被るおそれがあるとはいえず、国の安全等の確保に関するものに当たることを推認することができない」。

　「前記のとおり在日韓国人の地位に関する問題が日朝国交正常化交渉で協議の対象となるとしても、当該具体的見解等が現在の関係法令等を前提としてもなお意義を有するものであることが被告によって具体的に主張立証されない限り、当該情報に係る上記の各問題に関する現在の日本政府の検討内容、見解又は対処方針等を事前に把握し又は推測する材料とはなり得るものであると推認することはできず、北朝鮮との交渉上不利益を生ずるおそれがあるということはできない」。

　「日本に所在する朝鮮半島に由来する書籍や文化財等に関する情報（当該書籍や文化財等に関する客観的事実等）は、これらの情報が公にされたとしても、新たに北朝鮮当局が日朝国交正常化交渉における文化財問題に関する日本側の対処方針等を把握し又は推測する材料となり得るものでなく、北朝鮮との交渉上不利益を被るおそれがあるとまではいえないから、一般的又は類型的にみて、当該情報が国の安全等の確保に関するものに当たることを推認することはできないというべきである」。

　「日本に所在する朝鮮半島に由来する書籍や文化財等に関する情報（当該書籍や文化財等に関する客観的事実等）は、これらの情報が公にされたとしても、新たに北朝鮮当局が日朝国交正常化交渉における文化財問題に関する日本側の対処方針等を把握し又は推測する材料となり得るものでなく、北朝鮮との交渉上不利益を被るおそれがあるとまではいえないから、一般的又は類型的にみて、当該情報が国の安全等の確保に関するものに当たることを推認することはできないというべきである」。

　「当該情報が日本に所在する朝鮮半島に由来する書籍や文化財等で韓国側

に寄贈するものの選別基準等に準じるものであるかどうかを精査すべきであり、これが肯定される場合には、上記②と同様の判断をすることができるが、これが否定される以上、北朝鮮当局が日朝国交正常化交渉における文化財問題に関する日本側の対処方針等を把握し又は推測する材料となり得るものとはいい難く、北朝鮮との交渉上不利益を被るおそれがあるとまではいえないから、一般的又は類型的にみて、当該情報が国の安全等の確保に関するものに当たることを推認することはできない」とした。

これに対して、控訴審の判示内容は、以下のとおりである。

「上記各係争情報が公になれば、総監本及び曾禰本のうち外務省の調査において希少本と評価された書籍の正確な部数及び冊数が北朝鮮や韓国に知られることとなり、北朝鮮及び韓国は、我が国との交渉にあたり、我が国に対し、総監本及び曾禰本のうち外務省の調査において希少本と評価された書籍を明確に特定し、かつ、これを引き渡すことを求めることになる可能性が十分に考えられるほか、これまで韓国に贈与した書籍の選定の仕方について非難するなど、我が国との交渉を自らに有利に進めるための材料とすることが考えられ、それにより我が国が交渉上不利益を被ることとなる蓋然性があるというべきである。したがって、上記各係争情報は、公にすることにより、我が国が他国との交渉上不利益を被るおそれがあると外務大臣が認めることにつき相当の理由がある情報というべきであり、情報公開法［編注・行政機関情報公開法］第5条第3号所定の法定不開示情報に該当する」とした。

(エ) 沖縄返還「密約」文書について、開示請求者側において、政府が文書を保有していることを主張立証する責任を負うとした事例

前掲最判平成26・7・14（控訴審は東京高判平成23・9・29判時2142号3頁、第1審は東京地判平成22・4・9判時2076号19頁）は、沖縄返還交渉に際し、日本が米国に対して沖縄返還協定で規定した内容を超える財政負担等を国民に知らせないままに行う旨の合意（いわゆる「密約」）があったとして、密約を示す行政文書およびそれに関連する行政文書の開示を請求したところ、不存在を理由とする各不開示決定を受けたため、上記各不開示決定の取

消しおよび上記各行政文書の開示決定の義務づけを求めるとともに、国家賠償法に基づく損害賠償請求を求めた事案であり、いわゆる沖縄返還「密約」文書開示事件であり、文書が存在しないことを理由とする不開示決定の取消訴訟における当該文書の存在の主張立証責任について、最高裁判所の判断を明らかとしたものである。

第1審の判示内容は、以下のとおりである。

「原告らは、外務省が本件処分一の当時本件各文書一を保有していたこと（本件各文書一の存在）についての主張立証責任を負うが、原告らが、過去のある時点において外務省の職員が本件各文書一を職務上作成し、又は取得し、外務省がそれらを保有するに至ったことを主張立証した場合には、外務省による本件各文書一の保有がその後も継続していることが事実上推認され、被告において、本件各文書一が本件処分一の時点までに廃棄、移管等されたことによってそれらの保有が失われたことを主張立証しない限り、外務省は本件処分一当時も本件各文書一を保有していたと認められる」。「外務省が本件各文書一について合理的かつ十分な探索を行ったということはできない」。「外務省は本件処分一の当時本件各文書一を保有していたものであるから、それらを保有していないこと（不存在）を理由としてされた本件処分一は、その理由付記が十分か否かについて判断するまでもなく、違法である」。「外務大臣は、本件処分一を行うに当たって、公務員が職務上通常尽くすべき注意義務を尽くすことなく漫然と不存在という判断を行ったと認めることができる」とした。

上告審の判示内容は、以下のとおりである。

「開示請求の対象とされた行政文書を行政機関が保有していないことを理由とする不開示決定の取消訴訟においては、その取消しを求める者が、当該不開示決定時に当該行政機関が当該行政文書を保有していたことについて主張立証責任を負うものと解するのが相当である」。

「開示請求の内容からうかがわれる本件各文書の内容や性質及びその作成の経緯や本件各決定時までに経過した年数に加え、外務省及び財務省（中央

省庁等改革前の大蔵省を含む。）におけるその保管の体制や状況等に関する調査の結果など、原審の適法に確定した諸事情の下においては、本件交渉の過程で上記各省の職員によって本件各文書が作成されたとしても、なお本件各決定時においても上記各省によって本件各文書が保有されていたことを推認するには足りない」とした。

　　(オ)　秘密保全法制に関する関係省庁との協議に係る行政文書について広く外交防衛情報に該当するとした事例

　名古屋地判平成27・10・15裁判所HPは、秘密保全法制に関する関係省庁との協議に係る行政文書等の開示を求めたところ、不開示となった情報について処分の取消しを求めた事案であるが、この事案では、当該非開示情報について、一部は秘密文書には指定されておらず、一部は機密性2情報の指定すらされていないこと、内閣情報官は、本件当初決定当時、不開示部分1ないし3を不開示とする理由として行政機関情報公開法5条3号をあげていなかったが、結論として、請求はすべて棄却された。

　判示内容は、以下のとおりである。

　「情報公開法〔編注・行政機関情報公開法〕に基づく開示請求の対象となった行政文書の開示の可否についての判断と、統一基準に基づいて機密性情報の指定等をすることの要否についての判断とは、その目的や性格を異にするものであるから、文書番号1ないし3の各文書に原告が指摘するような機密性3情報の指定等がされていないからといって、そのことから直ちに不開示部分1ないし3が情報公開法5条3号所定の不開示情報に該当しないことを示す事情であるとはいえない」とした。

4　5条4号（公共安全情報）

(1)　5条4号の趣旨

　5条4号は、「公共の安全と秩序を維持することは、国民全体の基本的な利益を擁護するため政府に課された重要な責務であり、情報公開法制においても、これらの利益は十分に保護する必要がある」。「犯罪の予防・捜査、公

訴の維持、刑の執行、警備その他の公共の安全と秩序の維持に支障を及ぼすおそれがあると認めるに足りる相当の理由がある情報を、不開示情報とすることとした」と説明される[33]。

なお、訴訟に関する書類および押収物については、刑事訴訟法53条の2により行政機関情報公開法の規定が適用されず、平成22年9月に発生した尖閣諸島での衝突事件のビデオは不開示)、情報公開の趣旨からして問題が大きい。

そして、5条4号では、3号と同様に「行政機関の長が認めることにつき相当の理由がある情報」を非開示としている。この趣旨は、3号と同様である[34]。

(2) 5条4号の構造および考え方

㋐ 犯罪の予防、鎮圧または捜査、公訴の維持、刑の執行その他の公共の安全と秩序の維持に支障を及ぼすおそれ

「公共の安全と秩序の維持」に、いわゆる行政警察の諸活動まで広く含める理解がありうるが、5条4号は、犯罪の予防・捜査等に代表される刑事法の執行を中心としたものに限定する趣旨である[35]。ここで、「その他」ではなく、「その他の」とすることによって、「犯罪の予防、鎮圧又は捜査、公訴の維持、刑の執行」が、ここでいう「公共の安全と秩序の維持」の代表例であり、刑事法の執行を中心としたものに限定されている[36]。

一般論としては、このような非開示事由が定められることもやむを得ないとしても、この例外事由は濫用の危険が高く、警察の活動すべてが情報公開から抜け落ちてしまうおそれがある[37]。このような観点から、「公開することにより、犯罪捜査の目的を失うことが明らかであるもの」との趣旨に限定した規定に改正すべきであるとの意見もある[38]。

---

33 情報公開法要綱案の考え方4(4)。
34 情報公開法要綱案の考え方4(4)ア。
35 情報公開法要綱案の考え方4(4)。
36 宇賀・前掲（注3）99頁。
37 松井・前掲（注2）253頁。
38 日弁連意見書第6③参照。

(イ)　行政機関の長が認めることにつき相当の理由がある

　3号と同様の規定である。この点、仙台高判平成16・9・30裁判所HPは、「行政機関の長に広く裁量権を認め、その第一次的判断を尊重しているから、行政機関の長の判断が裁量権を逸脱し又は濫用したと認められる場合に限って不開示処分を取り消すべきもの」であり、「行政機関の長において、当該情報が同号所定のおそれがあると判断し得る情報であることを主張立証し、次いで、これが立証された場合には、控訴人において、行政機関の長の判断の基礎とされた重要な事実に誤認があること等によりその判断が全く事実の基礎を欠くか又は事実に対する評価が明白に合理性を欠くこと等によりその判断が社会通念に照らし著しく妥当性を欠くことが明らかであることを主張立証すべきもの」と判示している。

　3号と同様、このような判断は開示請求者に過度の負担を強い、司法判断が及ばなくなる危険がある。したがって、相当の理由がない場合を広く許容し、不開示処分の取消しを積極的に認めるとともに、相当の理由の有無の立証責任は開示請求者でなく、行政機関の側に負わせるべきであるとの見解が妥当と考えられる。[39]

　なお、3号と同様、平成23年の第177回国会で提出された行政機関情報公開法等改正案では、「相当な理由」は「十分な理由」とされていた。

(3)　5条4号に関する判例・裁判例

　(ア)　重大犯罪等に係る出所者情報の活用制度に関する通達文書について広く公共安全情報に該当するとした事例（条例）

　最判平成21・7・9集民231号215頁（控訴審は東京高判平成19・6・13判自329号72頁）は、「凶悪重大犯罪等に係る出所情報の活用について」と題する通達文書に記録された情報のうち、「出所者の入所罪名」「出所者の出所事由の種別」「出所情報ファイルの有効活用」に係る情報（本件情報）が、新潟県情報公開条例（本件条例）上の公安情報にあたるか否かが争われた事案で

39　右崎ほか編・前掲（注15）52頁。

あり、同条例の規定は、行政機関情報公開法5条4号とほとんど同趣旨の規定である。最高裁判所は、控訴審の判断を覆し、行政機関の主張をそのまま受け入れ非開示とした。

控訴審の判示内容は、以下のとおりである。

「実施機関の予測的判断の相当性（『おそれがあると実施機関が認めることにつき相当の理由がある情報』に該当するか否か）を審査するに当たっては、その判断の基礎とされた重要な事実に誤認があること等により当該判断が全く事実の基礎を欠くかどうか、又は事実に対する評価が明白に合理性を欠くこと等により当該判断が社会通念に照らして著しく妥当性を欠くことが明らかであるかどうかについて審理し、それが認められる場合に限り、当該判断が合理性を持つ判断として許容される限度を超え、相当性を欠くものとすることができると解するのが相当である。そして、『おそれがあると実施機関が認めること』、すなわち実施機関が判断の基礎とした事実及びその事実に対する評価（予測を含む。以下同じ。）の内容自体は、当該実施機関に主張立証責任がある」。

「本件出所情報活用制度の対象者が出所者全体の8割程度に及ぶことが広く報道されたことにより、重い犯罪を犯して刑に服したという自覚のある者は、自身がこの制度の対象とされていることを当然に認識し、又は認識し得る状況にあるものと考えられることは上記のとおりであるから、本件文書中の『出所者の入所罪名』及び『出所者の出所事由の種別』として記載されている情報を公にすることにより、初めてこのような出所者が警察に対抗する措置を講じることになるものとは認め難い。控訴人は、地下鉄サリン事件を実行するような組織、極めて警戒心の強い極左暴力集団、暴力団等の特殊な犯罪者が本件出所情報活用制度の対象となることを知った場合にどのような対抗措置をとるかは予測し難く、捜査機関も想定し得ない対抗策が採られるおそれは十分にある旨主張するが、このような特殊な犯罪者であれば、なおさら、上記情報が公にされるのを待つまでもなく、自身がこの制度の対象とされていることを当然に認識しているはずであるということができる。他

に、控訴人主張の予測的判断を相当とすることができる事実の主張立証があるとは見られない」とした。

これに対して、上告審の判示内容は、以下のとおりである。

「本件情報を公にすることにより犯罪の捜査等に支障を及ぼすおそれがあると認めた新潟県警本部長の判断が合理性を持つものとして許容される限度を超えたものということはできず、この判断には相当の理由があるから、本件情報は本件条例7条4号所定の非公開情報に該当するものというべきである」。

「『出所者の入所罪名』及び『出所者の出所事由の種別』に係る情報が公にされた場合には、出所者は、自分が出所情報ファイルの記録対象となり出所情報の活用の対象とされるかどうかなどについて、単なる推測にとどまらず、より確実な判別をすることが可能になるということができる」。

「さらに、前記事実関係等によれば、本件通達は、提供された出所情報を犯罪捜査に利用することとし、その有効活用等を図ることを求めるものであるから、『出所情報ファイルの有効活用』に係る情報を公にすることは、一定の限度においてではあるとしても、出所情報ファイルを活用した捜査の方法を明かす結果を招くものといわざるを得ない」。

「そして、犯罪を企てている出所者が、自分が出所情報ファイルの記録対象となっていることなどを確実に知った場合には、上記の入所罪名等の情報が広く送付されていることをも知ることとなって、より周到に犯罪を計画し、より細心の注意を払ってそれを実行しようとする可能性を否定することはできない。また、犯罪を企てている出所者が、その出所情報を活用した捜査の方法をその一端でも知ったときは、その方法の裏をかくような対抗策に出る可能性があることも否めない」とした。

　　(イ)　警察が支出した捜査費等に係る個人名義の領収書のうち、実名ではない名義（ペンネームなど）で作成されたものについても公共安全情報に該当するとした事例（条例）

最判平成19・5・29集民224号463頁（控訴審は大阪高判平成18・3・29裁判

所HP）は、滋賀県警察本部が平成10年度ないし平成15年度に支出した捜査費等に係る個人名義の領収書のうち実名ではない名義で作成されたもの（本件対象文書、本件領収書）について、滋賀県情報公開条例（本件条例）の定める非開示事由の存否が争われた事案であり、同条例も行政機関情報公開法5条4号と同様の規定である。捜査費等の支払いに係る領収書、支払明細書その他の会計書類の非開示処分については、同様の裁判例が多くある中、最高裁判所が初めて判断をしたものである。最高裁判所は、控訴審の判断を覆し、行政機関の主張をそのまま受け入れ非開示とした。

　控訴審の判示内容は、以下のとおりである。

「本件対象文書に含まれる情報は、せいぜい、氏名、住所、年月日、金額程度の情報であって、しかも、領収書の作成者が、その記載により自らが情報の提供者ないし捜査協力者として特定されることを回避するため、あえて、自己を顕わす符丁としてペンネームを使用したものであるから、事柄の性質上、容易に自己が特定されるような体裁の記載をしていないと推認するのが合理的である。もちろん、各領収書の中には、たとえば、作成者の特異な筆跡の顕れた類のもの、ペンネームの記載が本名と1字しか違えていないような類のもの、住所の記載が作成者の住所の近隣となっている類のもの等々多種多様な記載のあることは予測できないでもないが、これについては、具体的に領収書の記載、体裁に関する個別事情とこれに関する関連事情が明確にされない限り、被控訴人主張のような非公開情報が記載されているか否かが不分明であり、結局、〔編注・本件条例6条〕1号前段該当性についての被控訴人の上記主張は抽象的に過ぎ、非開示情報との結びつきは1号後段、3号該当性を述べる点を含めて具体性が希薄であると判断せざるを得ず、他に本件全証拠を検討してもこれを肯定するような資料は発見できない」とした。

　これに対して、上告審の判示内容は、以下のとおりである。

「本件領収書中の氏名、住所、受領年月日及び受領金額の記載は、上記情報提供者等がすべて自筆で記載したものである、④　本件領収書には、例え

ば、作成者の特異な筆跡の現れたたぐいのもの、偽名を実名と1字しか違えていないたぐいのもの、住所の記載を作成者の住所の近隣としているたぐいのものなど多種多様な記載がされている可能性があるというのである。

これらの事実を前提とすると、仮に、本件条例に基づき本件領収書の記載が公にされることになれば、情報提供者等に対して自己が情報提供者等であることが事件関係者等に明らかになるのではないかとの危ぐを抱かせ、その結果、滋賀県警において情報提供者等から捜査協力を受けることが困難になる可能性を否定することはできない。また、事件関係者等において、本件領収書の記載の内容やその筆跡等を手掛りとして、内情等を捜査機関に提供し得る立場にある者に関する知識や犯罪捜査等に関して知り得る情報等を総合することにより、本件領収書の作成者を特定することが容易になる可能性も否定することができない。そうすると、本件領収書の記載が公にされた場合、犯罪の捜査、予防等に支障を及ぼすおそれがあると認めた上告人の判断が合理性を欠くということはできない」とした。

(ウ) 「動物実験計画書」中の「実験内容」等を開示すると、動物実験に反対する団体等により、施設への不法侵入や破壊行為などの犯罪が行われる可能性があるなどを理由とする非開示処分が裁量権の逸脱または濫用にあたるとした事例

前掲東京地判平成16・12・24は、動物実験に関する開示請求につき、「動物実験計画書」中の申請者氏名および連絡先は個人情報に該当し、同計画書中の「実験題目」および「実験内容」の開示は事務事業の適正な遂行に支障及ぼすおそれがあり、かつ「調査研究に係る事務に関し、その公正かつ能率的な遂行を不当に阻害するおそれ」に該当するとしてこれらの不開示決定が適法とされた事例である。

判示内容は、以下のとおりである。

「実験動物取扱業者の名称と実験に提供した動物の種類、品質が明らかになったとしても、特定の実験動物取扱業者の営業活動に対する抗議、妨害活動等のように必ずしも犯罪行為に該当するとはいえない行為を超えて、動物

権利保護団体等によって、実験動物取扱業者の設備の破壊や実験動物等の不法な持ち出し等の犯罪行為が行われるおそれがあると判断することは、根拠を欠き、社会通念上妥当ではないものといわざるを得ない。……このように見てくると、被告は、実験動物納入業者の営業に対する上記妨害活動等のおそれが存在することから、直ちに、実験動物納入業者の名称等が開示されると、動物実験に反対する団体等によって、これらの業者に対して、施設への不法侵入や破壊行為などの犯罪が行われる可能性が存在すると認めたものと考えられ、このような認定判断は、社会通念上著しく妥当性を欠くものであって、裁量権の範囲の逸脱又は濫用に当たるというべきである」とした。

　　　(エ)　検察庁の調査活動費の支出明細書・領収書について、少なくともその一部について不正に流用されていた疑いがあるとしても、全額について不正流用されていたとはいえないとして公共安全情報に該当するとした事例

　仙台地判平成16・2・24裁判所HPは、原告が、仙台地方検察庁の平成10年度分の調査活動費の支出に関するいっさいの資料（本件文書）の開示請求をしたところ、支払明細書、領収書について不開示の処分をしたことから、同処分が違法であるとして、その取消しを求めた事案であり、判決は、原告の請求をすべて棄却した。

　判示内容は、以下のとおりである。

　「仙台高検において調査活動費に関する領収書の偽造が行われていたことが認められることは前示のとおりであり、これによれば、当時、仙台高検において、調査活動費の少なくとも一部は不正に流用されていた疑いがある。……平成10年度までは、全国の検察庁における調査活動費の使用状況にほとんど変化がないこと、その使用状況は、仙台地検を始め多くの庁において端数の出ない金額で月ごとにきれいに使い切られる形態であったこと、その使用状況が一変し、かつ、予算が減少し始めた時期が、調査活動費の不正流用を内部告発する内容の文書が現れた時期とほぼ一致することは前示のとおりであり、これらを併せ考慮すれば、平成10年度における仙台地検の調査活動

費(本件調査活動費)の支出中には不正流用があったのではないかと疑う余地がないわけではない。……調査活動費の使用状況等に関するA供述を全て排斥し、本件調査活動費が同供述のような調査活動には一切使用されなかったと疑うまでの根拠としては十分とはいえない。……結局、本件調査活動費が全額不正流用されたとする原告の主張は、推測の域を出るものではなく、採用できない。……してみれば、本件文書が〔編注・行政機関情報公開法5条〕4号に該当するとした被告の判断が事実誤認又は事実の基礎を欠くものであったということはできないから、この判断に裁量権の逸脱又は濫用があったとすることはできず、原告の(3)の主張は採用に由ない」。

「本件文書を開示することにより、今後の調査活動が阻害され、ひいては検察権の適切な行使が妨げられるおそれがあると考えることには十分理由があり、本件文書について〔編注・行政機関情報公開法5条〕4号該当性を肯定した被告の判断が明白に合理性を欠くことが明らかであるとはいえない」とした。

　　　(オ) テロ対策特措法に基づく米英艦隊に対する給油の油の購入先がわかる情報を開示すると、購入先に対し、不法な妨害活動が行われる可能性があるとして、公共安全情報に該当するとした事例

　前掲東京地判平成15・9・16は、いわゆるテロ対策特措法に基づく自衛隊部隊の活動実績について記載されている米英艦艇に対する給油2万5000klの油の購入費用に係る支払決議書(本件支払決議書)の開示を求めた事案であり、判決は、原告の請求をすべて棄却した。

　判示内容は、以下のとおりである。

「本件各支払決議書のうちの『受取人住所』及び『受取人氏名』の各部分に記載された情報は、被告の主張するとおりの油の購入先である者の住所及び氏名を含む……、当該協力支援活動を行う自衛隊と通常の商行為として契約を締結している者を標的とした種々の妨害活動が行われる可能性がある……本件各支払決議書のうちの『受取人住所』及び『受取人氏名』の各部分につき、当該情報を公にすることにより、人の生命、身体、財産への不法な

侵害等を誘発し、又は犯罪の実行を容易にするおそれがあると判断したことには、相当な理由があるということができる」。

「『振込銀行名』及び『口座種別番号』の各部分には、テロ特措法に基づく米英艦艇に対する燃料補給のための油の購入先である法人等の振込銀行名、預金種目及び口座番号の記載が含まれており、これを開示すると、当該法人等の名称が明らかになるおそれが大きいため、米軍等への協力支援に反対する者等によって、当該購入先への不法な財産侵害等の妨害活動がされるおそれがある……本件各請求兼領収書のうちの『振込銀行名』及び『口座種別番号』の各部分については、当該情報を公にすることにより、人の生命、身体、財産への不法な侵害等を誘発し、又は犯罪の実行を容易にするおそれがあると判断したことには、相当な理由があるということができる」。

5　5条5号（意思形成過程情報）

(1)　5条5号の趣旨

　行政機関情報公開法による開示請求の対象となる行政文書は、組織共用の実態を備えておれば、決済、供覧等の手続を終了したものに限られず、行政機関等としての最終的な決定前の事項に関する情報（意思形成過程情報）が少なからず含まれるところ、これらの情報を時期尚早な段階で開示することによって、その意思決定が損なわれないようにする必要がある。しかし、国民主権の理念にのっとり、行政機関の保有する情報の一層の公開を図り、政府が国民に負う説明責任を全うするとともに、国民の的確な理解と批判の下にある公正で民主的な行政の推進に資するという行政機関情報公開法の目的に照らせば、むしろ最終的な意思決定前の情報であっても、これを開示すべき場合も少なくない。

　そこで、政府の国民に対する説明責任の観点から、これを開示する利益と、最終的な意思決定前の情報を開示することにより生じる支障等を比較する必要があり、5条5号は、このような意思形成過程情報について不開示情報としての要件を定めるものである。このような考えから、それぞれの場合

に「不当に」との要件を付加した。

この点について、高松高判平成17・1・25判タ1214号184頁は、5条5号の趣旨および各要件の意義または解釈について判示している。もっとも、この判決では、まさに意見にかかわる情報の開示の可否が争われたのであり、この判決の射程については十分に注意を要するところである。

なお、5条5号の趣旨および各要件の意義または解釈については、大阪地判平成26・12・11裁判所HPが詳しい。

(2) 5条5号の構造および考え方

(ア) 審議、検討または協議に関する情報の意義

「審議、検討又は協議に関する情報」とは、国の機関等が意思決定に至るまでの過程においてさまざまな審議、検討および協議に関連して作成し、また取得した情報をいう。

(イ) 率直な意見の交換もしくは意思決定の中立性が不当に損なわれるおそれ

意思形成過程情報を公にすることによって、外部からの圧力や干渉等の影響を受ける結果、率直な意見交換や意思決定の中立性が不当に損なわれるおそれを想定したものであり、保護利益としては適正な意思決定手続を確保することにある。具体的には、発言者やその家族に対して危害が及ぶおそれがある場合、行政機関内部の政策の検討が十分でない情報が公になり、外部からの圧力により当該政策が不当な影響を受ける場合などが考えられる（前掲大阪地判平成26・12・11）。

また、会議の過程ではさまざまな意見が出ることが通常であり、出席者の自由な発言を認めたほうが優れた結果を生むことがある。したがって、会議の過程に出された意見については、責任を問われないように保障し、自由で活発な議論を確保しようとした（前掲高松高判平成17・1・25、東京地判平成15・9・15裁判所HP）。

(ウ) 不当に国民の間に混乱を生じさせるおそれ

未成熟な情報や事実関係の確認が不十分な情報などを公にすることにより、国民の誤解や憶測を招き、不当に国民の間に混乱を生じさせるおそれが

ある場合をいい、これらの情報が公にされることによる国民への不当な影響が生じないようにする趣旨である（前掲大阪地判平成26・12・11）。

(エ) 「不当に」「おそれ」

「不当に」とは、意思形成過程情報を公にすることの公益性を考慮してもなお、適正な意思決定の確保等への支障が看過し得ない程度のものを意味し、当該情報の性質に照らし、国民の知る権利（憲法21条）、国民主権（同法1条）の観点から、公開することの利益と公開により適正な意思形成にもたらせる支障とを比較考衡量する。そして、後者が前者を上回るときのみ、「不当に」意思形成に支障を来すとして非公開とすることができる[40]。

また、5条号の趣旨、1条の目的や5条が行政文書を原則公開とする条文を規定していることに鑑みれば、「おそれ」については、単に行政機関においてそのおそれがあると判断するだけではなく、客観的かつ具体的な危険性・可能性があることを要する（前掲大阪地判平成26・12・11）。

(オ) 意見に関する情報と事実に関する情報との区別

5条5号は、対象情報を公にすることによって、外部からの圧力や干渉等の影響を受ける結果、率直な意見交換や意思決定の中立性が不当に損なわれるおそれを想定したもので、適正な意思決定手続の確保を保護利益としているところ、開示を求められている情報が事実に関するものであれば、このような保護利益が損なわれることは少ないと考えられる。

したがって、5条5号該当性の判断にあたっては、開示を求められている情報が意見に関するものか事実に関するものかは重要な考慮要素である[41]。

この点について、安威川ダム事件（最判平成7・4・27判例集未登載（上告棄却）。控訴審は大阪高判平成6・6・29判夕890号85頁）は、事実に関する情報と意見に関する情報とを区別し、判断の考慮要素とした判例であると位置づけられている。安威川ダム地質調査結果が客観的なデータであることが認め

---

40 宇賀・前掲（注3）104頁、松井・前掲（注2）265頁。
41 松井・前掲（注2）266頁。

られ、非開示決定が違法であるとした。

一方、鴨川ダムサイト事件（最判平成6・3・25集民172号163頁）は、対象となった行政文書は、地質等の自然条件や用地確保の可能性等の社会的条件についても全く考慮されていない資料であることを理由に、判例は非公開決定を維持したものと考えられる。この点について、松井教授は、本件事例では、非開示決定処分の後、ダム建設は断念されていたこと、また、地形からのみ選定された候補地（20カ所）が記載された公文書を開示したところで、それほど混乱を招くとも思えないので、対象となった行政文書を意思形成過程情報として本件処分を支持した点には疑問が残る判断であるとする[42]。

ただし、意見に関する情報と事実に関する情報とを区別することが困難な場合もある[43]。

(カ) 意思決定後の意思形成過程情報

意思形成過程情報は、意思決定後には、当該意思決定に影響しなくなるので、意思が形成された場合には、もはや当該情報を非公開とすべき理由がなくなる。

ただし、当該意思決定それ自体を妨げることのほか、将来における同種の意思決定の障害となることも含まれ、当該情報を公開することにより、将来の同種の意思決定を妨げることになる場合を含む（前掲最判平成11・11・19、前掲高松高判平成17・1・25）。

この点について、前掲最判平成11・11・19は、将来の同種の意思形成過程への支障についても考慮することを明示した。5条5号には、「当該」という限定する文言がないが、前掲高松高判平成17・1・25は、この判例の解釈を前提にしているものと思われる。もっとも、前掲高松高判平成17・1・25は、厚生労働省と地元関係者との協議会の議事録の開示が求められた事案であり、公的機関である審議会等のように、説明責任を強く求められるような

42　松井・前掲（注2）269頁・272頁。
43　高橋滋ほか編著『条解行政情報関連三法』344頁。

事案についてまでは射程が及ばないと解される[44]。

(キ) 特定の者に不当に利益を与えもしくは不利益を及ぼすおそれ

尚早な時期に情報や事実関係の確認が不十分な情報などを公にすることにより、特定の者に不当に利益を与え、または不利益を及ぼすことにより国民への不当な影響が生じないようにする趣旨である。

(3) 5条5号に関する判例・裁判例

情報公開条例の解釈についての最高裁判例は存在するものの、行政機関情報公開法の解釈について最高裁判例は存在しないので、同法については下級審の裁判例を紹介する。

(ア) 東日本大震災により生じた災害廃棄物について、各地方公共団体の受入れ検討状況がわかる資料について、意思形成過程情報に該当しないとした事例

前掲大阪地判平成26・12・11は、Xは、処分行政庁に対して、環境省が平成23年10月7日に実施した、東日本大震災により生じた災害廃棄物の災害廃棄物受入検討状況調査票等（本件行政文書）の情報公開請求を行ったところ、処分行政庁は、回答文書のうち、地方公共団体名、施設名および担当情報が記載された部分を不開示とする旨の処分（本件一部不開示決定処分）を行ったため、Xが本件一部不開示処分の取消しと、本件不開示部分の開示決定の義務づけを求めた事案であり、本件行政文書は、5条5号および6号の要件を満たさず、本件行政文書を全面的に公開することを義務づけた。

判示内容は、以下のとおりである。

5条5号の趣旨について、審議、検討または協議に関する情報の公開に際しては、政府の諸活動を国民に説明する責務の観点からこれを開示することによる利益と、最終的な意思決定前の情報を開示することにより生じる支障等とを比較衡量する必要があるところであって、5条5号が掲げる不開示情報について「不当に」という文言が付加されているのも、上記のような比較

---

44 宇賀克也『情報公開・個人情報保護』240頁。

衡量を念頭において、開示することによる利益を斟酌しても、開示することにより生じる支障等が重大であり、不開示とすることに合理性が認められる場合に不開示とすることができるとの趣旨によるものと解される。

「率直な意見の交換若しくは意思決定の中立性が不当に損なわれるおそれ」について、対象情報を公にすることによって、外部からの圧力や干渉等の影響を受ける結果、率直な意見交換や意思決定の中立性が不当に損なわれるおそれを想定したもので、適正な意思決定手続の確保を保護利益とするものと解される。具体的には、発言者やその家族に対して危害が及ぶおそれがある場合、行政機関内部の政策の検討が十分でない情報が公になり、外部からの圧力により当該政策が不当な影響を受ける場合などが考えられる。

「不当に国民の間に混乱を生じさせるおそれ」について、未成熟な情報や事実関係の確認が不十分な情報などを公にすることにより、国民の誤解や憶測を招き、不当に国民の間に混乱を生じさせるおそれがある場合をいい、これらの情報が公にされることによる国民への不当な影響が生じないようにする趣旨と解される。

「おそれ」の程度について、1条の目的（とりわけ行政文書の開示請求権や政府の諸活動を国民に説明する責務等）や、5条が行政文書は原則として開示しなければならないとし、同条各号所定の不開示情報が記録されている場合に例外的に不開示決定がなされる旨定めていること等に照らすと、同条5号にいう「おそれ」は抽象的な危険性・可能性では足りず、客観的かつ具体的な危険性・可能性があることを要すると解すべきである。

　(イ)　国立病院の民間への経営移譲に関する厚生労働省と地元関係者との協議会議事録について、これを公開すると率直な意見交換が困難になるなどとして、意思形成過程情報に該当するとした事例

前掲高松高判平成17・1・25は、Xは、Yに対して、国立療養所南愛媛病院の社会福祉法人への経営移譲に係る厚生労働省と地元関係者との再編成協議会（本件再編成協議会）の議事録について、情報公開請求を行ったところ、不開示とする旨の処分（本件処分）を行ったため、Xが本件処分の取消

しを求めた事案であり、本件再編成協議会の出席者は、個々の発言は公開されないという前提の下で自由かつ率直な意見を交換したのであって、そのような前提でなされた協議の議事録が公開されれば、公開されないことを前提として発言した出席者との関係で信頼関係を損ないかねず、本件再編成協議会後に予定されている地元関係者との協議において率直な意見交換が困難になり、ひいては最終的な経営移譲の意思決定の中立性が損なわれかねない。また、再編成計画は全国規模で遂行されている施策であるので、本件再編成協議会の議事録を公開すると、他の類似の協議会において、自由で率直な意見交換が困難になるという事態も想定しうるところであるとした。

判示内容は、以下のとおりである。

5条5号の趣旨について、終局的な意思決定がされる過程においては、さまざまな選択肢の是非、長短について多方面から自由な意見交換等がされるべきであるのに、最終的に採用されるに至らなかった中間的な議論、未成熟な意見等が公開されることにより、外部からの不当な圧力や干渉等を受けることなどにより、当該意思決定自体が歪められるおそれを生じることがあるほか、終局的意思決定に対する誤解や筋違いの批判等を招き、ひいては途中経過における自由かつ率直な意見交換等が妨げられたりするおそれがあるので、そのような結果となることを防止するために、適正な意思決定手続を確保するという点にあると考えられる。

「不当に損なわれるおそれ」について、単に行政機関においてそのおそれがあると判断するだけではなく客観的にそのおそれがあると認められることが必要であるというべきである。他方で、行政機関としては当該行政文書の内容自体を立証することはできないのであるから、「おそれ」があるか否かの判断にあたり、高度な蓋然性があることまで要求することはできない。

「率直な意見の交換が不当に損なわれるおそれ」について、公にすることにより将来の同種の意思決定を妨げることになる場合を当然に含むと解すべきである。

この点について、類似の裁判例として、①登記所適性配置関する地方法務

局と町との折衝内容に関する情報の開示を求めた前掲東京地判平成15・9・15、②司法試験委員会の会議の議事内容を録音したミニディスクを不開示とした東京高判平成19・12・20裁判所HPがある。前掲東京高判平成19・12・20は、司法試験委員会の実施機関としての特殊性を考慮した事案であるから、その射程についても注意を要するところである。[45]

　㈦　鴨川改修協議会に提出されたダムサイト候補地点選定位置図について、意思形成過程における未成熟な情報であるなどとして、意思形成過程情報に該当するとした事例（条例）

　前掲最判平成6・3・25〔鴨川ダムサイト事件〕は、Xが、鴨川の河川管理者であるYの設置した鴨川改修協議会に提出されたダムサイト候補地点選定位置図（本件文書）の公開を京都府情報公開条例（本件条例）[46]に基づいて請求したところ、Yはこれを非公開とする旨の処分をしたため、非公開決定の取消しを求めた事案であり、情報公開を請求する住民の権利は、憲法上の権利とはいえず、条例によって創設された権利であるから、本件条例の各規定につき違憲無効の問題は生ずる余地がないとし、①協議会を非公開とした経緯、②協議会における検討状況、③本件文書の態様、④ダム構想のあることおよびその図面が提出されたことが発表された結果、委員や担当課に対しダム建設についての面談等の申入れ、強要等があり、委員の中にはその職を辞任したい意向を示す者もいたこと等の認定事実によれば、本件文書は、意思形成過程における未成熟な情報であり、公開することにより、府民に無用の誤解や混乱を招き、協議会の意思形成を公正かつ適切に行うことに著しい支障が生じるおそれのあるものといえるとした。

45　宇賀・前掲（注40）241頁。
46　京都府情報公開条例5条6号は、「府若しくは国等が行う審議、検討、調査研究その他の意思形成の過程における情報であって、公開することにより、当該若しくは同種の意思形成を公正かつ適切に行うことに著しい支障が生じるおそれのあるもの又は府若しくは国等が行う取締り、監督、立入検査、試験、入札、交渉、渉外、争訟、許認可その他の事務事業に関する情報であって、公開することにより、当該若しくは同種の事務事業の公正かつ適切な執行に著しい支障が生じるおそれのあるもの」とする。

(エ) 建設計画中のダムに関する地質調査資料について、全体調査の途中における調査結果であるとしても、それ自体としては完結した調査結果であるなどとして、意思形成過程情報に該当しないとした事例（条例）

前掲最判平成7・4・27〔安威川ダム事件〕（控訴審は前掲大阪高判平成6・6・29）は、Xは、Yに対し、大阪府が茨木市に建設計画中の安威川ダムの地質調査資料（本件非公開情報）の公開を大阪府公文書公開等条例に基づいて請求したところ、Yが部分公開決定処分（本件処分）を行い、Xが本件処分を不服として、本件処分の取消しを求めた事案であり（第1審（大阪地判平成4・6・25判時1463号52頁）は請求棄却とした）、本件非公開情報は、外部の地質調査専門会社に外注して得られたのであって、それ自体としては完結した地質調査結果であり、大阪府の純粋な内部文書ではない。たとえその調査結果がダム建設のためのものとしては一部のものであるとしても、その調査報告書は、そのことを前提にして評価されるべきものであるし、またそのようにしか評価できないものである。したがって、本件各文書が全体調査の途中における調査結果であることから、本件非公開情報を公開することによる誤解が生じるものとは認めがたいとした。

(オ) 住民監査請求を受けて、市が関係者から事情聴取をした結果を記録した文書について、将来の同様の事情聴取に重大な支障を及ぼすおそれがあるなどとして、意思形成過程情報に該当するとした事例（条例）

前掲最判平成11・11・19は、Xは、Yに対して、逗子市の住民監査請求に関する一件書類の公開を逗子市情報公開条例に基づいて請求したところ、そのうちYが関係人から事情聴取をした結果を記録した文書を公開しない旨の処分（本件処分）を行ったので、Xが本件処分の取消しを求めた事案であ

---

47 大阪府公文書公開等条例8条4号は、「府の機関又は国等の機関が行う調査研究、企画、調整等に関する情報であって、公にすることにより、当該又は同種の調査研究、企画、調整等を公正かつ適切に行うことに著しい支障を及ぼすおそれのあるもの」とする。
48 逗子市情報公開条例5条(2)ウは、「市又は国の機関が行う争訟に関する情報であり、公開することにより、当該事務事業及び将来の同種の事務事業の目的を喪失し、また円滑な執行を妨げるもの」とする。

り、逗子市監査委員が監査を行うための資料として関係行政機関の職員から事情を聴取した結果を記載した文書の中には、地方自治法242条が監査記録を公開することを予定していないため、同監査委員限りで参考にするにとどめ公開しないことを前提として提供された機密にわたる情報が含まれている可能性があり、仮にそのような情報が含まれているとするなら、これを無条件に公開することは、関係行政機関との間の信頼関係を損ない、将来の同様の事情聴取に重大な支障を及ぼし、公正または適正な監査を行うことができなくなるおそれがあるものというべきである。したがって、そのような情報は、これを非公開とすることが許されるものというべきであるとした。

判示内容は、以下のとおりである。

「意思決定を妨げる」について、当該意思決定それ自体を妨げることのほか、将来における同種の意思決定の障害となることも含まれるものと解するのが相当である。そして、当該情報を公開することにより、今後行われることのあるべき同種の意思決定のための資料の収集に支障を生ずることも、これに含まれると解される。

　　㋕　東海環状自動車道の計画に関して作成された環境影響評価準備書等につき、非開示処分の時点ではすでに、環境影響評価書等の内容が確定し、これらが公衆の縦覧に供されていたことなどから、意思形成過程情報に該当しないとした事例（条例）

最判平成16・6・29集民214号561頁は、Xは、Yに対して、東海環状自動車道の計画策定に関する公文書（東海環状自動車道環境影響評価専門部会作成の環境影響評価準備書および環境影響評価の各案。本件公文書）の公開を旧岐阜

49　旧岐阜県情報公開条例6条1項は、「実施機関は、次の各号のいずれかに該当する情報が記録されている公文書については、当該公文書に係る公文書の公開をしないことができる」とし、同項7号は、「県又は国等の事務事業に係る意思形成過程において、県の機関内部若しくは機関相互間又は県と国等との間における審議、協議、調査、試験研究等に関し、実施機関が作成し、又は取得した情報であって、公開することにより、当該事務事業又は将来の同種の事務事業に係る意思形成に著しい支障が生ずると認められるもの」とする。

県情報公開条例に基づいて請求したところ、Yが本件公文書を非開示とする旨の処分（本件処分）を行ったため、Xが本件処分の取消しを求めた事案であり（なお、本件公文書は、本件処分がされた時点で、都市計画案とともに、公衆の縦覧に供していた）、①本件処分がされた時点においては、本件環境影響評価書等の内容が確定し、これらが公にされていたうえ、すでに本件都市計画の変更決定が行われていたというのである。そうすると、本件公文書を公開することにより、当該事務事業に係る意思形成に支障が生ずる余地はない、②将来の同種の事務事業に係る意思形成に対する影響についてみると、本件公文書は、一定の技術的指針に従って作成される技術的な性格を有する文書で、公表することが本来予定されているものであり、その事務事業が決定されて意思形成が完了した後に上記各文書の成案前の案が公開されることになったとしても、その事務事業に係る意思形成に支障が生ずるということはできない、③本判決は、本件処分が行われた時点において、本件公文書は、すでに都市計画案とともに公になっていたので、当該事務事業に係る意思決定に支障が生じる余地はないと判断し、また本件公文書は、技術的な性質を有するものであって、意思形成に対する影響は少ないと判断した。

6　5条6号（事務事業情報）

(1)　5条6号の趣旨

　国の機関等が行う事務または事業は、多種多様であり、公共の利益のために行われ、公にすることによりその適正遂行に支障を及ぼすおそれがある情報については、不開示とする合理的な理由があるところ、5条6号は、このような事務または事業に関する情報（事務事業情報）につき不開示情報としての要件を定めるものである（前掲東京地判平成16・4・23、前掲高松高判平成17・1・25、前掲大阪地判平成26・12・11）。

　ただし、本条項のような包括的な例外事由を設けると、何でも事務・事業の適正な執行を妨げるおそれがあるとして非公開とされてしまう危険がある。

(2) 5条6号の構造および考え方

㈦ 本文の構造

　国の機関等の事務または事業は広範かつ多種多様であることから、事項的にすべて列挙することは技術的に困難で実益に乏しい。そこで、「次に掲げるおそれ」としてイからホまでを例示的にあげたうえで（事項的基準）、それ以外については5条6号柱書において包括的に規定している。イからホまでに掲げたものは、その性質上、公にすることによりその適正な遂行に支障を及ぼすおそれがあると考えられる典型的なものである。

㈣ 事務または事業の性質上

　「事務又は事業の性質上」とは、当該事務または事業の目的やその目的達成のための手法等に照らして、その適正な遂行に支障を及ぼすおそれがあるかどうかを判断する趣旨である（前掲大阪地判平成26・12・11）。

　この点について、非公開とするためには、その情報を公開することが「当該事務又は事業の性質上」望ましくないことを示さなければならず、一般的には当該事務または事業の性質上、公開することに差し障りはないが、当該具体的事例についてだけは公開することが望ましくないという主張は認められない。

㈥ 適正な遂行に支障を及ぼすおそれ

　「適正な遂行に支障を及ぼすおそれ」とは、当該事務または事業が、根拠規定や趣旨に照らし、公益的な開示の必要性等の種々の利益衡量したうえで適正な遂行といえるものであることを求める趣旨である。開示のもたらす支障のみならず、開示のもたらす利益も比較衡量されなければならない。

　この点について、前掲高松高判平成17・1・25は、単に行政機関においてそのおそれがあると判断するだけではなく客観的にそのおそれがあると認められることが必要であるというべきであると判示する。なお、前掲高松高判平成17・1・25以外に「当該事務又は事業の性質上、当該事務又は事業の適正な遂行に支障を及ぼすおそれ」という要件について判示した裁判例として前掲大阪地判平成17・3・17、大阪地判平成18・8・10判タ1218号236頁、

東京高判平成17・8・9裁判所 HP がある。

　「支障」の程度については、名目的なものでは足りず、実質的なものであることが要求され、「おそれ」の程度も、抽象的なものでは足りず、法的保護に値する蓋然性が必要であると判示した（前掲大阪地判平成17・3・17、前掲大阪地判平成18・8・10、前掲大阪地判平成26・12・11）。

　また、前掲東京高判平成17・8・9は「おそれ」「支障」について単なる確率的な可能性ではなく、法的保護に値する蓋然性が必要であると判示した。

　　(エ)　6号イの考え方

　監査、検査、取締りまたは試験に関して、情報を公開することが事務の適正な遂行に支障を生じさせるおそれがある場合に、非公開とすることを認めた趣旨である。

　　(オ)　6号ロの考え方

　契約を行う場合など相手方と交渉をしなければならない。訴訟の場合も相手方との交渉が必要である。このような場合に、こちらの手の内を明らかにしてしまうと、交渉は相手方に一方的に有利となり、国・独立法人等または地方公共団体の財産上の利益や当事者としての地位が不当に害されるおそれがある。そこで、そのような手の内情報を保護するために、本条項が規定された。

　　(カ)　6号ハの考え方

　調査研究の成果を上げるためには、従事する職員がその発想・創意工夫等を最大限に発揮できるようにすることが重要である。途中段階や試行錯誤の情報を公にすることによって、調査研究の成果を適正に広く国民に提供する目的を損ね、特定の者に不当な利益や不利益を及ぼし、また自由な発想・創意工夫または研究意欲が不当に減退する等、能率的な遂行を不当に阻害するおそれがあるため、本条項を規定した。

　　(キ)　6号ニの考え方

　人事管理に係る事務は、当該機関の組織としての維持の観点から行われる

一定の範囲で当該組織の独自性を有するものでありので、公正かつ円滑な人事の確保が困難になるおそれがある情報を不開示とするため本条項を規定した。

(ク) 6号ホの考え方

国や地方公共団体が経営する企業、独立行政法人等または地方独立行政法人の事業に関する情報も、5条2号の法人情報と同様、企業経営上の正当な利益を保護する必要があるため、本号では、これらの団体の企業経営上の正当な利益を害する場合には不開示とすることとした。

正当な利益の内容については、経営主体、事業の性格、内容等に応じて判断する。また不開示の範囲については、公営企業の場合、国民に対する説明責任の観点から、5条2号の法人情報よりも狭い場合がある。

(3) 5条6号に関する判例・裁判例

(ア) 土地開発公社が買収した土地の価格について、事務事業情報に該当しないとした事例（条例）

前掲最判平成18・7・13は、Xらは、Yに対し、大阪府土地開発公社による公共事業用地の代替地の取得または処分に関する文書（「平成11年度代替地取得及び処分協議決裁文書」等。土地開発公社や地方自治体が個人から買収・取得した土地・事業用地の買収価格・取得価格。本件文書）の公開を大阪府情報公開条例[50]（本件条例）に基づいて請求したところ、Yは、本件文書の一部を非公開とする旨の処分（本件処分）を行ったため、Xが本件処分の取消しを求めた事案であり、大阪府における事業用地の取得価格は、「公共用地の取得に伴う損失補償基準」等に基づいて、公示価格との均衡を失することのないよう配慮された客観的な価格として算定された価格を上限とし、正常な取引

---

50 大阪府情報公開条例8条は、「実施機関は、次の各号のいずれかに該当する情報が記録されている行政文書を公開しないことができる」とし、その4号は、「府の機関又は国等の機関が行う取締り、監督、立入検査、許可、認可、試験、入札、交渉、渉外、争訟等の事務に関する情報であって、公にすることにより、当該若しくは同種の事務の目的が達成できなくなり、又はこれらの事務の公正かつ適切な執行に著しい支障を及ぼすおそれのあるもの」とする。

価格の範囲内で決定され、公社による代替地の取得価格および譲渡価格は、公示価格を規準とし、公示価格がない場合またはこれによりがたい場合は近傍類地の取引価格等を考慮した適正な価格によるものとされている。そうすると、当該土地の買収価格等に売買の当事者間の自由な交渉の結果が反映することは比較的少ない。そして、当該土地の買収価格等に影響する諸要因、たとえば、駅や商店街への接近の程度、周辺の環境、前面道路の状況、公法上の規制、当該土地の形状等については、一般に周知されている事項か、容易に調査することができる事項であり、これらの価格要因に基づいて上記のとおり決定される価格及びその単価は、一般人であればおおよその見当をつけることができる一定の範囲内の客観的な価格であるということができる。また、公社による代替地の取得価格および譲渡価格は評価答申額等と同額である場合が多いというのであるから、評価答申額等は、代替地の取得価格および譲渡価格から推知されるものというべきである。そして、代替地の取得価格および譲渡価格が一般人であればおおよその見当をつけることができる一定の範囲内の客観的な価格であることは上記のとおりである。このような事情からすれば、「上記部分に関する情報を公開することによって、大阪府における今後の用地買収事務の公正かつ適切な執行に著しい支障を及ぼすおそれがあるということはできないから、上記情報は、いずれも本件条例8条4号所定の非公開情報に該当しないというべきである」とした。

なお、同様の判断をした判例として、最判平成17・7・17集民217号523頁、前掲最判平成17・10・11が存在する。

　　(イ)　東日本大震災により生じた災害廃棄物について、各地方公共団体の受入れ検討状況がわかる資料について、事務事業情報に該当しないとした事例

前掲大阪地判平成26・12・11は、Xは、処分行政庁に対して、環境省が平成23年10月7日に実施した、東日本大震災により生じた災害廃棄物の災害廃棄物受入検討状況調査票等（本件行政文書）の情報公開請求を行ったところ、処分行政庁は、回答文書のうち、地方公共団体名、施設名および担当情

報が記載された部分を不開示とする旨の処分（本件一部不開示決定処分）を行ったため、Xが本件一部不開示処分の取消しと、本件不開示部分の開示決定の義務づけを求めた事案であり、本件行政文書は、5条5号および6号の要件を満たさず、本件行政文書を全面的に公開することを義務づけた。

判示内容は、以下のとおりである。

5条6号の趣旨について、国の機関または地方公共団体が行う事務または事業は公共の利益のために行われるものであり、公にすることによりその適正な遂行に支障を及ぼすおそれがある情報については、不開示とする合理的な理由があるとの趣旨によるものと解される。「当該事務又は事業の性質上、当該事務又は事業の適正な遂行に支障を及ぼすおそれ」について、当該事務または事業の性質上とは、当該事務または事業の目的、その目的達成のための手法等に照らして、その適正な遂行に支障を及ぼすおそれがあるか否かを判断する趣旨であると解され、適正な遂行に支障を及ぼすおそれとは、当該事務または事業が、その根拠規定や趣旨に照らし、公益的な開示の必要性等の種々の利益を衡量したうえで適正な遂行といえるものであることを求める趣旨であると解される。

そして、5条6号にいう「支障」の程度は名目的なものでは足りず、「おそれ」の程度も、確率的な可能性ではなく、法的保護に値する蓋然性があることを要すると解すべきである。

　　㈦　国立病院の民間への経営移譲に関する厚生労働省と地元関係者との協議会議事録について、これを公開すると率直な意見交換が困難になるなどとして事務事業情報に該当するとした事例

前掲高松高判平成17・1・25は、Xは、Yに対して、国立療養所南愛媛病院の社会福祉法人への経営移譲に係る厚生労働省と地元関係者との再編成協議会（本件再編成協議会）の議事録について、情報公開請求を行ったところ、不開示とする旨の処分（本件処分）を行ったため、Xが本件処分の取消しを求めた事案であり、本件再編成協議会においては、各自の自由かつ率直な意見を交換し、あるいはそれに対して国側から説明をすることが、よりよ

い政策決定に資するというべきである。また、その出席者の間ではその議事録も公開されないことが前提とされていたと推認され、このような協議の議事録が公開されれば、公開されないことを期待して発言した出席者との関係で信頼関係を損ない、本件の経営移譲に悪影響を及ぼしかねない。さらに、再編成計画は全国規模で遂行されている施策であるので、本件再編成協議会の議事録を公開すると、他の再編成協議会において、反対の立場の者からのいわれなき非難や誤解等を避けるために、発言が萎縮し、自由で率直な意見交換が困難になり、再編成計画の遂行にも悪影響を及ぼす可能性が相当程度認められるとした。

　判示内容は、以下のとおりである。

　5条6号の趣旨について、行政機関の行う行政は、法律に基づき、公益に適合するよう行われなければならないところ、開示することにより、その事務・事業の適正な遂行に支障を及ぼすおそれのある情報は、不開示とする合理的な理由が認められることにあると解される。「当該事務又は事業の性質上、当該事務又は事業の適正な遂行に支障を及ぼすおそれ」について、単に行政機関においてそのおそれがあると判断するだけではなく客観的にそのおそれがあると認められることが必要であるというべきである。他方で、行政機関としては当該行政文書の内容自体を立証することはできないのであるから、上記の「おそれ」があるか否かの判断にあたり、高度な蓋然性があることまで要求することはできない。

▷石橋徹也（1）
▷結城圭一（2）
▷奥村裕和（3・4）
▷服部崇博（5・6）

Ⅶ　歴史公文書

1　概　要

　行政機関において作成される行政文書には、それぞれ保存期間を定めることになっている（公文書管理法5条1項）。これを受けて、各行政機関では、文書の種類に応じて保存期間を定める規程を作成している。

　保存期間が満了した行政文書は、歴史資料として重要か否かによって、取扱いが異なる。歴史資料として重要なもの（歴史公文書等）は国立公文書館等に移管され（公文書管理法5条5項・8条1項）、そうでないものは廃棄される。

　行政機関のほか、独立行政法人等の文書や、司法機関、立法機関で作成された行政文書についても、それぞれ同趣旨の規程が作成されており、歴史公文書等は国立公文書館等に移管される（公文書管理法11条4項・14条2項・4項）。

　国立公文書館等に移管された文書は「特定歴史公文書等」と呼ばれ、原則として永久保存される（公文書管理法15条1項。ただし、歴史資料として重要でなくなったと認められる場合には廃棄できる旨の条項もある。同法25条）。

2　特定歴史公文書等の利用

　国立公文書館等で保管されている特定歴史公文書等は、原則として誰でも利用することができる（公文書管理法16条1項）。文書や図画であれば閲覧または写しの交付の方法で利用する（同法19条本文）。電磁的記録の場合は、①専用機器により再生または映写したものの閲覧、視聴または聴取、②用紙に出力したものの閲覧または交付、③電磁的記録媒体に複写したものの交付のいずれかの方法で利用する（同条ただし書、公文書管理法施行令24条）。

　したがって、入手したい情報が特定歴史公文書等となっている場合は、国

第 1 章　情報公開法・情報公開条例による開示請求

【書式 9】　特定歴史公文書等利用請求書

特定歴史公文書等利用請求書

平成○年○月○日

独立行政法人　国立公文書館長　殿

＊氏名又は名称：（法人その他の団体にあってはその名称及び代表者の氏名）
　　○　○　○

＊住所又は居所：（法人その他の団体にあっては主たる事務所等の所在地）
　〒000-0000 大阪市○○区○○町○丁目番○号　TEL:06(0000)0000　FAX:06(0000)0000

連絡先：（連絡先が［氏名又は名称］欄に記載された本人以外の場合は、連絡担当者の住所・氏名・電話番号）

E-mail：＊＊＊@＊＊＊.com

公文書等の管理に関する法律第16条の規定に基づき、下記のとおり特定歴史公文書等の利用を請求します。

記

＊目録に記載された特定歴史公文書等の名称
（件名により特定する場合はその範囲も併せて記載のこと）

No.	＊請求番号	＊目録に記載された特定歴史公文書等の名称	冊数（任意）	利用の方法（任意）
1	○○○○○○	○○○○○○○		□閲覧　□写しの交付（　　部）
2				□閲覧　□写しの交付（　　部）
3				□閲覧　□写しの交付（　　部）
4				□閲覧　□写しの交付（　　部）
5				□閲覧　□写しの交付（　　部）

写しの作成方法（任意）	文書又は図面	□用紙への複写（閲覧用複製物に限る）（A4・B4・A3）　[No.　　] □モノクロマイクロフィルム（ネガ）　[No.　　] □スキャニング（□用紙への出力（モノ・カラー）（A4・B4・A3）　□光ディスク CD-R・DVD-R）　[No.　　] 備考（　　　　　　）
	電磁的記録	□用紙への出力（A4・B4・A3） □光ディスク（CD-R・DVD-R） 備考（　　　　　　）
写しの交付の方法（任意）		□館において交付　□郵送　（送付先：　　　　　　　　）

（注 1）「＊」の必須項目については、正確かつ明確に記載してください（独立行政法人国立公文書館利用等規則第11条に基づき補正をお願いする場合があります）。
（注 2）「利用の方法」で写しの交付を選択した場合、部数の記入及び「写しの作成方法」、「写しの交付の方法」の「□」欄にチェックしてください。

142

立公文書館等での利用によって、情報を得ることができる。利用の際は、特定歴史公文書等利用請求書（【書式9】）を提出する。

利用請求書には、請求番号や文書の名称を記入することとなるが、そういった情報は、国立公文書館デジタルアーカイブで検索することができる。[50]

3　特定歴史公文書等の利用の制限

特定歴史公文書等であっても、個人情報が含まれている場合、国の安全が害されるおそれがある場合、犯罪の予防に支障を及ぼす場合、移管前の保存機関との間で利用を制限する旨の合意をしていた場合など、公文書管理法16条1項各号に定める場合には、利用を制限されることがある。

利用を制限された場合、国立公文書館等の長に対し、行政不服審査法による審査請求をすることができる（公文書管理法21条1項）。

4　公文書管理法の対象外とされている文書

「他の法律又はこれに基づく命令に特別の定めがある場合」は、公文書管理法の適用を受けないこととなっている（同法3条）。

従前、防衛省は、防衛秘密の保護に関する訓令を定め、これが「特別の定め」（公文書管理法3条）にあたるとして、防衛秘密について公文書管理法に基づく管理をせず、独自の基準で保管、廃棄等をしていた。この訓令によれば、官房長は必要があると認めれば、防衛秘密に関する文書を回収して廃棄することができることとなっていた。すなわち、容易に公文書管理法による管理を潜脱することができていた。

さらに、平成26年12月10日には、特定秘密保護法が施行された（本章Ⅷ参照）。防衛省でも、防衛秘密の保護に関する訓令に代わり、特定秘密の保護に関する訓令を定めており、今後は特定秘密として防衛秘密を管理していく

50　国立公文書館デジタルアーカイブ「公文書を探す、見る」〈http://www.digital.archives.go.jp/index.html〉。

ようである。

　このように、いったん特定秘密に指定されてしまえば、その管理の態様は国民からは全く不明となってしまう。秘密指定中に廃棄されてしまう可能性もあり、国民が情報を入手する機会はますます制限されてしまうことになる。

▷岡本大典

Ⅷ　情報公開法と特定秘密保護法

1　概　要

　特定秘密保護法は、行政機関の長（当該行政機関が合議制の機関である場合にはその行政機関）が、その所掌事務に係る情報について、特定秘密を指定すると定める（同法3条1項）。指定の要件は、①別表1号～4号に掲げる事項に関する情報であること、②公になっていない情報であること、③その漏えいが、わが国の安全保障に著しい支障を与えるおそれがあるため、特に秘匿することが必要であることの3点である（同項）。特定秘密を指定できるのは、特定秘密保護法が完全施行された平成27年12月1日の時点で、政令によって、19の行政機関の長と定められている。[51]

　先に述べたように、特定秘密の指定要件である別表記載事項は、1号～4号の四つにカテゴライズされている。1号が防衛に関する事項、2号が外交に関する事項、3号が特定有害活動の防止に関する事項、4号がテロリズムの防止に関する事項である。しかし、別表で定めるとしながら、その定め方は概括的・抽象的だ。とりわけ3号・4号がいかなる情報を意味するかは、それ自体あいまいであり、本来特定秘密の指定に値しない情報まで広範に指定されてしまう危険がある。

　行政機関の長が特定秘密を指定した場合には、指定に関する記録を作成することが義務づけられる（特定秘密保護法3条2項）。これを受け、特定秘密保護法施行令4条によって、特定秘密管理簿を作成し、指定年月日、指定の有効期間、指定に係る特定秘密の概要、別表1号～4号のどれにあたるかなどを記載することとされている。

---

[51] 国家安全保障会議、内閣官房、内閣府、国家公安委員会、金融庁、総務省、消防庁、法務省、公安審査委員会、公安調査庁、外務省、財務省、厚生労働省、経済産業省、資源エネルギー庁、海上保安庁、原子力規制委員会、防衛省、警察庁。

しかし、平成26年12月10日の施行日から1年以上が経過した平成27年12月の段階でも、特定秘密管理簿の特定秘密の概要の記載そのものが不開示とされる事例が多く発生しており、特定秘密の指定状況を明らかにすることで、濫用的指定を防止し、取材の自由に対する萎縮効果を小さくすることを意図した特定秘密管理簿の制度には早くも破綻がみられている。

2　行政文書管理ガイドライン

　行政機関情報公開法は、対象となった情報が特定秘密であることを不開示事由にあげていない。情報公開請求の対象情報が特定秘密にあたる場合には、特定秘密保護法の特定秘密の指定要件からみて、行政機関情報公開法5条3号（防衛、外交情報）、4号（公共の安全に関する情報）のどちらか、あるいは両者を不開示事由として、不開示処分がなされることになる。したがって、不開示処分の理由も、特定秘密に指定されていることそれ自体ではなく、開示した場合に生じる、具体的な支障の内容が示される[52]。

　こうした不開示処分を取り消すためには、行政機関情報公開法5条3号・4号を理由とする不開示処分を争う場合と同様、行政機関の長の判断が事実の根拠を欠くことなど、行政機関の長が主張する支障が、社会通念を基準として発生しないことを、原告側が立証しなければならない。

　のみならず、特定秘密保護法施行後の平成27年3月、内閣総理大臣の決定にかかる行政文書の管理に関するガイドライン（以下、「行政文書管理ガイドライン」という）が改訂され、特定秘密に該当しないまでも、秘密保全の必

---

[52] 法務省に対して、同省の特定秘密管理簿に記載された文書の開示請求をしたところ「上記の文書は、全体に渡り、危機管理に関する情報が記載されており、公にすると、危機管理体制に重大な影響を及ぼすこととなり、国の安全が害されるおそれや、公共の安全と秩序の維持に支障を及ぼすおそれ、及び当該事務又は事業の適正な遂行に支障を及ぼすおそれもあることから、法第5条第3号、4号及び6号に定める不開示情報に該当する」という理由で全面不開示決定がされた例がある（法務大臣特定秘密指定整理番号08■-201412-1-2ロb-1。平成26年12月26日に指定した「■について平成25年5月及び平成26年2月に作成された我が国の政府が講じる措置又はその方針」（■は不開示）の開示請求に対する平成27年11月6日付け法務省秘総第101号不開示決定）。

VIII 情報公開法と特定秘密保護法

要が高く、その漏えいが国の安全、利益に損害を与えるおそれのある情報を含む行政文書を「極秘文書」、極秘文書に次ぐ程度の秘密であって、関係者以外には知らせてはならない情報を含む極秘文書以外の行政文書を「秘文書」と指定をすることが定められた。[53]

これを前提とすると、行政機関情報公開法5条3号・4号に該当するとして不開示決定がなされる情報には、特定秘密だけでなく、極秘文書や秘文書と指定された文書も含まれることになる。したがって、原告は、当該情報の不開示決定の取消しを得るためには、当該情報が特定秘密の指定要件にあたらない(ゆえに特定秘密ではない)ことを立証するだけでは足りず、その情報を開示したとしても、行政機関の長が述べる支障が発生しない事情も立証しなければならない。

3 政府機関の情報セキュリティ対策のための統一基準

これに関連して、特定秘密でも極秘文書でも秘文書でもない文書の開示請求に対して、行政機関情報公開法5条3号または4号を理由とする不開示処分がなされた場合、当該文書に対して秘密文書の指定がなされていないことが、処分の取消しを求める理由として有効かという問題がある。行政文書管理ガイドラインに関するものではないが、秘密情報を「機密性3情報」、漏えいにより国民の権利が侵害されまたは行政事務の遂行に支障を及ぼすおそれがある情報とされた情報を「機密性2情報」、それ以外の情報を「機密性1情報」と格付けすることを定めた政府機関の情報セキュリティ対策のための統一基準に関し、[54] 行政機関内部で「機密性2情報」と格付けされた文書についてなされた同条3号を理由とする不開示処分のかなりの部分を維持した下級審判決がある(大阪地判平成27・7・9判例集未登載)。また、前記統一基準の下、機密性1情報に格付けされた文書に対する同号を理由とする不開示処分の取消請求に対し、統一基準と行政機関情報公開法とは目的が異なる

---

53 行政文書管理ガイドライン第10・2(1)。
54 政府の情報セキュリティ政策会議策定(平成17年9月)。最新は平成26年度版。

147

ことを理由として、原告の請求を全面的に棄却した下級審の裁判例もある（前掲名古屋地判平成27・10・15）。しかし、当の文書を使用する行政機関内部において、秘密文書に格付けされていないものに対し、同号を理由としてなされた不開示決定が、行政情報の原則公開を定めた同法5条本文の解釈から正当化できるかについては、大いに疑問がある。いわんや、不開示情報との格付けすらなされていない機密性1情報について、制度の目的が異なるというだけで、同法5条3号該当性を肯定することは不当である。

4 今後の課題

特定秘密保護法は、それまでも秘密とされていた情報のうち、同法3条1項に該当する情報を特定秘密とするものであり、それ以前から不開示とされてきた情報を対象とするにすぎないから、論理的に情報公開法の運用に対する影響は生じない、と政府は、法制定前から説明している。確かに、この説明は、論理的には誤りではない。しかし、それだけでは特定秘密保護法の影響を正確にとらえたことにはならない。

特定秘密保護法の制定過程は、情報漏えいの危機をあおり、これによって政府の情報を秘密にする必要性を、政府が繰り返し市民に訴える機会でもあった。その結果、法文の「我が国の安全保障に著しい支障を与えるおそれ」（同法3条1項）、「国民の生命及び身体の保護、領域の保全その他の安全保障に関する重要なもの」（同法別表2号イ）という文言や、テロリズム、諜報活動といった、特定秘密の指定を正当化する政府の説明に対して、一部のジャーナリストや市民も、当該情報の秘匿の必要性を冷静に検証することなく、これらの文言を情報の不開示を正当化する、いわば記号として用いるようになっていることが危惧される。

たとえば、秘密保護法の立法過程の文書に対する不開示処分を争った前掲名古屋地判平成27・10・15では、当初被告は、秘密保護法制定前には国民の間に不当な混乱が生じ、立法作業に支障が生じること等を理由として、行政機関情報公開法5条5号・6号を理由とする不開示の主張を展開した。とこ

ろが、法制定後、それまでの主張を撤回し、他国から得た情報が含まれる部分について、開示によって「他国との信頼関係を害すること」「安全保障上の我が国の国益を害すること」といった理由で、不開示の根拠を5条3号に変更した。これに対する判決は、「これまで、我が国では外国の情報期間等による情報収集活動を原因とする情報の漏えい事案が発生したり、政府の保有する情報がネットワーク上に流出し、極めて短期間に世界規模で拡大する事案が発生したりしてきたことが認められ、我が国安全保障に関する情報の管理は極めて重要な課題であると言うことができる」などと述べたうえ、当該情報のほとんどは機密性1情報であって、行政内部の取扱いでも、漏えいに対する規制が設けられていない情報であるから、開示されるべきだという原告の主張を、行政機関情報公開法と機密性の格付けを行う基準とは目的・性質が異なるという理由で排斥し、不開示処分の取消請求を棄却している。ここで裁判所が「我が国安全保障に関する情報の管理は極めて重要な課題であると言うことができる」と述べていることに問題の根深さがある。他国に対するわが国の国益を持ち出すことで、秘密保護法の制定において政府が繰り返し強調してきた、情報の漏えい対策（スパイ対策）に対して裁判所までもが過剰反応で応じ、国の主張に対して判断停止に陥っていることを示すものと思われるからである。

　これが示すように、秘密保護法の情報公開制度にもたらす最も深刻な影響は、行政情報は原則的に公開されなければならないという行政機関情報公開法の原則を後退させるところにある。これは外交や安全保障といった秘密保護法の法益を強調することで、情報の公開を政府のコントロール下におこうとする動きである。そして、この傾向は、情報漏えいの危機をあおることで、市民の間に、情報公開に抑止的な世論を形成する契機となり、裁判所に情報漏えいに対する過剰反応をもたらし、市民を情報からさらに遠ざけるといった悪循環を生み出す。

　こうした動きに抗する特効薬は、残念ながら、ない。市民が情報の公開を求め続け、不当な不開示処分に対しては審査請求や取消訴訟などを闘うこと

が唯一の処方である。不当な不開示決定の取消事例をできるだけ多く積み重ねていくことがますます重要になってきている。

▷新海　聡

第 2 章

個人情報保護法制と自己情報の開示請求等

I　はじめに

1　個人情報保護法制と開示請求権等

　個人情報保護法、行政機関個人情報保護法、および独立行政法人等個人情報保護法（以下、「個人情報保護3法」と総称する）、並びに、個々の地方公共団体が制定している個人情報保護条例（以下、「個人情報保護法制」と総称する）は、それぞれ、自己の個人情報について、その保有主体に対する開示請求権等を本人に付与している。これに対し、後述のように司法権・立法権は個人情報保護3法の対象外であり、それらの自主的な取組みに委ねられているが、一定の範囲で開示請求等を認めている。したがって、本人は、これらに基づく請求権を行使することによって、その保有主体に対し自己情報の開示請求等をすることができる。

　ここに開示請求等とは、開示それ自体に限らず、訂正、利用停止等の請求を含んでいる。本来、開示以外の請求は本書の対象とならない性格のものであるが、開示請求と密接な関係にあるので、以下、開示請求を中心に解説しつつ、他の請求についても付随的に言及しておくことにする。

2　制度趣旨および法的性格

　個人情報保護法制上の開示請求権等は、以下に述べるように、個人情報保護法を含め、単に請求先に義務を課すだけのものではなく、本人に付与された具体的権利である。

　それは、個人情報の有用性に配慮しつつ、本人の権利利益を保護することを目的として、自己の個人情報に関する取扱状況をチェックすることを可能にするものであり、自己情報コントロール権（これはプライバシー権の一環として議論されている）のしくみを、実質的に一部取り入れる趣旨の制度であ

るといえよう。

　行政機関個人情報保護法等では、公的部門が保有する情報が対象とされており、「開示」という同一の用語が登場している点では、情報公開法制と共通しているかのごとくみえる。しかし、情報公開法制の制度趣旨は、「国民の知る権利の請求権的側面（積極的情報収集権）の具体化」（多数説）、もしくは「行政の透明化」（政府見解）である。したがって、両法制の制度趣旨はまったく異なっている。情報公開法制と異なり、個人情報保護法制では、民間部門が保有する情報も対象とされていること、対象情報が自己情報に、請求者が本人に、それぞれ限定されていること等も、こうした両法制における制度趣旨の違いを反映するものである。

　とはいえ、民間部門の場合を別にすれば、公的部門における情報公開法制と個人情報保護法制における開示請求制度は、異なる目的を有する別個の制度ではあるとしても、互いに相容れない性質のものではなく、むしろ相互に補完し合って公の情報の開示を実現するための制度であるという立場を、最高裁判所は採用している（最判平成13・12・18民集55巻7号1603頁）。

　その一方、個人情報保護法制は、プライバシー権とは極めて密接な関係にあるが、それとは一応区別すべき性格のものである。すなわち、同法制は、個人情報の保護それ自体ではなく、個人情報の適正な取扱方法を定めることによって、個人情報の有用性に配慮しつつ、その不正な取扱いにより「個人の権利利益」が侵害されることを未然に防止するための制度である。ここに「個人の権利利益」の主要なものはプライバシーであるが、必ずしもそれに尽きるものではなく、個人の名誉権をはじめ、その他の権利利益も含まれている。他方で、プライバシー権についても、その対象は個人情報に尽きるものではなく、自己情報コントロール権のほか、伝統的な「一人で居させてもらう権利」等も含まれており、後述のとおり、効果の点でも異なっている。このような意味で、本法を含め個人情報保護法制上の開示請求権等は、プライバシー権それ自体でも、自己情報コントロール権それ自体でもなく、自己情報コントロール権の考え方に配慮しつつ、同法制によって創設された法定

請求権というべき性格のものとして理解するほかない。先に「実質的に一部取り入れる趣旨」と述べるにとどめたのも、このような理由による。

いずれにしても、本人は、判例法によって認められたプライバシー権に基づく権利と、同法制によって認められた開示請求権等の双方を自由に行使しうる。しかし、プライバシー権に基づく権利内容として、判例理論は差止請求および損害賠償請求を認めているものの、開示請求等を認めるに至っていない。訂正請求も同様である。したがって、開示請求等・訂正請求に限れば、プライバシー権ではなく個人情報保護法制に基づいて請求せざるを得ない。その一方、利用停止請求は前記差止請求と重なる部分があるが、要件が異なっている。このように両請求権は要件・効果が異なっているので、目的によって使い分ける必要がある。

3　保有主体の性格に応じた適用対象となる法令等の区分

個人情報保護法制では、個人情報の保有主体の性格に応じて、当該保有主体に適用されるべき法令等が、複数に区分されており、当該法令等ごとに要件・効果等も異なっている。

さらに、三権分立との関係に配慮して、個人情報保護3法は、司法権・立法権には適用されない。

別途、司法権（裁判所）関係では、「裁判所が司法行政事務に関して保有する個人情報の取扱要綱」が、裁判所の保有個人情報に関する開示請求等を規定しており、「裁判所が司法行政事務に関して保有する個人情報の取扱要綱の実施の細目について（通達）」（最高裁総一第389号（庶い－04）平成27年4月6日）によって様式等も定められている。[1]「情報公開・個人情報保護審査委員会要綱」および「情報公開・個人情報保護審査委員会の運営について（通達）」（最高裁秘書第673号（庶い－04）同日）も存在しており、これに基づ

---

[1] 司法行政文書の開示または開示に関する苦情の申出書の様式は、最高裁判所ウェブサイト「裁判所の情報公開・個人情報保護について」〈http://www.courts.go.jp/about/siryo/johokokai/〉を参照されたい。

いて最高裁判所に諮問機関として「情報公開・個人情報保護審査委員会」が同年7月1日から設置されている。ほかに「裁判所における個人情報保護に関する問題事例について（依頼）」（最高裁総一文書総合調整係平成18年7月4日）が存在する。各府省等行政機関等個人情報保護法担当官あてに、各府省等内における周知依頼を行うものである。

　これに対し、立法権（国会）関係については、議院行政文書（事務局文書）に関し、「衆議院事務局の保有する議院行政文書の開示等に関する事務取扱規程」（衆議院平成20年庁訓第1号）、および、「参議院事務局の保有する事務局文書の開示に関する事務取扱規程」（平成23年3月30日参議院事務総長決定）が定められているが、いずれも情報公開法制に関するものであって、個人情報保護法制に属するものではなかった。しかし、最近になって「衆議院事務局の保有する個人情報の保護に関する規程」（衆議院平成27年庁訓第13号）が新設された。したがって、衆議院事務局が保有する個人情報の開示等については、同規程に基づくものとする。

　以上の区分に従って、開示請求等をしようとする者は、最初に、その請求対象となるべき個人情報（以下、「対象情報」という）の保有主体を特定することによって、個人情報保護法制のうち、どの法令等が当該保有主体に適用されるのかを判断・確定し、該当する法令等に基づいて開示請求等をする必要がある。

　個人情報保護法制では、開示請求権等に加えて、その保有する個人情報ファイル等に関する情報の公表を規定していることが一般的である。これに基づいて当該情報を入手することも可能である。それによって請求先等を確定することが容易になりうる。

　個人情報保護3法のうち、個人情報保護法については平成27年9月に改正法が公布されている（平成27年法律第65号）。行政機関個人情報保護法、および独立行政法人等個人情報保護法についても、平成17年4月1日から施行され、消費者庁の設立、番号利用法の制定とともに一部改正されたことを経て、個人情報保護法の平成27年改正を踏まえ、平成28年5月20日、大幅に改

正された。平成28年法律第51号として同月27日に公布されている。施行までに期間が設けられることになっているが、以下、改正法に基づいて解説する。したがって、記載した条文番号等も、改正後のものである（適宜、〔　〕に改正前の条文番号等を付した）。

さらに、平成25年に制定され、平成27年に改正された番号利用法は、個人情報保護3法の特則を定めているので（番号利用法1条参照）、特定個人情報の開示等については同法が定めるところによる必要がある。特に、提供等記録については同法の専権となる（同法30条参照）。

4　利用目的の通知の求めの有無

個人情報保護法27条2項〔24条1項〕に基づく利用目的の通知の求めに対応する規定が、行政機関個人情報保護法および独立行政法人等個人情報保護法には設けられていない点で違いがある。個人情報保護条例の場合も同様である。

その理由につき、行政機関等個人情報保護法制研究会報告書は次のとおり[2]説明している。

すなわち、個人情報保護法27条1項〔24条1項〕により経常的に公表される利用目的は、個人情報データベース等に関する保有個人データの全体としての利用目的であり、ファイル単位での公表ではないので、本人は原則として自己の情報について個別の利用目的を知り得ない。それゆえ同条1項を補完するものとして、本人からの求めに応じた個別の保有個人データの利用目的通知制度を同条2項で設けている。

これに対し、行政機関個人情報保護法では、ファイル化された保有個人情報につき、個人情報ファイルごとに、利用目的、記録されている者の範囲等を公表しているので、公表制度の補完としての利用目的の通知制度を別途設

---

[2]　行政機関等個人情報保護法制研究会「行政機関等の保有する個人情報の保護に関する法制の充実強化について――電子政府の個人情報保護」（平成13年10月26日）〈http://www.soumu.go.jp/main_sosiki/gyoukan/kanri/kenkyukai.htm〉。

ける必要はない。また、散在情報の利用目的は、それが記録された行政文書の利用目的に通常包含されており、当該行政文書が判明すればおのずとその利用目的が判明するから、個人情報の探索の問題に帰着し、そのしくみの中で解決される問題である。

　以上の理由により、行政機関個人情報保護法では利用目的の通知制度を設けなかった。独立行政法人等個人情報保護法・個人情報保護条例の場合も同様の理由によるものであろう。

▷岡村久道

II 行政機関が保有する個人情報

1 概　説

　保有主体が行政機関である場合、本人は、行政機関個人情報保護法の第4章（同法12条～44条）に基づき、自己を本人とする保有個人情報について、当該行政機関の長に対し開示請求等を行うことができる。

　行政機関個人情報保護法第4章に基づいて認められる開示請求等には、開示（第1節）に限らず、訂正（第2節）および利用停止（第3節）の各請求も含まれる。第4節は開示請求等に対する行政機関の長の処分に関する「審査請求」を規定している。これに続く第5章（雑則）の中にも、45条・47条のように、開示請求等に関係する規定がおかれている。

　行政機関個人情報保護法の政令委任事項は行政機関個人情報保護法施行令によって定められており、複数の関連省令も制定されているので、それらをあわせて参照する必要がある。

　総務省は「情報公開・個人情報保護総合案内所」を同省の本省および都道府県ごとに設置しており、同制度のしくみや開示請求の手続等についての問合せに対応している。したがって、開示請求等の準備をする際に、この総合案内所制度を利用することも有用である。これは、行政機関個人情報保護法47条2項が、総務大臣は、同法の円滑な運用を確保するため、総合的な案内所を整備するものとすることを規定していることに基づく制度である。同様の趣旨から、総務省ウェブサイトに「情報公開制度と個人情報保護制度のガイドブック」等の関連情報が掲載されている。[3]

　さらに、総務省ウェブサイトに設けられている「情報公開・個人情報保護

---

[3] 総務省ウェブサイト「情報公開制度の紹介」〈http://www.soumu.go.jp/main_sosiki/gyoukan/kanri/jyohokokai/shoukai.html〉。

関係答申・判決データベース」(総務省DB)によって、行政機関の長または独立行政法人等が行った開示等決定に対する不服申立てまたは取消訴訟等の事案に関し、情報公開・個人情報保護審査会の行った答申および裁判所の判決を検索・閲覧し、開示等の可否について検討材料を集めることもできる。

訂正請求の対象情報は、個人情報保護法の場合と異なり、開示を受けた保有個人情報に限られている(行政機関個人情報保護法27条1項)。利用停止請求の場合も同様である(同項かっこ書)。この限定は、迅速な解決に資するだけでなく、濫訴的な請求を避ける趣旨とされている。一般に「開示請求前置主義」という言葉が用いられているが、単に請求しただけでは足りず、部分開示および裁量的開示の場合を含め、開示決定に基づき開示されたことが要件とされている。そのため、より正確には「開示前置主義」と呼ぶべきものである。

以下、各請求に共通する事項について総論的に解説した後、それぞれの手続について各論的に説明する。

2 各請求に共通する事項

(1) 請求先——行政機関の長

請求先は、対象情報となる保有個人情報の保有主体たる行政機関の長である(行政機関個人情報保護法12条1項・27条1項・36条1項)。行政機関の意義については、同法2条1項各号が次の①~⑥のとおり定めている。行政機関の長には、個人情報ファイル簿の作成・公表義務が課せられている(同法11条1項)。詳細は後述するが、この制度を用いて、誰でも、個々の行政機関が保有する個人情報ファイル簿に関する情報を入手しうる。

① 法律の規定に基づき内閣におかれる機関(内閣府を除く)および内閣の所轄の下におかれる機関(行政機関個人情報保護法2条1項1号)

---

4 総務省ウェブサイト「情報公開・個人情報保護関係答申・判決データベース」〈http://koukai-hogo-db.soumu.go.jp/〉。

② 内閣府、宮内庁並びに内閣府設置法49条1項および2項に規定する機関（これらの機関のうち④の政令で定める機関がおかれる機関にあっては、当該政令で定める機関を除く）（行政機関個人情報保護法2条1項2号）
③ 国家行政組織法3条2項に規定する機関（⑤の政令で定める機関がおかれる機関にあっては、当該政令で定める機関を除く）（行政機関個人情報保護法2条1項3号）
④ 内閣府設置法39条および55条並びに宮内庁法16条2項の機関並びに内閣府設置法40条および56条（宮内庁法18条1項において準用する場合を含む）の特別の機関で、政令で定めるもの（行政機関個人情報保護法施行令2条により検察庁と規定）（行政機関個人情報保護法2条1項4号）
⑤ 国家行政組織法8条の2の施設等機関および同法8条の3の特別の機関で、政令で定めるもの（行政機関個人情報保護法施行令1条により警察庁と規定）（行政機関個人情報保護法2条1項5号）
⑥ 会計検査院（行政機関個人情報保護法2条1項6号）

(2) **対象情報――自己を本人とする保有個人情報**

各請求に共通する対象情報は、請求先の長に係る行政機関が保有する「自己を本人とする保有個人情報」である（行政機関個人情報保護法12条1項・27条1項・36条1項）。したがって、保有個人情報以外の情報は、それと同一の「行政文書」に含まれている情報であっても対象とならない。この点で、誰の保有個人情報かを問うことなく「行政文書」を対象とする行政機関情報公開法と異なっている。換言すると、行政機関情報公開法は行政文書を単位とするが、行政機関個人情報保護法は保有個人情報を単位としている。

開示請求と異なり、訂正請求・利用停止請求の対象情報は、開示前置主義のため、開示を受けた保有個人情報に限られることは前述した（本章Ⅱ1参照）。そのため、行政機関個人情報保護法において対象情報への該当性が、その特定性を含めて問題となるのは、事実上、主として開示請求の場合である。

各請求に共通して、対象情報となるためには、以下の要件をすべて満たす

必要がある。

　　㋐　保有個人情報

　第1は、保有個人情報に該当することである。保有個人情報の概念について、行政機関個人情報保護法2条5項〔3項〕は、①行政機関の職員が職務上作成または取得した、②個人情報のうち、③当該行政機関の職員が組織的に利用するものとして、④当該行政機関が保有しているものをいうが、⑤行政機関情報公開法2条2項に規定する行政文書に記録されているものに限られると定義している。

　要件①は、行政機関の職員がその者に割り当てられた仕事を遂行する立場、すなわち公的立場で作成または取得したことをいう。したがって、職員が作成等した情報であっても、自己の家族のプライベートな記念写真のように、純然たる私的な立場で職員が作成等した情報は、対象情報とならない。これに対し、行政機関が主催する式典の公式記録に掲載された写真に、撮影担当職員の家族が、たまたま式典出席者として写っていたような場合は、要件①に該当しうる。要件①に関する事例として、東京地判平成24・5・30判例集未登載は、司法書士試験受験生が自己の採点用解答用紙を開示請求した事案で、法務省（民事局民事第二課）の職員は、試験委員が提出した採点表のみに基づき各受験者の成績の集計等の同課において担任する事務の作業を行っているので、行政機関である法務省におけるその担任する司法書士試験の実施に関する事務処理に必要な情報は、採点表に記載された情報のみであるから、同解答用紙が、同課によって採点後に試験委員から回収されているとしても、同課職員が同試験の実施に関し同課が担任する事務処理に係る職務を遂行する立場で利用すべく取得したものとはいいがたく、保有個人情報にあたらないとする。

　要件②は、保有個人情報が個人情報の一種であることを示すものである。個人情報とは、生存する個人に関する情報であって（行政機関個人情報保護法2条2項柱書）、㋐「当該情報に含まれる氏名、生年月日その他の記述等……により特定の個人を識別することができるもの（他の情報と照合するこ

とができ、それにより特定の個人を識別することができることとなるものを含む。)」（同項1号〔同項〕）、または、⑦「個人識別符号が含まれるもの」（同項2号。平成28年改正）をいう。個人識別符号は、同条3項が定義しており（平成28年改正）、やはり個人識別性が要件とされている。

　法人等の団体に関する情報は「個人」に関する情報といえず、胎児・死者に関する情報は「生存する」個人に関する情報といえず、都道府県の住民数に関する統計情報のように個人識別性のない情報は個人識別性を有するといえず、要件②に該当しないので、対象情報とならない。しかし、胎児の情報も、出生前の時点において、その親の個人情報となることがあるほか、出生後はその本人の個人情報となる。生前の情報であっても本人の死亡によって個人情報への該当性を失うが、遺族の個人情報となることがある。本人が死亡した場合に、相続人に関する保有個人情報に該当すると認めたものとして、平成20年度（行個）答申第219号等がある。本答申は、被災労働者を請求人とする療養補償給付請求の支給の可否等を判断するために、被災労働者の傷病が業務上の事由によるものであるか否かの判断結果やその根拠等が記載された復命書の記載内容の開示請求に関し、氏名等、相続人たる開示請求者を識別できる情報は記載されていないが、療養補償給付を含む被災労働者の労災保険給付の請求権行使にかかわる情報であり、当該請求権が被災労働者の死亡により特定の者に相続された場合、当該相続人の労災保険給付の請求権行使にかかわる情報にも該当し、当該相続人は、被災労働者の労災保険給付の一部を自己の名で請求し支給を受けているから、被災労働者の労災保険給付の請求権の一部が当該相続人に相続されたと認められるので、当該相続人は本件対象保有個人情報に対する開示請求権を有するとした。

　要件③の「組織的に利用する」とは、組織の業務上必要な情報として利用されることをいう。

　要件④の「保有」とは、その利用、提供、廃止等につき決定権限を有し、当該情報を事実上管理していることをいう。したがって、単に身分証明書の提示を受けるにとどまる場合、インターネットのウェブサイト上の個人情報

を画面で閲覧するにとどまる場合等には、「保有」といえず、当該行政機関にとって保有個人情報とならない。これに対し、提示を受けた身分証明書のコピーを取得したり、その内容をメモしたような場合、前記画面をプリントアウト、ダウンロードした場合等には、「保有」に該当しうる。行政機関が個人情報の処理を外部委託している場合であっても、前記権限を留保している場合には、当該行政機関が「保有」しているものとして、当該行政機関の保有個人情報となりうる。これに対し、行政機関個人情報保護法46条およびこれに関連する規定等により同法2条1項に定める行政機関の長の権限または事務が当該行政機関の職員に委任された場合には、その委任の内容に応じ、「行政機関が保有する」については、当該委任を受けた職員の属する当該行政機関の内部部局等が「保有する」と読み替えて解釈すべきである（東京地判平成22・7・1判例集未登載）。保有個人情報（行政機関情報公開法5条に規定する不開示情報をもっぱら記録する行政文書に記録されているものに限る）のうち、まだ分類その他の整理が行われていないもので、同一の利用目的に係るものが著しく大量にあるため、その中から特定の保有個人情報を検索することが著しく困難であるものは、行政機関個人情報保護法第4章との関係では、同章第4節（審査請求）を除き、行政機関に保有されていないものとみなされる（同法45条2項）。したがって、同項に該当する場合には保有個人情報に非該当として開示請求等の対象外となり、いずれ整理された段階で対象となる。例外的に同節の対象とされているのは、審査請求に関し情報公開・個人情報保護審査会による諮問の対象とするためである。

　要件⑤は、行政機関情報公開法2条2項に規定する「行政文書」に記録されているものである。同法の場合は「行政文書」（またはそれに記録されている情報を含む）それ自体の開示を認める趣旨であるのに対し、行政機関個人情報保護法の場合は行政文書中の「保有個人情報」の開示を認める趣旨である点で異なっており、これは両制度の性格の違いを反映していることは前述した（本章Ⅰ2・Ⅱ2(2)参照）。行政機関情報公開法2条2項の「行政文書」の意義に関する詳細は第1章Ⅱを参照されたい。その具体例として、有償の刊行物

は「不特定多数の者に販売することを目的として発行されるもの」として「行政文書」から除外されているので（行政機関情報公開法2条2項）、当該刊行物に記載されている個人情報は要件⑤を欠き、開示の対象情報とならない。

東京地判平成18・2・28裁判所HPは、刑務所において服役中の受刑者が当該刑務所内において受けた診察・治療の経過等を記録するために作成された診療録につき、保有個人情報に該当するとして、当該受刑者による開示請求の対象になるとした。

　㈲「自己を本人とする」もの

第2に、保有個人情報のうち、「自己を本人とする」ものに限られる。そのため、本人開示と呼ばれている。したがって、他人を本人とする保有個人情報について、開示請求等をすることはできない。前記制度趣旨からすれば当然の帰結である。他人を本人とする保有個人情報を開示することは原則として許されず、これを開示すると行政機関個人情報保護法8条違反となる。しかし、他人の保有個人情報のように見えても、請求者を本人とする保有個人情報にも該当することがありうることは要件②を解説する際に述べたとおりである。

　㈦　行政機関非識別加工情報および削除情報

第3に、保有個人情報であっても、行政機関非識別加工情報ファイル（行政機関個人情報保護法2条10項）を構成する行政機関非識別加工情報（同条9項）、および削除情報（同法5条かっこ書）に該当するものは除かれる。その旨を規定した同法5条かっこ書が、同法12条1項（開示請求権）において同じと定めているからであり、開示前置主義によって、論理上、訂正請求および利用停止請求にも及ぶ。さらに、利用停止の対象情報たる保有個人情報から、行政機関非識別加工情報および削除情報に該当するものが除かれる。その旨を規定した同法6条2項かっこ書が、同法38条（保有個人情報の利用停止義務）において同じと定めているからである。

　㈡　適用除外

第4に、行政機関個人情報保護法第4章の規定は、刑事事件もしくは少年

の保護事件に係る裁判、検察官、検察事務官もしくは司法警察職員が行う処分、刑もしくは保護処分の執行、更生緊急保護または恩赦に係る保有個人情報（当該裁判、処分もしくは執行を受けた者、更生緊急保護の申出をした者または恩赦の上申があった者に係るものに限る）については、適用が除外されている（行政機関個人情報保護法45条1項、刑訴法53条の2第2項）。したがって、これらの保有個人情報は、開示請求等の対象情報とならない。これらの処分等の性格に照らし、当該処分等に関する固有の制度に委ねようとする趣旨である。

(オ) 情報の提供等の措置

この制度の円滑な運用を図る目的で、行政機関個人情報保護法47条1項は、行政機関の長は、請求をしようとする者がそれぞれ容易かつ的確に開示請求等をすることができるよう、当該行政機関が保有する保有個人情報の特定に資する情報の提供その他請求をしようとする者の利便を考慮した適切な措置を講ずるものとしている。

(3) 請求者——本人もしくは未成年者または成年被後見人の法定代理人

請求者は、各請求に共通して、本人もしくは未成年者または成年被後見人の法定代理人である。

まず、「何人も……自己を本人とする保有個人情報」について請求しうる（行政機関個人情報保護法12条1項・27条1項・36条1項）。したがって、請求の対象情報たる保有個人情報に関し自己を本人とする者が請求者となる。本人とは個人情報によって識別される特定の個人をいい（同法2条7項〔5項〕）、個人情報は生存する個人に関する情報に限定されている（同条2項柱書）。したがって、本人は生存者に限られており、本人死亡の場合に遺族からの請求は認められないが、その場合でも当該遺族を本人として認めることができる場合があることは前述した（本章Ⅱ2(2)(ア)参照）。生存者である限り、他に本人の国籍、国内在住の有無を問わない。

次に、本人が未成年者・成年被後見人である場合には、その法定代理人も本人に代わって請求しうる（行政機関個人情報保護法12条2項・27条2項・36

条2項)。本人が自ら開示請求等をすることが困難な場合があることに備えて、本人の権利利益を保護するためのものである。法定代理人への該当性は民法による。「本人に代わって」と規定されているが、法定代理人による開示請求等に本人の同意は不要であり、本人自身が開示請求等を行ったか否かも問わない。未成年者の法定代理人の開示請求等は、親権の共同行使を要さず、父母がそれぞれ単独で開示請求しうるものとして運用されている。法定代理人による請求は本人の権利利益実現のためのものであり、父母のうちの一方の自己都合によって円滑な権利行使の妨げとなることを回避すべきことを理由としている。

　しかし、法定代理人たる親権者が、本人たる児童を虐待した場合において、その旨が含まれる情報のように、事案次第では、法定代理人に無制限に開示請求を認めると、かえって本人の権利利益を害するおそれを生じる場合もある。そのため、このような場合には不開示事由（行政機関個人情報保護法14条1号）に該当しうるものとして、さらに場合によっては存否応答拒否（同法17条）の対象となりうることによって、本人の権利利益保護（同法1条参照）との調整が図られている。

　これに対し、任意代理人による請求は規定されていない。広く代理請求を認めることは、かえって本人の権利利益の保護に欠けるおそれがあることを理由としている。しかし、この請求を弁護士が本人の任意代理人として行うことは、弁護士法3条1項にいう法律事務に該当するので可能である。

　(4)　**請求手続——請求書の提出**

　各請求に共通して、請求手続は、請求者が行政機関の長に対し請求書を提出して行うが（書面主義）、その必要的記載事項は〈表3〉のとおりである（行政機関個人情報保護法12条1項・27条1項・36条1項）。さらに、請求書に当然に記載すべき事項として、請求先である行政機関の長の名称および同法に基づく請求であること（請求の種別を含む）を明らかにする記載が必要とされている。これらの必要的記載事項が欠けているときは不適法な請求となる。

〈表３〉　各請求書の必要的記載事項

記載事項	開示請求 （法13条１項）	訂正請求 （法28条１項）	利用停止請求 （法37条１項）
①請求者の氏名および住所または居所	○（１号）	○（１号）	○（１号）
②請求に係る保有個人情報が記録されている行政文書の名称その他の開示請求に係る保有個人情報を特定するに足りる事項	○（２号）	×	×
③請求に係る保有個人情報の開示を受けた日その他当該保有個人情報を特定するに足りる事項	×	○（２号）	○（２号）
④請求の趣旨および理由	×	○（３号）	○（３号）

※　法＝行政機関個人情報保護法

　〈表３〉①は請求者および連絡先を特定するためのものである。郵便番号、電話番号は要件とされていないので、欠けていても不適法とならない。

　〈表３〉②③は、開示請求等の対象情報を特定するための事項である。請求に係る保有個人情報を特定するに足りる事項に関し、開示請求に関する②と異なり、訂正請求・利用停止請求については③とされている点で違いがある。開示前置主義が採用されていることを反映するものである。そのほか、各請求に固有の記載事項については、各請求に関する解説箇所で説明する。

　請求書の提出方法には、㋐行政機関の窓口に来所して行う方法、㋑行政機関に送付して行う方法、および、㋒オンラインによる方法がある。口頭による請求を認めず、書面主義を採用したのは、法律関係の内容を明確化することによって法的安定性を図ろうとするものである。

　前記㋐㋑の方法は行政機関個人情報保護法が定めているのに対し、㋒の方法は情報通信技術利用法が定めており、同法３条から６条までの規定に基づ

き電子情報処理組織または電磁的記録を使用して行わせ、または行うが、すべての行政機関について認められているものではない。この方法による場合には、原則として情報通信技術利用法施行規則の定めるところによるとしており、電子情報処理組織を使用して開示請求をする場合において手数料を納付する場合も同様である。

(5) 請求の際における本人確認

開示請求等をする者は、請求書を行政機関の長に提出する際、本人確認のために、政令で定めるところにより、開示請求に係る保有個人情報の本人であること、法定代理人による開示請求については、開示請求に係る保有個人情報の本人の法定代理人であることを示す書類を提示または提出しなければならない（行政機関個人情報保護法13条2項・28条2項・37条2項）。

情報公開法制では「何人も」自己情報に限定されることなく請求することが認められているので、請求者についての本人確認を要しない。これに対し、行政機関個人情報保護法を含め個人情報保護法制では、本人またはその法定代理人に限定して開示等が認められているので、なりすましによる請求を防止するため、本人確認を要求する趣旨のものである。

開示請求における本人確認方法は行政機関個人情報保護法施行令11条が定めており、その内容は〈表4〉のとおりである。同条（4項・5項を除く）は、訂正請求・利用停止請求の本人確認に準用されている（同令20条1項）。

請求をした法定代理人は、当該請求に係る保有個人情報の開示を受ける前に資格を喪失したときは、直ちに、書面でその旨を当該開示請求をした行政機関の長に届け出なければならず（行政機関個人情報保護法施行令11条4項）、この届出があったときは、当該請求は取り下げられたものとみなされる（同条5項）。

オンラインによる場合、情報通信技術利用法2条6号にいう「申請等」に該当するものして、請求者は、公的個人認証制度等を利用して、請求書の記載情報に電子署名して、電子署名を行った者を確認するために必要となる電子証明書を開示請求書とともに行政機関に送信しなければならない（情報通

信技術利用法施行規則4条2項)。認証局を利用することができないなどの理由により、電子証明書を送信することができない場合には、窓口への来所または送付の場合と同様の方法による。

〈表4〉 本人確認方法

対象となる場合	本人確認方法
通常の場合（行政機関の窓口における請求の場合）	次のいずれかの提示・提出を要する（令11条1項）。 ① 開示請求書に記載された開示請求者の氏名および住所または居所と同一の氏名および住所または居所が記載された運転免許証、健康保険の被保険者証、外国人登録証明書、住民基本台帳カード（住民基本台帳法30条の44第1項）その他法律またはこれに基づく命令の規定により交付された書類で、当該開示請求者が本人であることを確認するに足りるもの（同項1号） ② 令11条1項1号の書類をやむを得ない理由で提示・提出できない場合は、当該開示請求者が本人であることを確認するため行政機関の長が適当と認める書類（同項2号）
開示請求書を行政機関の長に送付して開示請求する場合	令11条1項各号の書類のいずれかを複写機により複写したものおよびその者の住民票の写しまたは外国人登録原票の写し（開示請求をする日前30日以内に作成されたものに限る）の提出で足る（同条2項）。
法12条2項により法定代理人が開示請求する場合	当該法定代理人は、戸籍謄本その他その資格を証明する書類（開示請求をする日前30日以内に作成されたものに限る）を行政機関の長に提示・提出しなければならない（同条3項）。

※ 法＝行政機関個人情報保護法、令＝行政機関個人情報保護法施行令

(6) 補　正

行政機関の長は、請求書に形式上の不備があるときは、請求者に対し、相当の期間を定めて、補正を求めることができる（行政機関個人情報保護法13条3項・28条3項・37条3項）。

「形式上の不備」とは、請求書の必要的記載事項が欠落または不十分な場合のほか、所用の手数料が納付されていない場合、本人確認書類の提示・提出が欠落または不十分な場合等を含む。補正は、これらの不備によって請求が不適法となることを可及的に回避しようとする趣旨の制度である。

特に開示請求の場合には、必要的記載事項たる保有個人情報の特定が請求者にとって困難なために不備となることが多い。そのため、補正とあわせて、開示請求について、行政機関の長は請求者に対し補正の参考となる情報を提供するよう努めなければならないとしている（行政機関個人情報保護法13条3項）。これに対し、訂正請求・利用停止請求については同項と同様の規定がおかれていない。開示前置主義が採用されているため、実際的に問題となりうるのは、開示請求の場合に限られるからであろう。さらに、同法47条は、開示請求等をしようとする者に対する情報の提供等を定めているので、補正をしようとする際には、これらの制度を利用することが望まれる。

以上に対し、対象情報が保有個人情報に非該当の場合、対象情報を保有していない場合等には「形式上の不備」に該当せず、補正制度の対象とならない。

「相当の期間」とは、行政手続法7条にいう「相当の期間」と同義であり、当該補正をするのに社会通念上必要とされる期間を意味しており、その性格上、個々の事案の性質によって異なりうる。「相当の期間」内に補正されなかったときは不開示等の決定が行われることが一般的である。

(7) 決定および不服がある場合の措置

(ア) 決定義務

開示請求等に対し、行政機関の長が決定を行う。定められた要件に該当するときは、行政機関の長は開示請求等の決定義務を負う。決定までの期間は法定されているが、各請求によって異なるので個々の請求を説明する箇所で後述する。

(イ) 行政不服審査法に基づく審査請求

開示決定等、訂正決定等、利用停止決定等の法的性格は処分であって、当

〔図 1〕　情報公開・個人情報保護審査会における調査審議の流れ

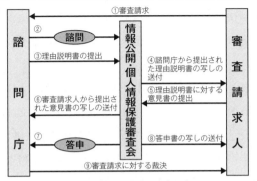

出典：総務省ウェブサイト「情報公開・個人情報保護審査会」

該処分に不服がある者は、行政不服審査法 4 条に基づき審査請求しうる（同法 2 条）。処分についての審査請求期間は、正当な理由があった場合を除き、処分があったことを知った日の翌日から起算して 3 カ月経過前、または、処分があった日の翌日から起算して 1 年経過前である（同法18条）。開示請求、訂正請求または利用停止請求に係る不作為についても審査請求しうる（同法 3 条）。

これらの審査請求があったときは、当該審査請求に対する裁決をすべき行政機関の長は、原則として、総務省に設置された情報公開・個人情報保護審査会に諮問しなければならず（行政機関個人情報保護法43条 1 項）、同審査会は諮問に対する答申を行う（情報公開・個人情報保護審査会設置法16条）。同審査会における調査審議の流れについては、〔図 1 〕を参照されたい。

会計検査院については、会計検査院法19条の 2 以下の規定に基づき、会計検査院情報公開・個人情報保護審査会が設けられているので、同審査会に対し、会計検査院情報公開・個人情報保護審査会規則、および、会計検査院情報公開・個人情報保護審査会運営要領に従って審査請求を行う。

諮問をした旨の、審査請求人等に対する通知につき行政機関個人情報保護法43条 2 項、第三者からの審査請求を棄却する場合等における手続等につき同法44条を参照されたい。

(ウ) 取消訴訟等

　次に、決定・裁決は処分であるから、行政事件訴訟法による取消訴訟の対象となる。請求者は、行政不服審査法に基づく審査請求を経ることなく訴訟を提起しうる。

　出訴期間は、正当な理由がある場合を除き、「処分又は裁決があったことを知った日から6箇月を経過したとき」、または、「処分又は裁決の日から1年を経過したとき」までの期間である（行政事件訴訟法14条）。「知った日」が争点となった事案として、東京高判平成24・3・7総務省DBがある。

　不開示等の処分に対する取消訴訟は、それのみでは勝訴しても開示等という目的が達せられない。このため、それと併合して開示等の義務付け訴訟も提起することが必要となる。これは行政事件訴訟法3条6項2号の、いわゆる申請型の義務付けの訴えである。したがって、当該法令に基づく申請を却下または棄却する旨の処分がされたケースでは、当該処分が取消し、無効または不存在であるときに限って提起しうるものであるから（同法37条の3第1項2号）、併合提起した処分の取消請求または無効確認請求が認容されることが訴訟要件となる。このため、取消請求等が棄却されたときは当該義務付け訴訟も却下される。また、義務付けの訴えの提起に先立ち開示請求等を行っていない場合には、当該訴えは訴訟要件を欠く不適法なものとして却下される（東京地判平成20・5・30判例集未登載）。

　違法な処分に関し国家賠償訴訟が提起されるケースもある。処分に取り消しうべき瑕疵があるとしても、そのことから直ちに国家賠償法1条1項にいう違法があったとの評価を受けるものではなく、公務員が通常尽くすべき注意義務を尽くすことなく漫然と前記処分をしたと認めうるような事情がある場合に限り、前記評価を受ける（最判平成18・4・20集民220号165頁）。

(エ) その他

　開示請求等の請求者だけでなく、行政機関個人情報保護法23条1項・2項に基づき、第三者が開示に反対する意見書を提出したが、開示決定がなされた場合に、それに対する審査請求または取消訴訟を当該第三者が提起すると

いう場合もあるが、それについては後述する（本章Ⅱ 3 (11)(エ)参照）。

3　開示請求権

(1)　概　要

何人も、行政機関個人情報保護法の定めるところにより、行政機関の長に対し、当該行政機関の保有する自己を本人とする保有個人情報の開示を請求しうる（同法12条1項）。これを開示請求権という。

(2)　開示請求手続

(ア)　記載事項

開示請求手続に固有の点は、次のとおりである。

行政機関の長に提出すべき開示請求書の必要的記載事項は前掲〈表3〉「開示請求」欄のとおりである（行政機関個人情報保護法13条1項各号）。ほかにも、明文規定はないが、当然に記載すべき事項として、開示請求先である行政機関の長の名称および同法に基づく開示請求であることを明らかにする記載を要することは前述した（本章Ⅱ 2 (4)参照）。それら以外に、開示請求を行う正当事由等は、何ら要件とされていないので記載は不要である。

保有個人情報開示請求書（【書式10】）の記載例は以下のとおりである。開示請求書の様式は、総務省ウェブサイトからダウンロードできる。[5]

---

[5]　総務省ウェブサイト「個人情報保護」〈http://www.soumu.go.jp/menu_sinsei/kojin_jyouhou/〉。なお、同「情報公開制度の紹介」〈http://www.soumu.go.jp/main_sosiki/gyoukan/kanri/jyohokokai/shoukai.html〉において紹介されている「情報公開制度と個人情報保護制度のガイドブック」（以下、「ガイドブック」という）13頁・14頁参照。

【書式10】 保有個人情報開示請求書

保有個人情報開示請求書

平成○年○月○日

○○○○　殿

(ふりがな)
氏 名　　○　　○　　○　　○

住所又は居所
〒000-0000　大阪市○○区○○町○丁目○番○号　TEL 06-0000-0000

　行政機関の保有する個人情報の保護に関する法律（平成15年法律第58号）第13条第1項の規定に基づき、下記のとおり保有個人情報の開示を請求します。

記

1　開示を請求する保有個人情報（具体的に特定してください。）

○○業の許可申請書一式（平成○年○月○日）

2　求める開示の実施の方法等　（本欄の記載は任意です。）
　　ア又はイに○印を付してください。アを選択した場合は、実施の方法及び希望日を記載してください。

ア　事務所における開示の実施を希望する。 　　〈実施の方法〉　□閲覧　□写しの交付　□その他（　　　　） 　　〈実施の希望日〉平成　　年　　月　　日 　㋑　写しの送付を希望する。

3　手数料

手数料 （1件300円）	ここに収入印紙を貼ってください。	（請求受付印）

4	本人確認等	
⑦	開示請求者　　☑本人　　□法定代理人	
イ	請求者本人確認書類 　☑運転免許証　　□健康保険被保険者証 　□個人番号カード又は住民基本台帳カード（住所記載のあるもの） 　□在留カード、特別永住者証明書又は特別永住者証明書とみなされる外国人登録証明書 　□その他（　　　　　） ※請求書を送付して請求する場合には、加えて住民票の写し等を添付してください。	
ウ	本人の状況等（法定代理人が請求する場合にのみ記載してください。） 　(ア)　本人の状況　□未成年者（　　年　　月　　日生）　□成年被後見人 　(イ)　本人の氏名　_____ 　(ウ)　本人の住所又は居所　_____	
エ	法定代理人が請求する場合、次のいずれかの書類を提示又は提出してください。 　　請求資格確認書類　□戸籍謄本　□登記事項証明書　□その他（　　　）	

　その一方、「開示請求書には、開示請求に係る保有個人情報について次に掲げる事項を記載することができる」として、次の①～③のとおり任意的記載事項を定めている（行政機関個人情報保護法施行令10条1項）。

① 　求める開示の実施の方法（同項1号）

② 　事務所における開示（③に規定する方法および電子情報処理組織を使用して開示を実施する方法以外の方法による保有個人情報の開示）の実施を求める場合にあっては、事務所における開示の実施を希望する日（同項2号）

③ 　保有個人情報が記録されている行政文書の写しの送付の方法による保有個人情報の開示の実施を求める場合にあっては、その旨（同項3号）

　①の「開示の実施の方法」とは、文書または図画に記録されている保有個人情報については閲覧または写しの交付の方法として行政機関が定める方法

をいい、電磁的記録に記録されている保有個人情報については行政機関個人情報保護法24条1項により行政機関が定める方法をいうが（行政機関個人情報保護法施行令10条2項）、開示決定後に提出する「保有個人情報の開示の実施方法等申出書」（後掲【書式14】参照）によって申し出ることも可能である。

(イ) 記載事項に関する判例・裁判例

　必要的記載事項のうち、「請求に係る保有個人情報が記録されている行政文書の名称その他の保有個人情報を特定するに足りる事項」（行政機関個人情報保護法13条1項2号）は、開示請求に特有のものである。すなわち、同号は、同法では行政文書に記載されている保有個人情報が広く開示請求の対象とされ、検索の容易でない手作業による処理にかかる保有個人情報も開示請求の対象情報に含まれることから、行政機関の長が開示請求の対象情報を検索、審査して所定の期間内に開示決定等を行うことを可能にし、開示請求制度の適正・円滑な運用を確保するためにおかれた規定であり、これによって開示請求者に対して開示請求に係る保有個人情報を特定するに足りる事項を開示請求書に記載することを義務づける趣旨である。

　行政機関個人情報保護法13条1項2号にいう「保有個人情報を特定するに足りる事項」の要件を満たしているかという点が問題となった事例は多い。

　まず、大阪高判平成19・1・31訟月54巻4号835頁は、その判断基準について、請求先たる「行政機関が相応の努力によって開示請求の対象情報を特定し得る程度に具体的な記載」であることを要するとする。その理由について、この判決は、行政機関個人情報保護法13条1項2号に関する前記趣旨を説いたうえ、同法47条により行政機関の長は、保有個人情報の特定に資する情報の提供その他開示請求等をしようとする者の利便を考慮した適切な措置を講ずべき一般的な義務を負うとともに、同法13条3項により保有個人情報を特定するに足りる事項の記載が不十分であるなど、開示請求書に形式的な不備がある場合には、補正の参考となる情報の提供に努めるものとされていることを掲げる。この判決は、前記基準に照らし、請求書には「社会保険庁に保有している私の個人情報昭和34年3月から現在までの厚生年金保険、厚

生障害年金保険の資料全部をお願いします」と記載されているほかには、開示請求の対象範囲を特定するに足りる事項の記載はなかったこと等からすれば、前記開示請求には、社会保険庁が相応の努力によって開示請求の対象情報を特定しうる程度に具体的な記載がなかったというべきであるから、社会保険庁長官がした全部不開示決定は適法であるとした。

次に、東京地判平成24・2・9判例集未登載は、前記基準について、「当該行政機関が保有する保有個人情報の中からどれが開示請求者の請求に係る保有個人情報であるかを他と区別して認識し得る記載がされていることが必要であり、その程度については、行政機関の長において、個人情報開示請求制度のみならず行政全般の適正かつ円滑な運営に著しい支障を生じさせることなく、所定の期間内に開示請求に係る保有個人情報を膨大な量の保有個人情報（文書、図画に記録されているものを含む。）の中から検索し、的確に開示決定等の可否を判断することができる程度のものであることを要する」とする。その理由について、この判決は、やはり行政機関個人情報保護法13条1項2号に関する前記趣旨を説くとともに、同法47条1項および13条3項の存在を指摘したうえ、「開示請求者側に開示請求に係る保有個人情報の不特定という形式上の不備を補正する機会も付与されていることも踏まえれば、行政機関から補正の参考となる情報を得るなどして、どれが開示請求者の請求に係る保有個人情報であるかを認識し得る上記の程度の特定を行うことに何ら支障はない」と説く。この判決は、前記基準に基づき、請求書の「開示を請求する保有個人情報」欄には「全部」と記載されているのみであるという開示請求について、不適法な請求であるとした。

第3に、東京高判平成25・2・27総務省DB、東京高判平成25・3・21総務省DBおよび東京高判平成25・3・27総務省DBは、控訴人が法務大臣に対し、「刑事局の全部（通報履歴 通報された年月日 された時間 電話番号 場所 通報された内容 通報した人の名前、国名）」「起訴した日からの期間、罪名（裁判所で犯罪者の処罰）刑事局の全部」を、開示を求める保有個人情報としたため、所管部局として刑事局の記載はあるが、その開示請求書に行

政機関個人情報保護法13条1項2号所定の「開示請求に係る保有個人情報を特定するに足りる事項」の記載がないため、法務省の担当者において、控訴人に対し、回答期限を定めて書面および電話で補正を促したのに、補正されなかったという事案で、控訴人の開示請求は、同号の要件を欠く不適法なものであるとして、保有個人情報の全部を開示しない旨の決定を支持した。

ほかに行政機関個人情報保護法13条1項2号違反の不適法な請求であるとした事例として、東京高判平成24・5・16総務省DB、東京高判平成24・10・1総務省DBがある。また、開示請求書の「開示を請求する保有個人情報」の欄に「全部」と記載し、相当期間を定めて開示請求に係る保有個人情報を特定するように補正を求められたにもかかわらず補正に応じなかったという事案に関する東京地判平成23・12・20判例集未登載がある。

開示請求書には、当該開示請求に係る手数料の納付を証明する「行政機関の保有する情報の公開に関する法律等に基づく手数料の納付手続の特例に関する省令」別紙書式の納付書を添付しなければならないが、行政機関等の事務所のうち行政機関等の長が指定したものにおいて手数料を現金で納付した場合は、この限りでない（行政機関の保有する個人情報の保護に関する法律施行令第18条第3項第1号に掲げる行政機関等が保有する保有個人情報に係る開示請求の手続に関する省令）。手数料については次に述べる。

(3) **手数料**

開示請求をする者は、政令で定めるところにより、実費の範囲内において政令で定める額の手数料を納めなければならず（行政機関個人情報保護法26条1項）、手数料額を定める際は、できる限り利用しやすい額とするよう配慮しなければならない（同条2項）。できる限り国民が利用しやすい制度にする趣旨である。「実費」の内容には、開示決定等の通知書の発出、請求者に交付する写しの作成等の開示請求の処理、開示の実施のための事務における人件費、光熱費、消耗品費、輸送料等の費用等が念頭におかれている。行政機関個人情報保護法施行令18条1項は、手数料額を開示請求に係る保有個人情報が記録されている行政文書1件につき、①原則は300円、②情報通信技

術利用法3条1項により同項に規定する電子情報処理組織を使用して開示請求をする場合（オンライン申請）は200円と定めている。開示請求をする者が、一つの行政文書ファイルにまとめられた複数の行政文書、もしくは、それ以外の相互に密接な関連を有する複数の行政文書に記録された開示請求を一つの開示請求書によって行う場合、手数料額の関係では当該複数の行政文書を1件の行政文書とみなす（同条2項）。

　開示決定に基づき保有個人情報の開示を受ける者は、送付に要する費用を納付して、保有個人情報が記録されている行政文書の写しの送付を求めることができるが、この場合には当該送付に要する費用は、総務省令で定める方法により納付しなければならない（行政機関個人情報保護法施行令19条）。これを受けて「行政機関の保有する個人情報の保護に関する法律施行令第19条の送付に要する費用の納付方法を定める省令」は、①郵便切手または総務大臣が定めるこれに類する証票で納付する方法、②情報通信技術利用法3条1項の規定により同項に規定する電子情報処理組織を使用して行政機関個人情報保護法24条3項の規定による申出をした場合において、当該申出により得られた納付情報により納付する方法と定めている。

　行政機関情報公開法の場合には、「開示請求手数料」および「開示実施手数料」の納付を要するが、行政機関個人情報保護法では手数料として一本化されている。

　なお、番号利用法が適用される場合には、後述のとおり特例が定められている（本章Ⅵ2参照）。

(4) 保有個人情報の開示義務

㋐ 開示義務と不開示情報

　行政機関の長は、開示請求があったときは、当該開示請求に係る保有個人情報に不開示情報のいずれかが含まれている場合を除き、開示請求者に対し、当該保有個人情報を開示しなければならない（行政機関個人情報保護法14条）。あくまでも開示を原則とするとともに、不開示情報を例外扱いすることを示す趣旨の規定である。

　行政機関個人情報保護法14条各号により定められた不開示情報は、次の①〜⑦のとおりである。

① 開示請求者の生命、健康、生活または財産を害するおそれがある情報（同条1号）

② 開示請求者以外の個人に関する情報（事業を営む個人の当該事業に関する情報を除く）であって、当該情報に含まれる氏名、生年月日その他の記述等により開示請求者以外の特定の個人を識別することができるもの（他の情報と照合することにより、開示請求者以外の特定の個人を識別することができることとなるものを含む）もしくは個人識別符号が含まれるものまたは開示請求者以外の特定の個人を識別することはできないが、開示することにより、なお開示請求者以外の個人の権利利益を害するおそれがあるもの（同条2号）。ただし、次の㋐〜㋒に掲げる情報を除く（同条2号柱書）。

　㋐ 法令の規定によりまたは慣行として開示請求者が知ることができ、または知ることが予定されている情報（同号イ）

　㋑ 人の生命、健康、生活または財産を保護するため、開示することが必要であると認められる情報（同号ロ）

　㋒ 当該個人が公務員等（国家公務員法2条1項に規定する国家公務員（独立行政法人通則法2条2項に規定する特定独立行政法人および日本郵政公社の役員および職員を除く）、独立行政法人等の役員および職員並びに地方公務員法2条に規定する地方公務員をいう）である場合において、当

該情報がその職務の遂行に係る情報であるときは、当該情報のうち、当該公務員等の職および当該職務遂行の内容に係る部分（同号ハ）
③　法人その他の団体（国、独立行政法人等および地方公共団体を除く）に関する情報または開示請求者以外の事業を営む個人の当該事業に関する情報であって、次の㋐㋑に掲げるもの（同条3号）。ただし、人の生命、健康、生活または財産を保護するため、開示することが必要であると認められる情報を除く。

　　㋐　開示することにより、当該法人等または当該個人の権利、競争上の地位その他正当な利益を害するおそれがあるもの（同号イ）

　　㋑　行政機関の要請を受けて、開示しないとの条件で任意に提供されたものであって、法人等または個人における通例として開示しないこととされているものその他の当該条件を付することが当該情報の性質、当時の状況等に照らして合理的であると認められるもの（同号ロ）

④　開示することにより、国の安全が害されるおそれ、他国もしくは国際機関との信頼関係が損なわれるおそれまたは他国もしくは国際機関との交渉上不利益を被るおそれがあると行政機関の長が認めることにつき相当の理由がある情報（同条4号）

⑤　開示することにより、犯罪の予防、鎮圧または捜査、公訴の維持、刑の執行その他の公共の安全と秩序の維持に支障を及ぼすおそれがあると行政機関の長が認めることにつき相当の理由がある情報（同条5号）

⑥　国の機関、独立行政法人等および地方公共団体の内部または相互間における審議、検討または協議に関する情報であって、開示することにより、率直な意見の交換もしくは意思決定の中立性が不当に損なわれるおそれ、不当に国民の間に混乱を生じさせるおそれまたは特定の者に不当に利益を与えもしくは不利益を及ぼすおそれがあるもの（同条6号）

⑦　国の機関、独立行政法人または地方公共団体が行う事務または事業に関する情報であって、開示することにより、次の㋐〜㋔に掲げるおそれその他当該事務または事業の性質上、当該事務または事業の適正な遂行

に支障を及ぼすおそれがあるもの（同条7号）

㋐ 監査、検査、取締り、試験または租税の賦課もしくは徴収に係る事務に関し、正確な事実の把握を困難にするおそれまたは違法もしくは不当な行為を容易にし、もしくはその発見を困難にするおそれ（同号イ）

㋑ 契約、交渉または争訟に係る事務に関し、国、独立行政法人等または地方公共団体の財産上の利益または当事者としての地位を不当に害するおそれ（同号ロ）

㋒ 調査研究に係る事務に関し、その公正かつ能率的な遂行を不当に阻害するおそれ（同号ハ）

㋓ 人事管理に係る事務に関し、公正かつ円滑な人事の確保に支障を及ぼすおそれ（同号ニ）

㋔ 国もしくは地方公共団体が経営する企業または独立行政法人等に係る事業に関し、その企業経営上の正当な利益を害するおそれ（同号ホ）

　基本的には行政機関情報公開法5条各号との整合性が図られている。しかし、前述した制度趣旨の違いを反映して、行政機関個人情報保護法14条1号は異なる取扱いとなっている。元々開示請求権は本人開示のためのものであるから、同法の場合には、「自己を本人とする保有個人情報」が不開示情報ではなく開示の対象情報となる。その他の類型についても、情報公開法制では、公表することによる支障の有無を判断するのに対し、同法を含めて個人情報保護法制では、本人に開示することによる支障の有無を判断するものである点で違いがある。

　㈣　1号関係

　「自己を本人とする保有個人情報」が原則として開示の対象情報となることは当然であるが、その場合でも開示を認めることが本人の権利利益を害する場合がありうるので、例外的に、開示請求者の「生命、健康、生活又は財産を害するおそれがある情報」は不開示事由となる（行政機関個人情報保護

法14条1号)。重篤な疾患に罹患している事実であって、それを本人が知ると大きな精神的打撃を与え、かえって病状が悪化するような場合が典型例である。総務省は「本号……の運用に当たっては、具体的ケースに即して慎重に判断する必要がある」としている(総務省における行政機関の保有する個人情報の保護に関する法律に基づく処分に係る審査基準(平成17年1月6日付け総務省訓令第1号)第3・1)。

行政機関個人情報保護法14条1号にいう開示請求者とは、同法12条2項に基づき未成年者または成年被後見人の法定代理人が本人に代わって開示請求をする場合には当該本人をいい、同条2号および3号、15条2項並びに23条1項においても同様である(同法14条1号かっこ書)。法定代理人による開示請求の場合に本人との利害相反を生じるケースが存在することから規定されたものである。これに関連する事例として、平成21年度(行個)答申第30号は、「法〔編注・行政機関個人情報保護法〕12条2項の規定に基づく法定代理人の開示請求権はあくまで子の利益を実現する手段として設けられていることを考慮すれば、当該診療録に記載された情報は、その開示が子について今後の治療に支障を来したり、病状等の悪化をもたらすことが予想される場合には、子の生命、健康、生活を害するおそれがある情報に該当する」としたうえ、「育児心理科医師が記載した診療録」には、「当該医師と子との会話の内容や家庭等の状況に係る機微な情報が記載されて」おり、「当該診療録に記載された情報に関し、上記専門医の見解を受けて開催された診療情報開示委員会における『開示することにより、患者(子)の病状の悪化をもたらすおそれがある。』との判断は、当該委員会委員による慎重な合議の結果得られたものである」ことを理由に、「当該診療録に記載された情報については、子以外に知らせないことを前提としたものであり、法14条1号の不開示情報に該当」するとした。

(ウ) 2号関係

これに対し、行政機関個人情報保護法14条2号以下の各号では、基本的には行政機関情報公開法5条各号との整合性が図られている。

行政機関個人情報保護法14条2号本文は、開示請求者以外の個人に関する情報であって、開示請求者以外の特定の個人を識別しうるものまたは開示請求者以外の特定の個人を識別することはできないが、開示することにより、なお開示請求者以外の個人の権利利益を害するおそれがあるものを、不開示事由としている。

　行政機関情報公開法5条1号と同様の規定であり、開示請求者以外の個人の権利利益を保護する趣旨のものとして説明されているが、プライバシー型でなく個人情報型を採用しているうえに、「開示請求者以外の個人」が生存者に限定されていないので死者の場合も含み、しかも個人識別性がないものまで対象としている。これらの点で、後述の各号を考慮しても、同法上の情報公開、および行政機関個人情報保護法上の開示請求を過度に制限するおそれがあり、立法論として問題が残されている。したがって、解釈論としても、同法14条2号本文の適用は厳格に限定されるべきである。東京地判平成25・2・7判例集未登載も、同法1条・14条の「各規定の趣旨に照らすと、2号〔編注・行政機関個人情報保護法14条2号〕不開示情報に該当するか否かは厳格な基準を用いて判断」すべきであるとする。

　「開示することにより、なお開示請求者以外の個人の権利利益を害するおそれ」があるか否かについて、この判決は、その個人情報の性質、内容や請求者と当該第三者との関係等に照らし、個人情報開示請求をした者が当該情報を知る利益と、客観的具体的に想定される当該情報を開示することにより生じる不利益とを比較考量して客観的に判断すべきであり、また、前記「おそれ」の程度とは、単なる確率的な可能性をいうのではなく、法的保護に値する蓋然性があることを要するというべきであるとする。

　同様の理由によって、行政機関個人情報保護法14条2号の例外となる前述の同号ただし書イ～ハまでの規定は可及的に広く解釈されるべきである。

　行政機関個人情報保護法14条2号本文に該当するとして不開示とした事例として、厚生年金の「被保険者原票（被保険者名簿）のうち、原告以外の第三者の情報（氏名、生年月日、資格取得・喪失年月日、標準報酬月額等）が記載

された部分」に関する東京地判平成25・6・13判例集未登載がある。ほかに同号に基づき不開示としたものとして、前掲東京地判平成25・2・7、東京地判平成25・7・4判例集未登載がある。

　行政機関個人情報保護法14条2号本文に該当する場合であっても、同号ただし書イからハまでに該当するときは開示の対象となる。開示の例外規定たる同号本文のさらに例外（例外の例外）を定めるものであり、原則に戻って開示の対象となる。行政機関情報公開法5条1号ただし書と同様の規定であるから、詳細は第1章Ⅵ1を参照されたい。ここでは、行政機関個人情報保護法に関する事例を概説するにとどめる。

　まず、行政機関個人情報保護法14条2号イ（法令の規定によりまたは慣行として開示請求者が知ることができ、または知ることが予定されている情報）は、不開示として保護する必要性に乏しいことから規定された。「法令の規定により」には、何人に対しても当該情報を開示・公開する場合に限らず、特定の者に限定して当該情報の開示を定める規定が含まれる。「慣行として」には、慣習法としての法規範的な根拠を要するものではなく、事実上の慣習として知ることができ、または知ることが予定されていることで足り、その具体例として、請求者の家族構成に関する情報（妻子の名前や年齢、職業等）等が含まれると解釈されている。

　行政機関個人情報保護法14条2号イへの該当性を肯定したものとして平成22年度（行個）答申第108号が、否定したものとして平成24年度（行個）答申第95号がある。

　次に、行政機関個人情報保護法14条2号ロ（人の生命、健康、生活または財産を保護するため、開示することが必要であると認められる情報）は、比較衡量によって、開示によってこれらの保護を図る利益が、同号本文に基づき開示しない利益を上回る場合をいう。これに該当するとしたものとして、平成24年度（行個）答申第89号がある。

　さらに、行政機関個人情報保護法14条2号ハ（当該個人が公務員等である場合において、当該情報がその職務の遂行に係る情報であるときは、当該情報のう

ち、当該公務員等の職および当該職務遂行の内容に係る部分）は、行政機関情報公開法5条1号ハと同趣旨のものである。これに該当するとしたものとして、平成20年度（行個）答申第95号がある。

これに関連して、各府省における幹部公務員の略歴の公表事項については、行政機関個人情報保護法の適切な運用を図っていく観点から、「国の行政機関における幹部公務員の略歴の公表の在り方について（通知）」が、公表事項について定めている。ただし、「各府省の判断により、顔写真の提供等一層の情報提供を図るために」、前記通知に「記した内容を上回る措置を講ずることを妨げるものではない」としている。これは、その職責等にかんがみ行政機関個人情報保護法8条2項4号に規定する「特別の理由」がある場合に該当するもの等として説明されている。

　　㋺　3号関係

行政機関個人情報保護法14条3号は、法人その他の団体に関する情報および事業を営む個人の当該事業に関する情報のうち、同号イまたはロに該当するものを不開示情報としている。法人等の正当な利益を害する情報である。

行政機関個人情報保護法14条3号の「団体」は、国、独立行政法人等、地方公共団体および地方独立行政法人を除く（同号本文かっこ書）。これら公的部門に属する団体については、別途、同条4号以下によって不開示情報が規定されている。したがって、同条3号の「団体」は、実際には民間の団体という意味となる。具体的には、会社法上の会社、財団法人、社団法人、学校法人、宗教法人等の民間の法人のほか、政治団体、外国法人が含まれる。法人格を有することは要件とされていないので、権利能力なき社団・財団も含みうる。

ただし、「人の生命、健康、生活又は財産を保護するため、開示することが必要であると認められる情報」は除外されている（行政機関個人情報保護法14条3号ただし書）。同条2号ロと同趣旨の規定であり、比較衡量によって、開示によってこれらの保護を図る利益が、行政機関個人情報保護法14条3号本文に基づき開示しない利益を上回る場合をいう。

行政機関個人情報保護法14条3号イは「当該法人等又は当該個人の権利、競争上の地位その他正当な利益を害するおそれがあるもの」である。前掲東京地判平成25・7・4は、「正当な利益を害するおそれ」の有無は、法人等の利益を害する抽象的な可能性があるというだけでは足りず、当該法人等や問題となっている情報の種類・性格その他個別具体的な状況に照らして、当該法人等の正当な利益を害する蓋然性があるといえるかという観点から判断すべきであるとした。

行政機関個人情報保護法14条3号ロは「行政機関の要請を受けて、開示しないとの条件で任意に提供されたものであって、法人等又は個人における通例として開示しないこととされているものその他の当該条件を付することが当該情報の性質、当時の状況等に照らして合理的であると認められるもの」である。

　　(オ)　4号関係

行政機関個人情報保護法14条4号は、国の安全等に関する情報を不開示情報としている。わが国の安全、他国等との信頼関係およびわが国の国際交渉上の利益や公共の安全と秩序を維持することは、国民全体の基本的利益であることから、これらが害されるおそれがあると行政機関の長が認めることについて相当の理由がある情報を不開示情報としたものである。

　　(カ)　5号関係

行政機関個人情報保護法14条5号は、公共の安全等に関する情報を不開示情報としている。具体的には、開示することにより、犯罪の予防、鎮圧または捜査、公訴の維持、刑の執行その他の公共の安全と秩序の維持に支障を及ぼすおそれがあると行政機関の長が認めることにつき相当の理由がある情報である。

　　(キ)　6号関係

行政機関個人情報保護法14条6号は、審議検討等に関する情報を不開示情報としている。国の機関等の事務事業について意思決定を行う際に、さまざまな審議・検討が行われるが、これらに関する情報であって、開示すること

により、率直な意見交換や意思決定の中立性が不当に損なわれるおそれ、不当に国民の間に混乱を生じさせるおそれがあるものなどを不開示情報としたものである。

　　(ク)　7号関係

　行政機関個人情報保護法14条7号柱書は、国の機関、独立行政法人等、地方公共団体または地方独立行政法人が行う事務または事業に関する情報であって、開示することにより当該事務または事業の性質上、当該事務または事業の適正な遂行に支障を及ぼすおそれがあるものを不開示情報と定めている。

　本号の制度趣旨について、前掲東京地判平成25・2・7および前掲東京地判平成25・7・4は、国の機関等が行う事務・事業は、公共の利益のためのものであり、開示請求に基づく開示により事務・事業の適正な遂行に支障を及ぼすおそれのある情報を不開示とすることに合理的な理由があるため、これらの情報を不開示情報としたものであるしたうえ、「当該事務又は事業の適正な遂行に支障を及ぼすおそれ」とは、当該事務・事業の目的、その目的達成のための手法等に照らして、その適正な遂行に支障を及ぼすおそれをいうとする。

　本号にいう「支障」の程度につき、大阪地判平成20・1・31判タ1267号216頁は、名目的なものでは足りず実質的なものが要求され、「おそれ」の程度も単なる確率的な可能性ではなく、法的保護に値する蓋然性が必要とされるとする。前掲東京地判平成25・2・7もほぼ同趣旨を説いたうえ、さらに、これらの要件の判断にあたっては、個人情報開示請求をした者が当該情報を知る利益と、客観的具体的に想定される当該情報を開示することにより生じる不利益とを比較考量して判断すべきであると説く。

　この判決は、新司法試験受験者である原告が法務大臣に対し行った答案およびそれを採点した考査委員が付した素点が記載された文書の開示請求の一部不開示処分決定処分取消請求について、司法試験委員会において回答の困難な質問や照会を増加させ、同委員会が本来の業務以外にかかる質問や照会

に対する対応に今まで以上に時間を割かれるようになり、事柄の性質上、十分な時間を割いても受験者らが納得する回答ができるというものでもないこと等を理由に、開示により司法試験事務の適正な遂行に実質的な支障を及ぼすおそれが、法的保護に値する蓋然性の程度まで認められるとして、請求を棄却した。

なお、行政機関情報公開法4条1項に基づき請求した旧司法試験第2次試験口述試験に関する文書の開示請求に対する不開示決定取消請求について却下した事例として東京地判平成18・9・1裁判所HPがある。

札幌高判平成23・3・10裁判所HPは、本号の意義につき、当該事務または事業の目的、その目的達成のための手法などに照らして、その適正な遂行に実質的な支障を及ぼす蓋然性があることをいうとした第1審（札幌地判平成22・7・26裁判所HP）の判断を支持した。

ほかにも本号が争いになった事例は少なくない。

(5) 部分開示

不開示情報が含まれている場合でも、すべて不開示とすべきではなく、不開示情報に該当する部分を容易に区分して除くことができるときは、開示請求者に対し、当該部分を除いた部分につき開示しなければならない（行政機関個人情報保護法15条1項）。これを部分開示という。

「容易に区分して除くことができるとき」への該当性は、当該部分を「区分」すること（当該部分を概念上区分けすること）の難易と、「除くこと」（技術的な分離）の難易を基準に判断される。文書や図画の場合には当該部分を被覆や墨塗り等によって加工して再複写する方法が一般的である。電磁的記録の場合にもプリントアウトして同様の加工をする方法によることができる。座談会参加者の一人から録音録画テープの開示を求められたときのように、電磁的記録として開示を求められた場合、不開示情報部分のみをカットする方法、ボカシを入れる方法等が考えられる。いずれにしても、デジタル技術の発達によって、近時は、これらの方法が急速に容易化しているものといえよう。

該当部分を容易に区分して除くことができるか否かによって、部分開示か全部不開示かについて決せられ、前者の場合、行政機関個人情報保護法15条1項は「開示しなければならない」と規定しているので、部分開示義務を負う。

開示請求に係る保有個人情報に行政機関個人情報保護法14条2号の情報（開示請求者以外の特定の個人を識別することができるものに限る）が含まれている場合において、当該情報のうち、氏名、生年月日その他の開示請求者以外の特定の個人を識別することができることとなる記述等および個人識別符号の部分を除くことにより、開示しても、開示請求者以外の個人の権利利益が害されるおそれがないと認められるときは、当該部分を除いた部分は、同号の情報に含まれないものとみなして、同法15条1項を適用する（同条2項）。個人識別性の除去による部分開示と呼ばれている。同項に該当するときは、同条1項が適用されるので、前述した同項の基準によって部分開示の要否が判断される（本章Ⅱ3(4)参照）。

(6) **裁量的開示**

行政機関の長は、開示請求に係る保有個人情報に不開示情報が含まれている場合でも、個人の権利利益を保護するため特に必要があると認めるときは、開示請求者に対し、当該保有個人情報を開示しうる（行政機関個人情報保護法16条）。これを裁量的開示という。

不開示情報が含まれていても、個人の権利利益保護と比較衡量することによって、開示する利益が上回るときは、開示しうることを認める趣旨の制度である。行政機関個人情報保護法16条は、行政機関情報公開法7条が規定する裁量的開示と類似しているかのようにみえるが、比較衡量の対象が、同法では「公益」であるのに対し、行政機関個人情報保護法16条では「個人の権利利益」と規定されている点で違いがある。これは前述の制度趣旨の違いを反映したものである（本章Ⅰ2参照）。このような制度趣旨に照らせば、「個人の権利利益」の主要なものは、開示請求者たる本人の権利利益となるが、同法16条の「個人」は本人に限定されていないから、本人以外の第三者の権

利利益と比較衡量することも排除されていないものというべきである。かく解しても、本人それ自体が開示を求めている場合であるから、本人の権利利益が不当に侵害されることにはならない。他方、「公益」との比較衡量によることは規定されていない。

「不開示情報が含まれている場合」とは、それが含まれていることによって、全部または一部について不開示決定をすべき場合が典型例であるが、不開示決定をする場合に限定されていないから、存否応答拒否をすべき場合（行政機関個人情報保護法17条）も含まれる。その一方、不開示情報が含まれていること以外の理由（具体例としては保有個人情報に非該当）で開示しない場合には、同法16条の対象外となる。

行政機関の長は、第三者に関する情報が含まれている保有個人情報を行政機関個人情報保護法16条によって裁量的開示しようとするときは、開示決定に先立ち、当該第三者に対し、開示請求に係る当該第三者に関する情報の内容その他政令で定める事項を書面により通知して、意見書を提出する機会を与えなければならない（同法23条2項2号）。詳細は後述する（本章Ⅱ3⑾参照）。

(7) 存否応答拒否

開示請求に対し、当該開示請求に係る保有個人情報が存在しているか否かを答えるだけで、不開示情報を開示することとなるときは、行政機関の長は、当該保有個人情報の存否を明らかにしないで、当該開示請求を拒否しうる（行政機関個人情報保護法17条）。存否応答拒否と呼ばれている。

「不開示情報を開示することとなるとき」であることが要件であるから、仮に保有個人情報が存在していたとしても不開示情報に該当する場合でなければ、存否応答拒否をすることはできない。存否応答拒否が可能な場合として、家庭内暴力を行う夫から、子と妻とが逃れるために家出した場合において、妻子を保護しているか否かについて夫が開示請求したときは、不開示と回答するだけで、妻子の所在地が明らかになるような場合が想定される。同様の存否応答拒否制度を有する行政機関情報公開法においても同制度の濫用

のおそれがあり、慎重な運用が求められる。存否応答拒否処分取消請求が問題となった事例として、東京高判平成22・8・25総務省 DB がある。

(8) **開示請求に対する措置**

　行政機関の長は、開示決定等を行った場合は開示請求者に対しその旨を書面により通知し、さらに開示決定の場合は、開示する保有個人情報の利用目的および開示の実施に関し政令で定める事項を書面通知しなければならない（行政機関個人情報保護法18条。保有個人情報開示決定通知書および保有個人情報一部開示決定通知書（同条1項）、保有個人情報非開示決定通知書（同条2項））。この政令委任を受けて行政機関個人情報保護法施行令12条1項が定める事項は、次の①〜④のとおりである（開示請求書に同令10条1項各号に掲げる事項が記載されている場合における例外として同令12条2項参照）。

① 　開示決定に係る保有個人情報について求めることができる開示の実施の方法（同項1号）

② 　事務所における開示を実施しうる日、時間および場所並びに事務所における開示の実施を求める場合には、行政機関個人情報保護法24条3項による申出の際に当該事務所における開示を実施しうる日のうちから事務所における開示の実施を希望する日を選択すべき旨（行政機関個人情報保護法施行令12条1項2号）

③ 　写しの送付の方法による保有個人情報の開示を実施する場合における準備に要する日数および送付に要する費用（同項3号）

④ 　電子情報処理組織を用いて開示を実施する場合における準備に要する日数その他当該開示の実施に必要な事項（行政機関個人情報保護法24条2項の定めにおいて行政機関が電子情報処理組織を用いて保有個人情報の開示を実施しうる旨を定めている場合に限る）（行政機関個人情報保護法施行令12条1項4号）

(9) **開示決定等の期限**

　開示決定等の期限は、原則として開示請求があった日から30日以内である（行政機関個人情報保護法19条1項本文）。決定等の調査・判断に時間を要する

場合がある半面、期限を具体的に設けることによって、請求者個人の権利利益保護を図ろうとする趣旨の規定である。「開示請求があった日」とは、請求先たる行政機関の受付担当窓口に開示請求書が到達した日をいい、移送があった場合も、移送先の行政機関ではなく、移送前の行政機関（移送元行政機関）を基準にする。期間計算の際には初日不算入として運用されている。これは決定までの期限であって、決定書到達までの期限ではない。

補正を求めた場合（行政機関個人情報保護法13条3項）、当該補正に要した日数は期間に算入しない（同法19条1項ただし書）。これによって不算入となる日数とは、行政機関の長が補正を求めてから補正済みの開示請求書が行政機関の長に提出されるまでの期間をいい、補正を求めるまでの期間は含まない。

正当な理由があれば30日以内の期限延長が認められ、この場合、開示請求者に対し、遅滞なく延長後の期間および延長理由の書面通知を要する（行政機関個人情報保護法19条2項）。さらに、開示請求に係る保有個人情報が著しく大量である場合における開示決定等の期限の特例がおかれている（同法20条）。

(10) 事案の移送

行政機関の長は、他の行政機関の長において開示決定等をすることにつき正当な理由があるときは、当該他の行政機関の長と協議のうえ、当該他の行政機関の長に対し、事案を移送することができ、この場合、移送をした行政機関の長は、開示請求者に移送した旨を書面で通知しなければならない（行政機関個人情報保護法21条1項）。

本項は、「正当な理由」につき「開示請求に係る保有個人情報が他の行政機関から提供されたものであるとき」を例示しており、ほかにも、開示請求に係る保有個人情報の重要部分が他の行政機関の事務・事業に係るものである場合等が想定されている。これらのケースでは、他の行政機関の判断に委ねたほうが適当な場合が迅速・適切な処理に資することがあるので、当該行政機関の長と協議のうえ、事案を移送しうるものとする趣旨の規定である。

行政機関個人情報保護法21条1項により事案が移送されたときは、移送を受けた行政機関の長は、当該開示請求について開示決定等をしなければならず、この場合には、移送元の行政機関の長が移送前にした行為は、移送先の行政機関の長がしたものとみなす（同条2項）。「移送前にした行為」の具体例は補正の求め（同法13条3項）であり、この行為が移送後も有効となるためにおかれた規定である。

　本項により移送された場合、移送先の行政機関の長が同法18条1項の開示決定をしたときは、当該行政機関の長は開示を実施しなければならず、この場合、移送元の行政機関の長は、当該開示の実施に必要な協力をしなければならない（同法21条3項）。必要な協力には、移送前の行為に関する記録の作成・提供、開示請求書、請求者への通知、対象情報に係る行政文書の写しの提供等が含まれる。

　行政機関の長は、独立行政法人等において独立行政法人等個人情報保護法19条1項に規定する開示決定等をすることにつき正当な理由があるときは、当該独立行政法人等と協議のうえ、当該独立行政法人等に対し、事案を移送することができ、この場合、移送をした行政機関の長は、開示請求者に対し、事案を移送した旨を書面により通知しなければならない（行政機関個人情報保護法22条1項）。これによって事案が移送されたときは、当該事案については、保有個人情報を移送を受けた独立行政法人等が保有する独立行政法人等個人情報保護法2条5項〔3項〕に規定する保有個人情報と、開示請求を移送を受けた独立行政法人等に対する独立行政法人等個人情報保護法12条2項に規定する開示請求とみなし、独立行政法人等個人情報保護法の規定を適用するが、この場合、独立行政法人等個人情報保護法19条1項項中「第13条第3項」とあるのは、「行政機関個人情報保護法第13条第3項」とする（行政機関個人情報保護法22条2項）。行政機関個人情報保護法22条1項により事案が移送された場合、移送を受けた独立行政法人等が開示の実施をするときは、移送をした行政機関の長は、当該開示の実施に必要な協力をしなければならない（同法22条3項）。

移送先が他の行政機関の長ではなく独立行政法人等である点を除けば、行政機関個人情報保護法21条と同趣旨の規定であるが、同法と独立行政法人等個人情報保護法とは別の法律であることから、みなし規定となっている。

(11) 第三者に対する意見書提出の機会の付与等

(ア) 概　要

行政機関個人情報保護法23条は第三者に対する意見書提出の機会の付与等を定める。すなわち、行政機関の長が開示請求の処理を行う際に、対象となる保有個人情報に第三者に関する情報が含まれている場合について、当該第三者の適正な権利利益保護を図るための手続として、第三者に対する意見書提出の機会を付与したうえ（同条1項・2項）、反対意見書を提出した場合の手続について規定している（同条3項）。

(イ) 任意的意見聴取

第1に、開示請求に係る保有個人情報に国、独立行政法人等、地方公共団体および開示請求者以外の第三者に関する情報が含まれているときは、行政機関の長は、開示決定等をする際に、当該情報に係る第三者に対し、政令で定めるところにより、当該第三者に関する情報の内容その他政令で定める事項を通知して、意見書提出の機会を与えうる（行政機関個人情報保護法23条1項）。これを任意的意見聴取という。

当該第三者から意見聴取することは有益であるとしても、公知情報にすぎないような場合、当該第三者が反対しないことが明白である場合等も存在することから、行政機関の長の任意にとどめたものとされている。

「その他政令で定める事項」とは、開示請求の年月日、意見書を提出する場合の提出先および提出期限である（行政機関個人情報保護法施行令14条）。意見の対象となる開示請求事案の発生年月日を知らせるとともに、請求事案の処理の円滑化のため規定されたものである。

「政令で定めるところにより」について、行政機関個人情報保護法施行令13条は、第三者に対し、当該第三者に関する情報の内容を通知するにあたっては、開示請求に係る保有個人情報の本人の権利利益を不当に侵害しないよ

うに留意しなければならないと定めている。意見聴取によって請求者が特定されてしまうことを回避するための規定である。

　　(ウ)　必要的意見聴取

　第2に、行政機関の長は、①第三者に関する情報が含まれている保有個人情報を開示しようとする場合であって、当該第三者に関する情報が行政機関個人情報保護法14条2号ロまたは同条3号ただし書に規定する情報に該当すると認められるとき、または、②第三者に関する情報が含まれている保有個人情報を同法16条の規定により開示しようとするときは、開示決定に先立ち、当該第三者に対し、当該第三者の所在が判明しない場合を除き、政令で定めるところにより、開示請求に係る当該第三者に関する情報の内容その他政令で定める事項を書面により通知して、意見書を提出する機会を与えなければならない（同法23条2項）。これを必要的意見聴取という。

　この場合には、当該保有個人情報が第三者の権利利益を侵害するおそれがあるものであるため、行政機関の長に義務づけた。「その他政令で定める事項」とは、開示請求の年月日、同項各号のいずれに該当するかの別およびその理由、意見書を提出する場合の提出先および提出期限である（行政機関個人情報保護法施行令15条）。

　「政令で定めるところにより」については、任意的意見聴取と同様である。

　　(エ)　反対意見書を提出した場合

　第3に、行政機関個人情報保護法23条1項・2項に基づき、第三者が開示に反対する意見書（反対意見書）を提出した場合に、行政機関の長は、開示決定をするときは、開示決定の日と開示実施日との間に少なくとも2週間をおかなければならず、この場合に、開示決定後直ちに、当該反対意見書を提出した第三者に対し、開示決定をした旨およびその理由並びに開示を実施する日を書面により通知しなければならない（同条3項）。

　反対意見書を提出したにもかかわらず、当該第三者の情報が開示されてしまえば、当該第三者の救済が不可能になるので、開示決定日と開示実施日との間に期間をおくとともに、当該第三者に前記事項を通知することによっ

て、開示決定に対する審査請求または取消訴訟を当該第三者が提起する機会を確保しようとする趣旨の規定である。この場合、当該第三者はあわせて開示決定処分の執行停止の申立て（行政不服審査法25条2項以下、行政事件訴訟法25条2項以下）を行う必要がある。このような趣旨から、行政機関個人情報保護法23条3項の開示決定には、部分開示および裁量的開示を含む。通知すべき開示決定をした理由とは、すべての開示部分を対象とする必要はなく、当該第三者に係る情報の部分を対象に、それが不開示情報に該当しないと判断した理由または裁量的開示を要すると判断した理由に限定して記載すれば足りる。

(12) **開示の実施等**

保有個人情報の開示は、当該保有個人情報が、文書または図画に記録されているときは閲覧または写しの交付により、電磁的記録に記録されているときは行政機関が定める方法により行うが、閲覧の方法による開示の場合、行政機関の長は、当該文書・図画の保存に支障を生ずるおそれがあると認めるときなど、正当な理由があるときは、その写しの閲覧の方法によることができる（行政機関個人情報保護法24条1項）。行政機関は、電磁的記録についての開示方法に関する定めを一般の閲覧に供しなければならない（同条2項）。

開示決定に基づき開示を受ける者は、当該開示決定をした行政機関の長に対し、求める開示の実施方法等を申し出なければならない（行政機関個人情報保護法24条3項。前記3(2)の諸点を踏まえた保有個人情報の開示の実施方法等申出書（【書式11】）の様式は、総務省ウェブサイトを参照されたい）[6]。申出期間は原則として同法18条1項の通知があった日から30日以内である（同法24条4項）。

申出は書面によるが（行政機関個人情報保護法施行令16条1項）、開示請求書に記載した開示の実施を変更しない場合には申出を要しない（同条2項）。行政機関個人情報保護法24条3項による申出の内容は政令委任されており、

6　ガイドブック15頁・16頁参照。

行政機関個人情報保護法施行令17条が次の①～④のとおり定めている。
① 求める開示の実施方法（開示決定に係る保有個人情報の部分ごとに異なる方法による開示の実施を求める場合には、その旨と当該部分ごとの開示の実施方法）（同条1号）
② 開示決定に係る保有個人情報の一部開示の実施を求める場合には、その旨と当該部分（同条2号）
③ 事務所における開示の実施を求める場合には、事務所における開示の実施希望日（同条3号）
④ 写しの送付の方法による保有個人情報の開示の実施を求める場合には、その旨（同条4号）

開示の対象は本人の保有個人情報であるから、それが掲載された文書等に、開示請求に係る保有個人情報に非該当の部分に開示が不適当な情報が含まれている場合には、必要に応じて、墨塗り等の加工がされることがある。

【書式11】　保有個人情報の開示の実施方法等申出書

保有個人情報の開示の実施方法等申出書

平成○年○月○日

○○○○　殿

（ふりがな）
氏　名　　○　　○　　○　　○

住所又は居所
〒000-0000　大阪市○○区○○町○丁目○番○号　TEL　06-0000-0000

　行政機関の保有する個人情報の保護に関する法律（平成15年法律第58号）第24条第3項の規定に基づき、下記のとおり申出をします。

記

1　保有個人情報開示決定通知書の番号等
　　文書番号：○○○○第○○号
　　日　　付：平成○年○月○日

2　求める開示の実施方法

開示請求に係る保有個人情報の名称等	実施の方法	
○○業の許可申請書一式 (平成○年○月○日付)	(1)閲覧	①全部
		②一部（　　　　　　）
	(2)複写したものの交付	①全部
		②一部（　　　　　　）
	(3)その他	①全部
		②一部（　　　　　　）

3　開示の実施を希望する日
　　　　　　　平成○年○月○日　午前・午後

4　「写しの送付」の希望の有無　　(有)：同封する郵便切手等の額　　○○円
　　　　　　　　　　　　　　　　　無

　　　　　　　　〈本件連絡先〉
　　　　　　　　○○省○○局○○課○○室
　　　　　　　　(担当者名)（内線：　　　　　）
　　　　　　　　電　話：03-○○○○-○○○○
　　　　　　　　ＦＡＸ：03-○○○○-○○○○
　　　　　　　　e-mail：＊＊＊＊@＊＊＊＊.go.jp

⒀　他の法令による開示の実施との調整

　他の法令による開示の実施との調整が行政機関個人情報保護法25条により定められている。
　行政機関の長は、他の法令の規定により、開示請求者に対し開示請求に係

る保有個人情報が行政機関個人情報保護法24条1項本文に規定する方法と同一の方法で開示することとされている場合（開示の期間が定められている場合にあっては、当該期間内に限る）には、同項本文の規定にかかわらず、当該保有個人情報については、当該同一の方法による開示を行わない（同法25条1項本文）。このような場合には、行政機関個人情報保護法による開示を重ねて認める必要がないので、当該同一の方法による開示の限度で、同法による開示の対象外とする趣旨の規定である。

行政機関個人情報保護法24条1項本文に規定する方法と「同一の方法で開示することとされている場合」が要件であるから、他の法令で閲覧の方法で開示が認められているときは、閲覧の方法による開示は、同法ではなく他の法令によるが、その場合でも写しの交付の方法での開示は、同法に基づく開示請求によって認められる。

「開示の期間が定められている場合にあっては、当該期間内に限る」であるから、当該期間内は行政機関個人情報保護法では開示を行わないが、当該期間経過後は、同法に基づく開示請求によることができる。

ただし、当該他の法令の規定に一定の場合には開示をしない旨の定めがあるときは、この限りでない（行政機関個人情報保護法24条1項ただし書）。「この限りでない」とは同項本文を適用せず、同法に基づき開示請求を行うことができるという趣旨の規定である。

他の法令の規定に定める開示の方法が縦覧であるときは、当該縦覧を行政機関個人情報保護法24条1項本文の閲覧とみなして、同法25条1項の規定を適用する（同条2項）。開示の実施に関する同法24条1項には「縦覧」という用語は登場しないが、同項の「閲覧」と「縦覧」は実質的に同義であるから、両者を同一とみなして同法25条1項を適用するものとする趣旨の規定である。

4　訂正請求権

(1)　訂正請求

(ア)　訂正請求権

　何人も、自己を本人とする保有個人情報の内容が事実でないと思料するときは、行政機関個人情報保護法の定めるところにより、当該保有個人情報を保有する行政機関の長に対し、当該保有個人情報の訂正を請求しうる（同法27条1項本文）。これを訂正請求権という。

　内容が事実でない保有個人情報によって本人の権利利益が侵害されることを防止するため、行政機関個人情報保護法5条（正確性の確保）を受けて規定された。訂正には追加または削除を含み、以下も同様である（同法27条1項かっこ書）。

　訂正請求は「内容が事実でない」場合に認められる。したがって、内容が事実であるが、それに基づく評価・判断のみが不適正な場合には、当該評価・判断は訂正請求の対象とならない。

　ただし、当該保有個人情報の訂正に関して他の法律またはこれに基づく命令の規定により特別の手続が定められているときは、この限りでない（行政機関個人情報保護法27条1項ただし書）。こうした手続が定められている場合には、当該手続によって同様の目的を達成しうるので、当該法令の定めるところによるものとする趣旨である。具体例として、転居の場合における住民基本台帳の変更は、住民基本台帳法による。

(イ)　対象情報

　対象情報は、自己を本人とする保有個人情報であるが、その中でも開示を受けた保有個人情報に限られる（行政機関個人情報保護法27条1項各号）。開示前置主義を採用するものである。

　具体的には、①開示決定に基づき開示を受けた保有個人情報（行政機関個人情報保護法27条1項1号）、②同法22条1項により事案が移送された場合に、独立行政法人等個人情報保護法21条3項に規定する開示決定に基づき開

示を受けた保有個人情報（行政機関個人情報保護法27条1項2号）、または、③開示決定に係る保有個人情報であって、同法25条1項の他の法令の規定により開示を受けたものである（同項3号）。

その余の詳細は、各請求に共通する事項に関する対象情報として説明したので、当該説明箇所（本章Ⅱ2(2)）を参照されたい。

　(ウ)　訂正請求手続

訂正請求は、当該保有個人情報を保有する行政機関の長に対し、所定の事項を記載した書面を提出して行い（保有個人情報訂正請求書（【書式12】）の様式は、総務省ウェブサイトからダウンロードできる[7]）、その記載事項は〈表2〉「訂正請求」欄のとおりである（行政機関個人情報保護法28条1項）。具体的には、①請求者の氏名および住所または居所（同項1号）のほか、②開示前置主義が採用されているため、「請求に係る保有個人情報の開示を受けた日その他当該保有個人情報を特定するに足りる事項」が記載事項とされている（同項2号）。さらに、③訂正請求の趣旨および理由も記載するが（同項3号）、これには保有個人情報に関し訂正すべき「内容が事実でない」部分と理由を示すこととなる。ほかに、明文規定はないが、訂正請求書に記載すべき事項として、訂正請求先である行政機関の長の名称および同法に基づく訂正請求であることを明らかにする記載を要することは前述のとおりである（本章Ⅱ2(4)参照）。

訂正請求は、保有個人情報の開示を受けた日から90日以内に行わなければならない（行政機関個人情報保護法27条3項）。開示を受けた保有個人情報が更新・廃棄される可能性があることから期間制限を設けたものである。

請求先は、対象情報となる保有個人情報の保有主体たる行政機関の長であること（行政機関個人情報保護法27条1項）、請求者は本人またはその法定代理人であること（同項・2項）、請求書の提出方法には窓口への来所、送付、およびオンラインによる方法があること、請求の際に本人確認を要すること

---

[7]　総務省ウェブサイト「個人情報保護」〈http://www.soumu.go.jp/menu_sinsei/kojin_jyouhou〉。なお、ガイドブック19頁・20頁参照。

(同法28条2項)、請求書に形式上の不備があると認めるときは補正の対象となること（同条3項）については、いずれも前述した（本章Ⅱ2(4)～(6)参照）。

開示請求の場合と異なり、手数料は不要である。その理由として、①訂正請求は開示前置主義を採用しているので新たなコストは一般的に高額でないこと、②本人の利益のみならず適正な行政の遂行への寄与度も相対的に高いこと、③個人情報保護法で訂正請求で手数料を徴収していないことが指摘されている。

【書式12】 保有個人情報訂正請求書

保有個人情報訂正請求書

平成○年○月○日

○○○○　殿

(ふりがな)
氏　名　　○　○　○　○

住所又は居所
〒○○○-○○○○　大阪市○○区○○町○丁目○番○号　TEL 06-○○○○-○○○○

　行政機関の保有する個人情報の保護に関する法律（平成15年法律第58号）第28条第1項の規定に基づき、下記のとおり保有個人情報の訂正を請求します。

記

訂正請求に係る保有個人情報の開示を受けた日	平成○年○月○日
開示決定に基づき開示を受けた保有個人情報	開示決定通知書の文書番号：○○○○第○○号 日付：平成○年○月○日

	開示決定に基づき開示を受けた保有個人情報の名称等 ○○業の許可申請書一式（平成○年○月○日）
訂正請求の趣旨及び理由	（趣旨） ○○○○○○○○○○○○○○○○○○○○○○○○○○○○○○○○○○。 （理由） ○○○○○○○○○○○○○○○○○○○○○○○○○○○○○○○○○○。

1	開示請求者　☑本人　□法定代理人
2	請求者本人確認書類 　☑運転免許証　□健康保険被保険者証 　□個人番号カード又は住民基本台帳カード（住所記載のあるもの） 　□在留カード、特別永住者証明書又は特別永住者証明書とみなされる外国人登録証明書 　□その他（　　　　　　　） ※請求書を送付して請求する場合には、加えて住民票の写し等を添付してください。
3	本人の状況等（法定代理人が請求する場合にのみ記載してください。） 　㋐　本人の状況　□未成年者（　　　年　　月　　日生）　□成年被後見人 　㋑　本人の氏名 　㋒　本人の住所又は居所
4	法定代理人が請求する場合、次のいずれかの書類を提示又は提出してください。 　　請求資格確認書類　□戸籍謄本　□登記事項証明書　□その他（　　　　）

(2) 訂正決定等

　行政機関の長は、訂正請求があった場合、当該訂正請求に理由があると認めるときは、当該訂正請求に係る保有個人情報の利用目的の達成に必要な範囲内で、当該保有個人情報の訂正をしなければならない（行政機関個人情報

保護法29条)。

　訂正は「利用目的の達成に必要な範囲内」で足りる。具体例として、平成25年度における在籍職員名簿について、それに職員として掲載されている者が平成26年度に退職しても訂正を要しない。これに対し、平成27年度における在籍職員名簿に、その者が現役職員として記載されている場合には訂正を要する。

　行政機関の長は、訂正するか否かを決定し、その旨を訂正請求者に対し書面で通知することを要する（行政機関個人情報保護法30条。保有個人情報訂正決定通知書（同条1項）、保有個人情報不訂正決定通知書（同条2項））。訂正決定等の期限は原則として訂正請求の日から30日以内である（同法31条1項本文）。補正を求めた場合の扱いにつき同項ただし書、期間延長につき同条2項、期限の特例につき同法32条を参照されたい。

　事案の移送（行政機関個人情報保護法33条)、独立行政法人等への事案の移送（同法34条）につき、開示請求と同趣旨の規定がおかれている。

　行政機関の長は、保有個人情報の訂正を実施した場合に必要があると認めるときは、当該保有個人情報の提供先に対し、遅滞なく、その旨を書面により通知するものとする（行政機関個人情報保護法35条）。他の行政機関など提供先で、事実と異なる保有個人情報が利用され続けることを防止する趣旨である。

　訂正決定等に対する不服申立てについては前述した（本章Ⅱ2(7)参照）。

5　利用停止請求権

(1)　利用停止請求

(ア)　利用停止請求権

　何人も、自己を本人とする保有個人情報が行政機関個人情報保護法36条1項各号のいずれかに該当すると思料するときは、同法の定めるところにより、当該保有個人情報を保有する行政機関の長に対し、当該保有個人情報の利用の停止、消去または提供の停止（同項1号・2号）の措置を請求することができる（同項本文）。これを利用停止請求権という。

行政機関における個人情報の適正な取扱いを確保するため、自己を本人とする保有個人情報が、適法に取得されたものでないとき、目的外利用または提供されているときに、その利用停止請求権を本人に付与する趣旨の制度である。

　　(イ)　対象情報

　対象情報については開示前置主義が採用されており、自己を本人とする保有個人情報のうち、訂正請求の場合と同様に、開示を受けた保有個人情報に限定されている。訂正請求に関する行政機関個人情報保護法27条1項かっこ書が「第36条1項において同じ」と規定しているからである。これを前提にして、同条3項も、利用停止請求を、保有個人情報の開示を受けた日から90日以内に限定し、同法37条1項2号が、「利用停止請求に係る保有個人情報の開示を受けた日」を利用停止請求書の必要的記載事項としている。

　その余の詳細は、各請求に共通する事項に関する対象情報として説明したので、当該説明箇所（本章Ⅱ2(2)）を参照されたい。

　　(ウ)　利用停止が認められる場合

　第1に、当該保有個人情報を保有する行政機関により適法に取得されたものでないとき、行政機関個人情報保護法3条2項の規定に違反して保有されているとき（利用目的達成に必要な範囲を超えて個人情報を保有している場合）、または同法8条1項および2項の規定に違反して利用されているとき（保有個人情報を目的外利用している場合）は、当該保有個人情報の利用の停止または消去を請求しうる（同法36条1項1号）。

　第2に、行政機関個人情報保護法8条1項および2項の規定に違反して提供されているとき（保有個人情報を目的外利用している場合）は、当該保有個人情報の提供の停止を請求しうる（同法36条1項2号）。

　ただし、当該保有個人情報の利用停止に関して他の法律またはこれに基づく命令の規定により特別の手続が定められているときは、この限りでない（行政機関個人情報保護法36条1項ただし書）。訂正請求に関する同法27条1項ただし書と同様に、このような特別の手続が定められているときは、当該手

続により同様の目的を達成しうるので、当該法令の定めるところによるものとする趣旨である。

　(エ)　利用停止請求手続

　利用停止請求は、当該保有個人情報を保有する行政機関の長に対し、所定の事項を記載した書面を提出して行い（保有個人情報利用停止請求書（【書式13】）の様式は、総務省ウェブサイトからダウンロードできる）[8]、その記載事項は〈表3〉「利用停止請求」欄のとおりであり（行政機関個人情報保護法37条1項）、「訂正」が「利用停止」に変更されている点を除けば、訂正請求に関する同法28条1項各号と同様である。ほかに、明文規定はないが、利用停止請求書に記載すべき事項として、利用停止請求先である行政機関の長の名称および同法に基づく利用停止請求であることを明らかにする記載を要する点でも同様である。

　請求先は、対象情報となる保有個人情報の保有主体たる行政機関の長であること（行政機関個人情報保護法36条1項）、請求者は本人またはその法定代理人であること（同条1項・2項）、請求書の提出方法には窓口への来所、送付、およびオンラインによる方法があること、請求の際に本人確認を要すること（同法37条2項）、請求書に形式上の不備があると認めるときは補正の対象となること（同条3項）については、いずれも前述した（本章Ⅱ2(4)～(6)参照）。

　利用停止請求は、訂正請求と同様に、保有個人情報の開示を受けた日から90日以内に行わなければならない（行政機関個人情報保護法36条3項）。

　開示請求の場合と異なり、手数料は不要である点でも、訂正請求と同様である。

8　総務省ウェブサイト「個人情報保護」〈http://www.soumu.go.jp/menu_sinsei/kojin_jyouhou/〉。なお、ガイドブック21頁・22頁参照。

【書式13】 保有個人情報利用停止請求書

保有個人情報利用停止請求書

平成○年○月○日

○○○○ 殿

(ふりがな)
氏 名　○　○　○　○

住所又は居所
〒000-0000　大阪市○○区○○町○丁目○番○号　TEL　06-0000-0000

　行政機関の保有する個人情報の保護に関する法律（平成15年法律第58号）第37条第1項の規定に基づき、下記のとおり保有個人情報の訂正を請求します。

記

利用停止請求に係る保有個人情報の開示を受けた日	平成○年○月○日
開示決定に基づき開示を受けた保有個人情報の名称等	開示決定通知書の文書番号：○○○○第○○号 日付：平成○年○月○日 開示決定に基づき開示を受けた保有個人情報 ○○業の許可申請書一式（平成○年○月○日）
請求に係る趣旨及び理由	(趣旨) ☑第1号該当　→　☑利用の停止、□消去 □第2号該当　→　提供の停止 (理由) ○○○○○○○○○○○○○○○○○○○○○○○○○○○○○○○○○○。

1	開示請求者　　☑本人　　□法定代理人
2	請求者本人確認書類 　☑運転免許証　　□健康保険被保険者証 　□個人番号カード又は住民基本台帳カード（住所記載のあるもの） 　□在留カード、特別永住者証明書又は特別永住者証明書とみなされる外国人登録証明書 　□その他（　　　　　） ※請求書を送付して請求する場合には、加えて住民票の写し等を添付してください。
3	本人の状況等（法定代理人が請求する場合にのみ記載してください。） 　(ア)　本人の状況　□未成年者（　　　年　　月　　日生）　□成年被後見人 　(イ)　本人の氏名 　(ウ)　本人の住所又は居所
4	法定代理人が請求する場合、次のいずれかの書類を提示又は提出してください。 請求資格確認書類　□戸籍謄本　□登記事項証明書　□その他（　　　　　　）

(2) 利用停止決定等

　行政機関の長は、利用停止請求があった場合、当該利用停止請求に理由があると認めるときは、当該行政機関における個人情報の適正な取扱いを確保するために必要な限度で、当該利用停止請求に係る保有個人情報の利用停止をしなければならない（行政機関個人情報保護法38条本文）。ただし、当該保有個人情報の利用停止をすることにより、当該保有個人情報の利用目的に係る事務の性質上、当該事務の適正な遂行に著しい支障を及ぼすおそれがあると認められるときは、この限りでない（同条ただし書）。利用停止により失われる公共の利益を考慮する趣旨である。

　行政機関の長は、利用停止を行うか否かを決定し、その旨を請求者に対し書面で通知することを要する（行政機関個人情報保護法39条。保有個人情報利用停止決定通知書（同条1項）、保有個人情報利用不停止決定通知書（同条2項））。

　利用停止決定等の期限は原則として利用停止請求の日から30日以内である

(行政機関個人情報保護法40条1項本文)。補正を求めた場合の扱いにつき同項ただし書、期間延長につき同条2項、期限の特例につき同法41条を参照されたい。これらはほぼ開示請求の場合と同様である。

開示請求、訂正請求の場合と異なり、事案の移送、独立行政法人等への事案の移送、保有個人情報の提供先への通知に関する規定はおかれていない。

なお、開示請求の場合と異なり、手数料が規定されていない点は、訂正請求の場合と同様である。

利用停止決定等に対する審査請求については前述した（本章Ⅱ2(7)参照）。

6　個人情報ファイル簿の作成・公表義務

(1)　作成・公表制度の趣旨

行政機関の長には、個人情報ファイル簿の作成・公表義務が課せられている。これは、行政機関の長は、政令で定めるところにより、当該行政機関が保有している個人情報ファイルについて、個人情報ファイル簿を作成し、公表しなければならないとするものである（行政機関個人情報保護法11条1項）。したがって、誰でも、この制度を用いて、行政機関の個人情報ファイル簿に関する情報を入手しうる。

この制度は、行政機関が保有する個人情報ファイルの存在・概要をできる限り国民に明らかにするという趣旨のものである。また、これによって前述の開示請求等が容易になりうる。ただし、個人情報ファイル簿の記載事項といっても項目にすぎないうえ、個人情報ファイルを構成しない保有個人情報にも及ぶ点で開示請求等の対象情報のほうが広く、本人の保有個人情報を含むか否かを問わない点で個人情報ファイル簿の作成・公表のほうが広い。

(2)　個人情報ファイル簿の作成

行政機関個人情報保護法11条1項の「政令で定めるところにより」に基づき、行政機関個人情報保護法施行令7条は、行政機関の長は、個人情報ファイルを保有するに至ったときは、直ちに個人情報ファイル簿を作成しなければならないこと（同条1項）、個人情報ファイル簿は、行政機関が保有して

いる個人情報ファイルを通じて一つの帳簿とすること（同条2項）、個人情報ファイル簿の記載事項に変更があったときは、直ちに当該個人情報ファイル簿を修正しなければならないこと（同条3項）、個人情報ファイル簿に掲載した個人情報ファイルの保有をやめたとき、またはその個人情報ファイルが行政機関個人情報保護法10条2項9号に該当するに至ったときは、遅滞なく、当該個人情報ファイルについての記載を消除しなければならないこと（行政機関個人情報保護法施行令7条4項）等を定めている。

個人情報ファイル簿の記載事項は、行政機関個人情報保護法10条1項1号から6号まで、8号および9号に掲げる事項その他政令で定める事項である（同条1項）。同項7号・10号・11号の事項が除かれている理由は、もっぱらこれらが総務大臣が法適合性確保のために通知事項としたものだからである。次に、「政令で定める事項」とは、同法2条4項1号に係る個人情報ファイルまたは同項2号に係る個人情報ファイルの別（行政機関個人情報保護法施行令8条1号）、同号に係る個人情報ファイルについて、同令9条に規定する個人情報ファイルがあるときは、その旨（同令8条2号）である。

(3) 個人情報ファイル簿の公表

行政機関の長は、個人情報ファイル簿を作成したときは、遅滞なく、これを当該行政機関の事務所に備えて置き一般の閲覧に供するとともに、インターネットの利用その他の情報通信の技術を利用する方法により公表しなければならない（行政機関個人情報保護法施行令7条5項）。平成15年法律第58号による全部改正以前の「行政機関の保有する電子計算機処理に係る個人情報の保護に関する法律」（以下、「旧法」という）8条では総務大臣が官報で公示するという方法が採用されていた。しかし、国民にとって利便性を欠くため、これに代えて行政機関個人情報保護法では同法施行令7条5項で情報通信の技術を利用する方法が導入された。これに基づき、総務省行政管理局が運営する総合的な行政情報ポータルサイト電子政府の総合窓口e-Govを用いて、各府省の個人情報ファイル簿を横断的に検索・閲覧することができる。もっとも、誰もがインターネット等を利用しうるわけではないので、同

項では当該行政機関の事務所に備えて置き一般の閲覧に供する旧法以来の方法が残され、情報通信技術を利用する方法と併用されることになった。

(4) 適用除外等

個人情報ファイル簿の作成・公表についても、行政機関個人情報保護法11条2項が例外（作成・公表が不要な場合）を定めている。

さらに、行政機関個人情報保護法11条1項の例外として、行政機関の長は、記録項目の一部もしくは同法10条1項5号もしくは6号に掲げる事項を個人情報ファイル簿に記載し、または個人情報ファイルを個人情報ファイル簿に掲載することにより、利用目的に係る事務の性質上、当該事務の適正な遂行に著しい支障を及ぼすおそれがあると認めるときは、その記録項目の一部もしくは事項を記載せず、またはその個人情報ファイルを個人情報ファイル簿に掲載しないことができる（同法11条3項）。

この公表制度が存在するため、利用目的の通知の求め（個人情報保護法24条2項）に対応する規定が、行政機関個人情報保護法には設けられていない。

7 行政機関非識別加工情報の提供

(1) 制度趣旨

行政機関個人情報保護法第4章の2「行政機関非識別加工情報の提供」（同法44条の2～44条の16）は、行政機関非識別加工情報の民間部門（民間の事業者）への提供制度を定めている。

個人情報の適正かつ効果的な活用が新たな産業の創出並びに活力ある経済社会および豊かな国民生活の実現に資するように期待されていることから（個人情報保護法1条）、平成27年改正個人情報保護法は、民間部門を対象とする「匿名加工情報」のしくみを新たに導入した。同法2条1項が定める個人情報を加工し、その要件たる個人識別性を失わせて非個人情報としたものを「匿名加工情報」（同法2条9項）として定義したうえ、同法36条以下が規定する義務を遵守することを条件に、それが匿名加工情報データベース等を構成するものであるときは、その第三者提供等を本人同意なしに可能にする

制度である。

個人情報保護法の平成27年改正に係る平成27年法律第65号の附則12条1項は、行政機関等の保有する個人情報を用いて作成される匿名加工情報について、民間部門の匿名加工情報とあわせてこれらの「円滑かつ迅速な利用を促進する観点から……検討を加え、その結果に基づいて所要の措置を講ずるものとする」としていた。これに基づき、公的部門が保有する個人情報についても、その特質を踏まえつつ、匿名化のための加工をして民間部門に提供して民間部門において利活用することを目的に、行政機関個人情報保護法にも平成28年法律第51号による改正によって「行政機関非識別加工情報」の制度が新設されたものである。

ここに特質とは、公的部門では、民間部門の場合とは異なる制約として、本来の利用目的以外の目的で個人情報を提供するときは、特別の理由があるときに限られていること、公的部門等は、民間部門と異なり、通常は営利の目的で匿名加工情報を提供することはないことから、単に民間部門が商業利用等を必要とするだけでは足りず、「新たな産業の創出並びに活力ある経済社会及び豊かな国民生活の実現」（行政機関個人情報保護法1条）に資する場合でなければならず、行政の適正かつ円滑な運営にも十分配慮する必要があるというものである。

以上の特質を踏まえて本制度は設計されている。

(2) **制度の概要**

本制度の対象情報として、行政機関個人情報保護法2条8項で「非識別加工情報」を定義したうえ、それに行政機関が保有する個人情報の特質に適合するよう限定を付した「行政機関非識別加工情報」を同条9項で定義し、それが「行政機関非識別加工情報ファイル」（同条10項）を構成するものであるときに、その民間部門への提供を、本人同意なしに可能としている。

提供に至る具体的な手続は〔図2〕のとおりである。

まず、行政機関の長が、当該行政機関が保有している個人情報ファイルに関し、行政機関非識別加工情報としての利用についての提案の募集に関する

事項を個人情報ファイル簿へ記載して（行政機関個人情報保護法44条の３）、前記提案を募集する（同法44条の４）。

これに応じて民間の業者が行った提案（行政機関個人情報保護法44条の５）を審査して（同法44条の７・44条の８）、それが所定の基準に適合すると認めるときは、当該事業者との間で利用契約を締結したうえ（同法44条の９）、行政機関非識別加工情報を作成して（同法44条の10）、それを当該事業者に提供する。

作成した行政機関非識別加工情報は個人情報ファイル簿に記載され（行政機関個人情報保護法44条の11）、これによって記載された行政機関非識別加工情報をその事業の用に供する行政機関非識別加工情報取扱事業者になろうとする者も、行政機関の長に対し、当該事業に関し提案等しうる（同法44条の12）。

提供を受けた事業者は、手数料を納付したうえ（行政機関個人情報保護法44条の13）、本法および利用契約によって定められた条件を遵守して使用しうる。このように行政機関非識別加工情報ファイルを事業の用に供している者を、行政機関非識別加工情報取扱事業者という（同法２条11項）。当該契約に違反した場合等は解除しうる（同法44条の14）。

以上のように、本制度は民間の事業者への提供を対象としており、公的部門の間における提供は本制度の対象外である。本制度に関する監督も、平成27年改正個人情報保護法によって導入された匿名加工情報制度と同様に、個人情報保護委員会が担当する。

さらに、行政機関個人情報保護法第５章（雑則）の中にも、本制度関係の規定が同時に新設された。同法51条の２から51条の８までの規定である。同法53条に罰則も新設されている。

本制度も、広い意味では情報の公開という意味を有する。

独立行政法人等個人情報保護法にも同時に同様の制度が導入されている。

〔図2〕 行政機関非識別加工情報の提供制度

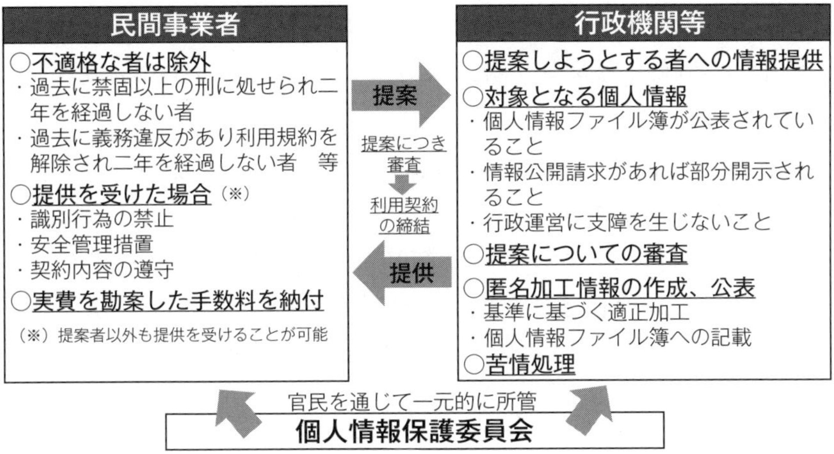

民間事業者
- ○**不適格な者は除外**
  ・過去に禁固以上の刑に処せられ二年を経過しない者
  ・過去に義務違反があり利用規約を解除され二年を経過しない者　等
- ○**提供を受けた場合**（※）
  ・識別行為の禁止
  ・安全管理措置
  ・契約内容の遵守
- ○**実費を勘案した手数料を納付**

（※）提案者以外も提供を受けることが可能

提案 → 提案につき審査 → 利用契約の締結 ← 提供

行政機関等
- ○**提案しようとする者への情報提供**
- ○**対象となる個人情報**
  ・個人情報ファイル簿が公表されていること
  ・情報公開請求があれば部分開示されること
  ・行政運営に支障を生じないこと
- ○**提案についての審査**
- ○**匿名加工情報の作成、公表**
  ・基準に基づく適正加工
  ・個人情報ファイル簿への記載
- ○**苦情処理**

官民を通じて一元的に所管
個人情報保護委員会

出典：総務省ウェブサイト「第190回国会（常会）提出法案」

8　公文書管理法との関係

　公文書管理法は、行政文書の作成（同法4条）、整理（同法5条）、保存（同法6条）、行政文書ファイル管理簿（同法7条）、国立公文書館等への移管または廃棄（同法8条）、および管理状況の報告等（同法9条）について統一的な管理ルールを規定する。行政文書の管理が前記統一ルールに基づき適正に行われることを確保するため、各府省は内閣総理大臣の同意を得て文書管理規則を設ける（同法10条）。独立行政法人等も、同法4条から6条までの規定に準じて法人文書を適正に管理し、法人文書ファイル管理簿、国立公文書館等への移管または廃棄（同法11条）、管理状況の報告等（同法12条）に関する統一的な管理ルールに基づき適正に行われることを確保するため、法人文書管理規則を設けるものとされている（同法13条）。

　歴史公文書等（公文書管理法2条6項。歴史資料として重要な公文書その他の文書）については、行政機関以外の国の機関が保有するものの保存・移管も定めている（同法14条）。国立公文書館等とは、独立行政法人国立公文書館の設置する公文書館、並びに、行政機関の施設および独立行政法人等の施設

であって、前記公文書館に類する機能を有するものとして政令で定めるものをいう（同法2条3項）。国立公文書館等の長は、国立公文書館等において保存されている歴史公文書等（同法2条7項。特定歴史公文書等）の永久保存等を要する（同法15条）。

　特定歴史公文書等は、利用促進の見地から利用請求権が設けられるとともに、個人情報保護等の見地からの不開示事由も規定されている（公文書管理法16条）。その特則として本人情報の利用請求権も定められているが（同法17条）、これは本人情報であれば個人情報保護の必要がないからである。特定歴史公文書等については、その性格上、行政機関個人情報保護法のような訂正および利用停止請求が規定されていない。

▷岡村久道

Ⅲ 独立行政法人等が保有する個人情報

1 概　説

　独立行政法人等が保有する個人情報の場合も、独立行政法人等個人情報保護法が、行政機関個人情報保護法とほぼ同様の制度を定めている。これに基づいて、本人は、独立行政法人等個人情報保護法第4章に基づき、自己を本人とする保有個人情報について開示等を請求しうる。同章に基づく請求には、開示（同章第1節）だけでなく、訂正（同章第2節）および利用停止（同章第3節）も含まれる。同章第4節は審査請求を規定している。

　独立行政法人等個人情報保護法の対象法人が、政府の一部を構成するとみられる法人であることから、同法の内容は行政機関個人情報保護法のそれと原則として同一とされている。その半面、独立行政法人等は国と別個の法人格であること等から、独立行政法人等の性格に適合したしくみづくりという観点に基づき、いくつかの点で行政機関個人情報保護法と異なる扱いがなされている。

　独立行政法人等個人情報保護法の政令委任事項は独立行政法人等個人情報保護法施行令によって定められているので、それらをあわせて参照する必要がある。

2　各請求に共通する事項

(1)　請求先――独立行政法人等

　請求先は、対象情報となるとなる保有個人情報の保有主体たる独立行政法人等である（独立行政法人等個人情報保護法12条1項・27条1項・36条1項）。独立行政法人等とは、独立行政法人通則法2条1項に規定する独立行政法人および別表に掲げる法人をいう（独立行政法人等個人情報保護法2条1項）。

独立行政法人通則法2条1項に規定する独立行政法人とは、国民生活および社会経済の安定等の公共上の見地から確実に実施されることが必要な事務および事業であって、国が自ら主体となって直接に実施する必要のないもののうち、民間の主体に委ねた場合には必ずしも実施されないおそれがあるものまたは一つの主体に独占して行わせることが必要であるものを効果的かつ効率的に行わせるため、中期目標管理法人、国立研究開発法人または行政執行法人として、独立行政法人等個人情報保護法および個別法の定めるところにより設立される法人をいう（同項）。中期目標管理法人につき同条2項が、国立研究開発法人につき同条3項が、行政執行法人につき同条4項が、それぞれ定義している。

　独立行政法人等個人情報保護法別表に掲げる法人とは、3種類の法人、すなわち、①国立大学法人（国立大学法人法2条1項）および大学共同利用機関法人（同条3項）のすべて、②特殊法人の一部、③認可法人の一部が含まれる[9]。

(2)　**対象情報——自己を本人とする保有個人情報**

　各請求に共通する対象情報は、請求先の独立行政法人等が保有する「自己を本人とする保有個人情報」である（独立行政法人等個人情報保護法12条1項・27条1項・36条1項）。開示請求と異なり、訂正請求・利用停止請求の対象情報は、開示前置主義のため、開示を受けた保有個人情報に限られており、対象情報への該当性が、その特定性を含めて問題となるのは、事実上、

---

[9]　沖縄科学技術大学院大学学園（沖縄科学技術大学院大学学園法）、沖縄振興開発金融公庫（沖縄振興開発金融公庫法）、株式会社国際協力銀行（株式会社国際協力銀行法）、株式会社日本政策金融公庫（株式会社日本政策金融公庫法）、原子力損害賠償・廃炉等支援機構（原子力損害賠償・廃炉等支援機構法）、国立大学法人（国立大学法人法）、大学共同利用機関法人（国立大学法人法）、日本銀行（日本銀行法）、日本司法支援センター（総合法律支援法）、日本私立学校振興・共済事業団（日本私立学校振興・共済事業団法）、日本中央競馬会（日本中央競馬会法）、日本年金機構（日本年金機構法）、農水産業協同組合貯金保険機構（農水産業協同組合貯金保険法）、放送大学学園（放送大学学園法）、預金保険機構（預金保険法）である。

III　独立行政法人等が保有する個人情報

主として開示請求の場合であることは、行政機関個人情報保護法の場合と同様である。

　㋐　保有個人情報

第1は、保有個人情報に該当することである。保有個人情報の概念について、独立行政法人等個人情報保護法2条5項〔3項〕は、①独立行政法人等の役員または職員が職務上作成または取得した、②個人情報のうち、③当該独立行政法人等の役員または職員が組織的に利用するものとして、④独立行政法人等が保有しているものをいうが、⑤独立行政法人等情報公開法2条2項に規定する行政文書に記録されているものに限られると定義している。

以上のとおり、独立行政法人等個人情報保護法にいう「行政機関」が「独立行政法人等」に、「職員」が「役員又は職員」と置き換えられているほかは、前述の行政機関個人情報保護法の場合と同一であるから、同法に関する前述の解釈があてはまる（本章Ⅱ2(2)参照）。同法45条2項と同様に、要件④との関係で、保有個人情報（独立行政法人等情報公開法5条に規定する不開示情報をもっぱら記録する行政文書に記録されているものに限る）のうち、まだ未整理のもので、同一の利用目的に係るものが著しく大量なためその中から特定の保有個人情報の検索が著しく困難なものは、後述の不服申立てとの関係を除き、行政機関に保有されていないものとみなされる（独立行政法人等個人情報保護法45条）。一方で、同法の性格上、行政機関個人情報保護法45条1項に対応する規定はおかれていない。

　㋑　「自己を本人とする」もの

第2に、保有個人情報のうち、「自己を本人とする」ものに限られること、そのため、他人を本人とする保有個人情報について開示請求等をすることができないが、他人の保有個人情報のように見えても、請求者を本人とする保有個人情報にも該当することがありうることも、行政機関個人情報保護法の場合と同一である。

　㋒　行政機関非識別加工情報および削除情報

第3に、保有個人情報であっても、行政機関非識別加工情報ファイル（独

立行政法人等個人情報保護法2条10項）を構成する行政機関非識別加工情報（同法2条9項）、および削除情報（同法6条かっこ書）に該当するものを除く。その旨を規定した同法6条かっこ書が、同法12条1項（開示請求権）において同じと定めており、開示前置主義によって、論理上、訂正請求および利用停止請求にも及ぶからである。さらに、利用停止の対象情報たる保有個人情報から、行政機関非識別加工情報および削除情報に該当するものが除かれる。その旨を規定した同法7条2項かっこ書が、同法38条（保有個人情報の利用停止義務）において同じと定めているからである。

　　(エ)　情報提供等の措置

　この制度の円滑な運用を図る目的で、独立行政法人等個人情報保護法46条1項は、独立行政法人等は、開示請求等をしようとする者がそれぞれ容易かつ的確に開示請求等をすることができるよう、当該独立行政法人等が保有する保有個人情報の特定に資する情報の提供その他開示請求等をしようとする者の利便を考慮した適切な措置を講ずるものとしている。行政機関個人情報保護法47条1項と同趣旨の規定である。

　(3)　請求者──本人もしくは未成年者または成年被後見人の法定代理人

　請求者は、各請求に共通して、本人またはその法定代理人であり（独立行政法人等個人情報保護法12条・27条・36条）、国籍・居住国を問わない。任意代理人による請求は、広く代理請求を認めることは、かえって本人の権利利益の保護に欠けるおそれがあることを理由に規定されていないが、弁護士が本人の任意代理人として行うことは可能であることは、行政機関個人情報保護法の場合と同様である。

　(4)　請求手続──請求書の提出

　請求手続は、請求者が独立行政法人等に対し請求書を提出して行うが（書面主義）、その必要的記載事項も（独立行政法人等個人情報保護法13条1項・28条1項・37条1項）、請求書に当然に記載すべき事項として、請求先である独立行政法人等の名称および同法に基づく請求であることを明らかにする記載が必要とされていること、請求書の提出方法には窓口への来所、送付、およ

びオンラインによる方法があること、請求書に形式上の不備があると認めるときは補正の対象となること（同法13条3項・28条3項・37条3項）は、いずれも行政機関個人情報保護法の場合と同様である。

(5) 請求の際における本人確認

請求書の提出時に本人確認を要し、政令で定めるところにより、当該請求に係る保有個人情報の本人であること（法定代理人による請求では、利用停止請求に係る保有個人情報の本人の法定代理人であること）を示す書類を提示し、または提出しなければならない（独立行政法人等個人情報保護法13条2項・28条2項・37条2項）。本人確認の方法は行政機関個人情報保護法の場合と同様である（独立行政法人等個人情報保護法施行令6条・14条）。

(6) 補正決定および審査請求

開示請求等に対し、独立行政法人等が決定を行う。定められた要件に該当するときは、行政機関の長は開示請求等の決定義務を負う。決定までの期間は法定されているが、各請求によって異なるので個々の請求を説明する箇所で後述する。

決定等について行政不服審査法に基づき審査請求ができるが、独立行政法人等は、情報公開・個人情報保護審査会に諮問しなければならない。次に、決定等は処分であるから、行政事件訴訟法による取消訴訟の対象となる。請求者は、行政不服審査法に基づく審査請求を経ることなく訴訟を提起しうる。

3　開示請求権

(1) 開示請求権と開示請求手続

何人も、独立行政法人等個人情報保護法の定めるところにより、独立行政法人等に対し、当該独立行政法人等の保有する自己を本人とする保有個人情報の開示を請求しうる（同法12条1項）。これを開示請求権という。

請求は開示請求書の提出により行い（独立行政法人等個人情報保護法13条1項）、その必要的記載事項（同項各号の事項に加え、開示請求先である独立行政

法人等の名称および同法に基づく開示請求であることを明らかにする記載を要すること）および任意的記載事項（独立行政法人等個人情報保護法施行令5条1項）、提出の際の本人確認（独立行政法人等個人情報保護法13条2項、独立行政法人等個人情報保護法施行令6条）、補正の求め（独立行政法人等個人情報保護法13条3項）、並びに手数料（同法26条）は、それぞれ行政機関個人情報保護法の場合と同様である。

(2) 保有個人情報の開示義務等

独立行政法人等は、開示請求があったときは、不開示情報が含まれている場合を除き、開示請求者に対し、当該保有個人情報を開示しなければならない（独立行政法人等個人情報保護法14条）。

不開示情報（独立行政法人等個人情報保護法14条各号）、部分開示（同法15条）、裁量的開示（同法16条）、存否応答拒否（同法17条）、開示請求に対する措置（同法18条）、開示決定等の期限（同法19条・20条）、事案の移送（同法21条・22条）、第三者に対する意見書提出の機会の付与等（同法23条）、開示の実施（同法24条）、他の法令による開示の実施との調整（同法25条）も、それぞれ行政機関個人情報保護法における開示請求の場合と同様である。

4　訂正請求権

(1) 訂正請求権と訂正請求手続

何人も、自己を本人とする保有個人情報の内容が事実でないと思料するときは、独立行政法人等個人情報保護法の定めるところにより、当該保有個人情報を保有する独立行政法人等に対し、当該保有個人情報の訂正（追加または削除を含む）を請求しうるが、当該保有個人情報の訂正に関して他の法律またはこれに基づく命令の規定により特別の手続が定められているときは、この限りでない（同法27条1項本文）。これを訂正請求権という。

内容が事実でない保有個人情報によって本人の権利利益が侵害されることを防止するため、独立行政法人等個人情報保護法5条（正確性の確保）を受けて規定されたものであり、「内容が事実でない」場合に認められるのに対

し、それに基づく評価・判断のみが不適正な場合における当該評価・判断は訂正請求の対象とならない。これらの点も行政機関個人情報保護法の場合と同様である。

開示前置主義が採用されていること（独立行政法人等個人情報保護法27条1項各号）、訂正請求は保有個人情報の開示を受けた日から90日以内という期間制限があること、請求は訂正請求書の提出により行い（同法28条1項）、その必要的記載事項（同項各号の事項に加え、開示請求先である独立行政法人等の名称および同法に基づく訂正請求であることを明らかにする記載を要すること）、提出の際の本人確認（同条2項、独立行政法人等個人情報保護法施行令6条・14条）、補正の求め（独立行政法人等個人情報保護法28条3項）については、それぞれ行政機関個人情報保護法における訂正請求の場合と同様である。

(2) 保有個人情報の訂正義務等

独立行政法人等は、訂正請求があった場合、当該訂正請求に理由があると認めるときは、当該行政機関における個人情報の適正な取扱いを確保するために必要な限度で、当該利用停止請求に係る保有個人情報の訂正をしなければならないが、当該保有個人情報の訂正をすることにより、当該保有個人情報の利用目的に係る事務または事業の性質上、当該事務または事業の適正な遂行に著しい支障を及ぼすおそれがあると認められるときは、この限りでない（独立行政法人等個人情報保護法38条）。

独立行政法人等は、訂正を行うか否かを決定し、その旨を請求者に対し書面で通知することを要する（独立行政法人等個人情報保護法39条）。

訂正決定等の期限は原則として利用停止請求の日から30日以内であるが（独立行政法人等個人情報保護法40条1項本文）、補正を求めた場合に当該補正に要した日数は当該期間に不算入となり（同項ただし書）、期間延長（同条2項）、期限の特例（同法41条）が定められている点、事案の移送、手数料、および保有個人情報の提供先への通知に関する規定はおかれていない点も、行政機関個人情報保護法における訂正請求の場合と同様である。

訂正決定等に対する不服申立てについては前述した（本章Ⅲ2(6)参照）。

5 利用停止請求権等

(1) 利用停止請求権と利用停止請求手続

　何人も、自己を本人とする保有個人情報が独立行政法人等個人情報保護法36条1項各号のいずれかに該当すると思料するときは、同法の定めるところにより、当該保有個人情報を保有する行政機関の長に対し、当該保有個人情報の利用の停止、消去または提供の停止（同項1号・2号）の措置を請求することができる（同項本文）。これを利用停止請求権という。同項の措置たる利用停止には、利用の停止、消去または提供の停止を含む（同項かっこ書）。

　独立行政法人等における個人情報の適正な取扱いを確保するため、自己を本人とする保有個人情報が、適法に取得されたものでないとき、目的外利用または提供されているときに、その利用停止請求権を本人に付与する趣旨の制度である。

　利用停止請求は保有個人情報の開示を受けた日から90日以内という期間制限がある（独立行政法人等個人情報保護法36条3項）。

　開示前置主義が採用されていること（独立行政法人等個人情報保護法27条1項かっこ書）、請求は利用停止請求書の提出により行い（同法37条1項）、その必要的記載事項（同項各号の事項に加え、利用停止請求先である独立行政法人等の名称および同法に基づく利用停止請求であることを明らかにする記載を要すること）、提出の際の本人確認（同条2項、独立行政法人等個人情報保護法施行令6条・14条）、補正の求め（独立行政法人等個人情報保護法37条3項）については、それぞれ行政機関個人情報保護法における訂正請求の場合と同様である。

(2) 保有個人情報の利用停止義務等

　独立行政法人等は、利用停止請求があった場合、当該利用停止請求に理由があると認めるときは、当該行政機関における個人情報の適正な取扱いを確保するために必要な限度で、当該利用停止請求に係る保有個人情報の利用停止をしなければならないが、当該保有個人情報の利用停止をすることによ

り、当該保有個人情報の利用目的に係る事務または事業の性質上、当該事務または事業の適正な遂行に著しい支障を及ぼすおそれがあると認められるときは、この限りでない（独立行政法人等個人情報保護法38条）。

独立行政法人等は、利用停止を行うか否かを決定し、その旨を請求者に対し書面で通知することを要する（独立行政法人等個人情報保護法39条）。

利用停止決定等の期限は原則として利用停止請求の日から30日以内であるが（独立行政法人等個人情報保護法40条1項本文）、補正を求めた場合に当該補正に要した日数は当該期間に不算入となり（同項ただし書）、正当な理由があれば30日以内に限り期間延長しうるが、この場合には請求者に対し遅滞なく延長後の期間および延長の理由を書面で通知する（同条2項）。期限の特例につき同法41条を参照されたい。事案の移送、手数料、および保有個人情報の提供先への通知に関する規定はおかれていない。以上の点は行政機関個人情報保護法の場合と同様である。

利用停止決定等に対する不服申立てについては前述した（本章Ⅲ2(6)参照）。

6　個人情報ファイル簿の作成・公表義務

独立行政法人等には、個人情報ファイル簿の作成・公表義務が課せられており（独立行政法人等個人情報保護法11条1項）、適用除外等も規定されている（同条2項・3項）。これは行政機関個人情報保護法の場合と同様である。したがって、誰でも、この制度を用いて、独立行政法人等の保有する個人情報ファイル簿に関する情報を入手しうる。

7　独立行政法人等非識別加工情報の提供

独立行政法人等個人情報保護法第4章の2「独立行政法人等非識別加工情報の提供」（同法44条の2～44条の16）は、独立行政法人等非識別加工情報の民間部門（民間の事業者）への提供制度を定めている。

平成28年法律第51号による改正によって新設されたものであり、その制度趣旨、および制度の概要は、行政機関個人情報保護法における行政機関非識

別加工情報の制度と同様であって、広い意味では独立行政法人等が保有する情報公開の一端を担うものということができる。

8　公文書管理法との関係

　公文書管理法は、独立行政法人等の役員または職員が職務上作成し、または取得した文書であって、当該独立行政法人等の役員または職員が組織的に用いるものとして、当該独立行政法人等が保有しているものを「法人文書」と呼んだうえ（同法2条5項）、行政機関における「行政文書」と同様の定めをおいていおり、特定歴史公文書等に関する本人情報の利用請求権も含まれている（同法17条）。

▷岡村久道

Ⅳ　地方公共団体が保有する個人情報

1　概説

　わが国における個人情報保護は、個人情報保護3法の制定以前から、地方公共団体が自ら制定する個人情報保護条例を中心として進められてきた。現在では、すべての都道府県・市区町村が個人情報保護条例を制定している。

　個人情報保護3法の制定と同時に、個人情報保護条例を制定済みであった地方公共団体でも、規定内容の見直しが進められた。平成15年の地方独立行政法人法の制定によって、地方独立行政法人も、個人情報保護条例の対象とするものが一般的である。さらに、番号利用法に適合するよう、その改正も新たな課題となっている。

　保有個人情報に関し、大半の地方公共団体が個人情報保護条例によって、本人関与のしくみとして、行政機関個人情報保護法に準じて、開示請求、訂正請求、利用中止請求等を定めている。これに基づいて、本人は、地方公共団体に機関に対し、自己を本人とする保有個人情報について開示等を請求しうる。ただし、地方公共団体ごとに、細部に違いがあることは否定できない。各地方公共団体が制定している個人情報保護条例の条文は、個人情報保護委員会ウェブサイトにリンクが張られており[10]、これを用いて検索することができる。以下、典型的な内容の東京都個人情報保護条例を例にとって説明する。

10　個人情報保護委員会ウェブサイト「地方公共団体の個人情報保護条例」〈http://www.ppc.go.jp/personal/legal/local/〉。

2　各請求に共通する事項

(1)　請求先——地方公共団体の実施機関

　一般に、請求先は、対象情報となる保有個人情報の保有主体たる地方公共団体の実施機関である。東京都個人情報保護条例2条では、実施機関とは、首長（知事）、教育委員会、選挙管理委員会、人事委員会、監査委員、公安委員会、労働委員会、収用委員会、海区漁業調整委員会、内水面漁場管理委員会、固定資産評価審査委員会、公営企業管理者、警視総監および消防総監並びに都が設立した地方独立行政法人をいうものと定義している。このように地方独立行政法人を含む個人情報保護条例が一般的である。他の地方公共団体では議会を実施機関とするものも多く、尼崎市個人情報保護条例2条1項のように、さらに指定管理者も実施機関とするものもある。

(2)　対象情報——自己を本人とする保有個人情報

　各請求に共通する対象情報は、一般に、請求先の実施機関が保有する「自己を本人とする保有個人情報」と規定されている。保有個人情報の定義内容も、おおむね行政機関個人情報保護法の場合と同様であり、したがって、その解釈も同法の場合と基本的に同様となる。

　個人情報保護条例ごとに、個人情報の定義が、照合による識別性を明記するか否か形式上の違いがあるが、明記されていない場合でも、照合による識別性を含むものと解釈されているので、この点での実質的な違いはない。むしろ、照合による識別性を明記する場合に、明文で容易照合性を要件とするか否かの違いがあるだけである。そのため、定義の形式的な書きぶりは個人情報保護条例ごとに多様にみえても、実質的には容易照合性の要否について基本的な違いがあるだけである。しかも、容易照合性の有無によって、どのように実質的な違いが生じるかという点について、必ずしも解釈は確定しておらず、それによって結論が左右したという事例も見受けられない。したがって、実質的な違いがあるかも疑わしい。

　一部の地方公共団体では、個人情報の概念について、個人情報保護3法と

異なり、生存者性を要件としないものがある。さらに、それを前提として、死者の個人情報は、当該個人情報について利害関係を有する者として市長が定める相続人が開示請求をしうると規定する大分市個人情報保護条例13条3項がある。かかる規定がない場合に、相続人たる控訴人が、富山県新湊市長（被控訴人）に対し被相続人の市民病院における診療記録（本件診療記録）の開示請求をしたところ、被控訴人が行った不開示決定（本件不開示処分）の取消しを求めた事案で、名古屋高金沢支判平成16・4・19判タ1167号126頁は、被相続人の死因に密接に関連する情報が記載された本件診療記録は、被相続人の法的地位を包括承継した相続人である控訴人との関係で、その個人識別情報にも該当し、控訴人は、本件診療記録につき情報公開条例（個人情報保護条例は当時未制定）上、個人識別情報の開示が認められる「本人」に該当するとして、控訴人の請求を認容して本件不開示処分を取り消した。

(3) **請求者――本人もしくは未成年者または成年被後見人の法定代理人**

請求者も、各請求に共通して、おおむね本人もしくは未成年者または成年被後見人の法定代理人とされており（東京都個人情報保護条例12条参照）、国籍・居住国を問わないが、任意代理人を認めていない点で、行政機関個人情報保護法の場合と同様である。

未成年者に関する開示請求等について規定がない条例について、請求者が未成年者である場合に法定代理人による請求が認められるとするものとして横浜地判平成12・2・21判自206号90頁がある。

(4) **請求手続――請求書の提出**

請求手続は、請求者が地方公共団体の実施機関に対し請求書を提出して行うが（書面主義）、その必要的記載事項も、請求書に当然に記載すべき事項として、請求先である地方公共団体の実施機関の名称および個人情報保護条例に基づく請求であることを明らかにする記載が必要とされていること、請求書の提出方法には窓口への来所、および送付による方法があること、請求書を提出する際に本人確認を要するが、請求書の提出方法ごとに本人確認の方法が異なること、請求書に形式上の不備があると認めるときは補正の対象

となることは、いずれも行政機関個人情報保護法の場合と同様である。

(5) **決定および審査請求**

開示請求等について実施機関は所定の期間内に決定義務を負うが、請求者は、決定等について行政不服審査法に基づき審査請求ができるが、その場合には当該地方公共団体が設置する個人情報保護審査会に諮問するものとされていることが一般的であり、行政不服審査法に基づく審査請求を経ることなく、行政事件訴訟法による取消訴訟を提起しうる。さらに、開示請求等に対する個人情報保護条例違反の拒否処分に対し国家賠償法1条1項に基づき損害賠償を請求することもできる（一部不開示処分をし、さらに一部の資料についてはその存在すら明らかにしなかったという事案に関するものとして大津地判平成26・1・14判時2213号75頁）。

3 開示請求権

ほぼすべての地方公共団体が個人情報保護条例に開示請求権を規定している。

請求は開示請求書の提出により行い（東京都個人情報保護条例13条1項）、その必要的記載事項（同項各号の事項に加え、開示請求先である当該実施機関の名称および同法に基づく開示請求であることを明らかにする記載を要すること）、提出の際の本人確認（同条2項）、補正の求め（同条3項）、並びに手数料（同条例22条）等は、それぞれ行政機関個人情報保護法における開示請求の場合と同様である。

請求を受けた実施機関は、不開示情報が含まれている場合を除き、開示請求者に対し、当該保有個人情報を開示して書面で通知しなければならないが（東京都個人情報保護条例14条・16条）、不開示情報（同条例16条各号）、部分開示（同条例17条）、裁量的開示（同条例17条の2）、存否応答拒否（同条例17条の3）、開示決定等の期限（同条例14条）、事案の移送（同条例17条の2）、第三者に対する意見書提出の機会の付与等（同条例14条）、開示の実施（同条例15条）等も、それぞれ行政機関個人情報保護法における開示請求の場合とほ

ぼ同様である。

　不開示情報への該当性が争いとなった事例は少なくない。

　さいたま地判平成19・4・25裁判所HPは、離婚し、子と別居中の親が、個人情報保護条例（本件条例）に基づき、その子に代わって、教育委員会に対し、学齢登載通知書の開示を請求したところ、同通知書の存否も明らかにせず、不開示決定されたため、その取消しを求めた事例である。この判決は、親同士で子の取り合いとなったり、子に対する暴力が主張されているケースでは、子とともに生活していない親である申立人が、探索的な情報開示請求をすることにより、子の居住地を探索したり、それを把握したうえで、子を連れ去ったり、関係者に自己の主張を通すために一定の働きかけをしたり等の行動を起こすことも稀ではないとし、学齢登載通知書の存否を明らかにすると、申立人が子の居所を探知できる可能性が生じるから、同通知書の存否自体が、本件条例上不開示とされている本人の生命、健康、生活または財産を害するおそれがある情報にあたると判断し、同通知書の存否を明らかにしないで、申立人の個人情報開示請求を拒否した決定は適法であるとした。

　東京地判平成25・6・28判自386号74頁は、原告が、被告（大田区）の個人情報保護条例に基づき、同区長に対して行った自己情報開示請求について、同区長が一部開示決定を行い（本件一部開示決定）、また、被告の職員が、本件非開示部分に被覆を施した（本件被覆行為）のに対し、本件一部開示決定には理由がなく、本件被覆行為はその態様が不適切で原告に屈辱感を与えるものであるとした国家賠償の事案で、同条例18条の2第2項2号は、個人の評価、診断等に関するもので、開示することにより本人の利益を損ない、または当該評価等に係る実施機関の適正な事務の執行に著しい支障を生じるおそれがあると認められるものを開示しないことができる旨規定しているところ、医療機関における診断に関する情報については、これを本人に開示することにより、本人に治療上の悪影響を及ぼすおそれがあると認められる場合には、同号にいう本人の利益を損なうおそれがあると認められる情報

として、非開示情報に該当するものと解されるなどとして、請求を棄却した。

東京地判平成23・4・14季報46号58頁は、府中市個人情報保護条例（本件条例）に基づき、「東京都から来ている子供手当の消滅に関わる文書」の自己情報開示請求をした原告が、市長から一部不開示決定を受け、同不開示決定部分の取消しを求めた事案で、本件不開示部分2が開示され、配偶者からの暴力の被害者の保護活動を行っている東京都の機関の名称が開示されると、当該機関においては、配偶者からの暴力の加害者（当該配偶者）がその機関を訪れ、当該機関に不服・不満を訴えるなどの行動をとったり、また、当該機関を通じて被害者に接触を図ったり、圧迫を加えたりするような行動をとるおそれがあり、そのような加害者の行動によって当該機関の執務が妨害されたり、当該機関において、上記事態が生ずることを想定し、それによって配偶者による暴力の被害者に更なる被害発生防止のための方策の検討、実行などが必要となり、これにより、本件不開示部分2に記載された情報の提供をした東京都に属する当該機関の通常の業務が妨げられるおそれがあるから、本件不開示部分2記載の情報は、それが開示されることにより、当該部分にその名称が記載されている東京都の機関の事務の執行に支障が生ずるおそれがあり、本件条例17条4号に該当すること、本件不開示部分1の記載は、東京都の機関である婦人相談所が配偶者からの暴力の被害者からの相談を受けていることが判明することになることからすれば、本件不開示部分2の記載内容を推知させるものであるといえ、本件条例17条4号に該当すること、本件不開示部分3には、配偶者からの暴力の被害者の氏名および生年月日が記載されており、本件文書の記載内容からすると、配偶者からの暴力を受けているとして何らかの措置を受けている者の氏名および生年月日を表す情報であるが、このような情報は、配偶者からの暴力の被害者である本人において、その加害者である配偶者を含め自己が欲しない他者にはみだりにこれを公開されたくないと考えるのが自然な情報であるといえ、開示によって、本人のプライバシーなどを侵害するおそれがあるから、本件条例17

条5号に該当するというべきであるなどとして請求を棄却した。

　名古屋高判平成25・10・30判自388号36頁は、愛知県情報公開条例および個人情報保護条例に基づき、愛知県教育委員会管理部特別支援教育課や愛知県内の特別支援学校等の保管・保有する行政文書の開示請求および保有個人情報の開示請求をしたが、前記各請求に対していずれも不開示決定を受けた事案で、第1審（前掲名古屋地判平成25・3・28）が各開示請求は権利濫用にあたるから本件各不開示決定は適法であるとして請求を棄却したので控訴したところ、請求者の開示請求が膨大な数になったのは、自らの持論に固執し、同内容のものを何度も請求をしたり、同県職員が請求者の思うような対応をしないと感じた場合に、要求を通すために圧力をかけるなどの交渉材料として請求をするなどした結果というべきであって、請求者の開示請求が真摯なものではなかったとした第1審判決を支持して控訴を棄却した。

　ほかに個人情報保護条例との関係で不開示決定の適法性が争われた事例として、熊本地判平成15・4・25判自258号62頁、名古屋高判平成20・7・16判例集未登載、大阪高判平成25・10・25季報53号18頁等がある。

4　訂正請求権

　ほぼすべての地方公共団体が個人情報保護条例に訂正請求権を規定している。その内容も行政機関個人情報保護法における訂正請求の場合とほぼ同様である。

　国民健康保険診療報酬明細書（レセプト）に記録された個人の診療に関する情報にかかる京都市個人情報保護条例21条1項に基づく同人からの訂正請求に対し、調査権限がないことを理由に市長が行った訂正をしない旨の処分の効力が争われた事件で、最判平成18・3・10裁時1407号3頁は、実施機関が本件レセプトに記録された被上告人の診療に関する情報を誤りのある個人情報であるとして訂正することは、保険医療機関が請求した療養の給付に関する費用の内容等を明らかにするという本件レセプトの文書としての性格に適さない等として、訂正請求を棄却した。同条例は実施機関に対して必要な

調査権限を付与する特段の規定をおいておらず、実施機関の有する対外的な調査権限におのずから限界があり、保険医療機関が自ら行った診療として本件レセプトに記載した内容が実際のものと異なることを理由としている。訂正とは、文書の記載自体の訂正に限定されず、当該文書に記載された個人情報の内容の訂正をいうものとする立場を前提に、実施機関が当該文書の訂正権限がある場合に限るものとしたものといえよう。

　ほかに個人情報保護条例との関係で訂正請求の拒否処分の効力が争われた事例として、東京地判平成16・6・25判タ1203号122頁、大阪地判平成19・4・26判タ1269号132頁、東京地判平成26・11・25判例集未登載等がある。

5　利用停止請求権

　ほぼすべての地方公共団体が個人情報保護条例に利用停止請求権も規定しており、その内容も行政機関個人情報保護法における訂正請求の場合とほぼ同様である。個人情報保護条例との関係で利用停止請求の拒否処分の効力が争われた事例として、東京高判平成24・7・18判時2187号3頁、前掲東京地判平成26・11・25等がある。

▷岡村久道

V　個人情報取扱事業者が保有する個人情報

1　概　説

　個人情報保護法は、個人情報取扱事業者が保有する個人情報のうち、自己を本人とする保有個人データについて「開示等の求め」を定めている。

　「開示等の求め」が本人の具体的権利性を有するか、現行の個人情報保護法（以下、「現行法」ともいう）では後述のとおり解釈が対立していた（本章Ｖ３参照）。しかし、平成27年法律第65号による改正によって（以下、「平成27年改正法」ともいう）、その具体的権利性が明確化され、手続も一部整備された。この改正部分は改正法公布日から２年以内に政令で定める日から施行される。したがって、以下、現行法について説明した後、平成27年改正法について説明を加える。

　個人情報保護法の政令委任事項は、個人情報保護法施行令によって定められているので、それらをあわせて参照する必要がある。

2　個人情報保護法における関連規定

(1)　個人情報保護法の概要

　個人情報保護法は、保有個人データについて、個人情報取扱事業者は、その有する保有個人データに関する事項を本人の知りうる状態におかなければならないとしたうえ（同法24条１項）、「開示等の求め」（この用語については同法29条１項かっこ書参照）に関する規定をおいている。

　開示等の求めは、①利用目的の通知の求め（個人情報保護法24条２項）、②開示の求め（同法25条）、③訂正等の求め（同法26条）、および、④利用停止等の求め（同法27条）から構成されており、④はさらに、⑦狭義の利用停止等の求め（同条１項）と⑦第三者提供停止の求め（同条２項）に区分され

る。③④について開示前置主義が採用されていない点で、行政機関個人情報保護法および独立行政法人等個人情報保護法と異なっている。したがって、本人は、開示の求めを経ることなく、③④を求めることができ、①についても同様である。

(2) **具体的権利性および法的性格**

開示等の求めの具体的権利性の有無について争いがあった。それらを定めた規定は、行政機関個人情報保護法および独立行政法人等個人情報保護法のような「何人も……請求することができる」という文言ではないことに起因している。

否定説に立つ裁判例（東京地判平成19・6・27判時1978号27頁）も存在した。その理由として、個人情報保護法25条等に違反した場合に、同法は個人情報取扱事業者・認定個人情報保護団体による自主的解決および主務大臣による行政上の監督によって個人の権利利益を保護することとしていること、権利性を肯定すると、これらの紛争解決手段よりも直截であるとして、同手段によることなく直接裁判上の開示請求が行われ、同手段に関する法規定が空文化し、同法29条1項・30条も適用の余地がなくなること、同法25条1項の標題が「開示」とされ、同項の文言がもっぱら開示を個人情報取扱事業者の義務としていることを判示していた。

これに対し、多数説は肯定説に立ってきた。個人情報保護法制定時における政府側の国会答弁は具体的権利性を認めるものであり、同法第4章第1節（保有個人データに関する義務）の中におかれていることから「個人情報取扱事業者は……本人から……求められた場合……なければならない」という文言となっているにすぎず、この判決が指摘するその余の点も、何ら具体的権利性を否定する理由となりうるものとはいえないからであるからである。東京地判平成27・2・23判例集未登載も肯定説に立つ。

後述のとおり、平成27年改正法は具体的権利性を明確化したものとして位置づけられている（本章Ⅴ3参照）。これは現行法の解釈について肯定説を前提とするものであり、今後は平成27年改正法の施行を待つことなく、現行法

についても具体的権利として法解釈が定着するものと思われる。

いずれにしても、開示等の求めの法的性格が、プライバシー権に密接にかかわるものであるが、それとは異なる法定請求権であること、両権利は請求権競合となることについては前述した（本章Ⅰ2参照）。

(3) **各請求に共通する事項**

(ア) **請求先──個人情報取扱事業者**

義務の対象者（開示等の求めの請求先）は、当該本人が識別される保有個人データに係る個人情報取扱事業者である。

個人情報取扱事業者とは、個人情報データベース等を事業の用に供している者をいうが、①国の機関、②地方公共団体、③独立行政法人等、④地方独立行政法人、および、⑤その取り扱う個人情報の量および利用方法からみて個人の権利利益を害するおそれが少ないものとして政令で定める者は除外されている（個人情報保護法2条3項）。これらの者は個人情報保護法制中の他の法令・条例の適用対象であることは、ここまで述べてきたとおりである（本章Ⅰ3参照）。

個人情報保護法2条3項によって除外される「政令で定める者」とは、その事業の用に供する個人情報データベース等を構成する個人情報によって識別される特定の個人の数（当該個人情報データベース等の全部または一部が他人の作成に係る個人情報データベース等であって、個人情報保護法施行令2条1号・2号のいずれかに該当するものを編集し、または加工することなくその事業の用に供するときは、当該個人情報データベース等の全部または一部を構成する個人情報によって識別される特定の個人の数を除く）の合計が過去6カ月以内のいずれの日においても5000を超えない者である（同条）。個人情報保護法施行令2条1号・2号のいずれかに該当するものとは、個人情報として、氏名、住所または居所（地図上または電子計算機の映像面上において住所または居所の所在の場所を示す表示を含む）、および、電話番号のみが含まれるもの（同条1号）、不特定かつ多数の者に販売することを目的として発行され、かつ、不特定かつ多数の者により随時に購入することができるものまたはでき

たものをいう（同条2号）。したがって、個人情報取扱事業者に該当しない者であれば、保有個人データに関する事項の公表等を要さず、開示等の求めに応じる義務も負わない。換言すれば、本人であっても開示等を求めることができない。

　　(イ)　対象情報――当該本人が識別される保有個人データ

　対象情報は、すべて当該本人が識別される保有個人データである点で共通する。

　第1に、保有個人データとは、①個人情報取扱事業者が、開示、内容の訂正、追加または削除、利用の停止、消去および第三者への提供の停止を行うことのできる権限を有する、②個人データであって、③その存否が明らかになることにより公益その他の利益が害されるものとして政令で定めるものまたは1年以内に政令で定める期間以内に消去することとなるもの以外のものをいう（個人情報保護法2条5項）。

　要件①として、請求先となる個人情報取扱事業者が、開示等の権限を有するものに限られる。これらの権限を有していない場合には、当該個人情報取扱事業者にとって保有個人データに該当しない。

　要件②として、個人データであることを要する。個人データとは個人情報データベース等を構成する個人情報をいい（個人情報保護法2条4項）、個人情報データベース等とは個人情報を含む情報の集合物であって、特定の個人情報を電子計算機を用いて検索することができるように体系的に構成したもの（同条2項1号）、または、特定の個人情報を容易に検索することができるように体系的に構成したものとして政令で定めるものをいう（同項2号）。同号の「政令で定めるもの」について、個人情報保護法施行令1条は、これに含まれる個人情報を一定の規則に従って整理することにより特定の個人情報を容易に検索することができるように体系的に構成した情報の集合物であって、目次、索引その他検索を容易にするためのものを有するものをいうと規定している。したがって、個人情報データベース等を構成しない個人情報は、対象情報とならない。

V　個人情報取扱事業者が保有する個人情報

　要件③によって除外される「政令で定めるもの」について、個人情報保護法施行令3条は、㋐当該個人データの存否が明らかになることにより、本人または第三者の生命、身体または財産に危害が及ぶおそれがあるもの（同条1号）、㋑当該個人データの存否が明らかになることにより、違法または不当な行為を助長し、または誘発するおそれがあるもの（同条2号）、㋒当該個人データの存否が明らかになることにより、国の安全が害されるおそれ、他国もしくは国際機関との信頼関係が損なわれるおそれまたは他国もしくは国際機関との交渉上不利益を被るおそれがあるもの（同条3号）、㋓当該個人データの存否が明らかになることにより、犯罪の予防、鎮圧または捜査その他の公共の安全と秩序の維持に支障が及ぶおそれがあるもの（同条4号）と定めている。したがって、これらのいずれかに該当するときは対象情報とならない。前述した存否応答拒否と類似の制度である。要件③の「政令で定める期間」について、同令4条は6カ月としている。したがって、6カ月以内に消去することとなるものも、対象情報たる保有個人データから除外される。

　第2に、「当該本人が識別される」保有個人データでなければならない。したがって、本人以外の者が識別されるものは含まない。

　第3に、保有個人データは、当該個人情報取扱事業者が有しているものでなければならないことは当然である。

　以上のいずれかに該当しないときは、個人情報取扱事業者は、請求者に対し「求めの対象となった保有個人データを有していない」と回答することになる。

　　㋒　請求者——本人またはその代理人

　請求者は本人またはその代理人である。

　本人とは、個人情報によって識別される特定の個人をいう（個人情報保護法2条6項）。

　政令で定めるところにより、代理人によることもできる（個人情報保護法24条3項）。本項の政令委任に基づき、個人情報保護法施行令8条は、開示

等の求めをすることができる代理人を、未成年者・成年被後見人の法定代理人（同条1号）、および、開示等の求めをすることにつき本人が委任した代理人（同条2号）と定めている。

　個人情報保護法施行令8条1号は未成年者等が自ら開示等の求めをすることが困難な場合の便宜を考慮したものである点で、行政機関個人情報保護法および独立行政法人等個人情報保護法と同趣旨である。これに対し、同条2号は任意代理人を認めている点で、行政機関個人情報保護法および独立行政法人等個人情報保護法と異なっている。本人が傷病や遠隔地に在住する場合を考慮したものとされている。しかし、特に代理人資格に限定を付していないので、本人自身の便宜が図られる半面、いわゆる事件屋等が代理人名下に介入するおそれを残した。弁護士法72条（非弁護士の法律事務の取扱い等の禁止）違反により罰則（同法77条）の対象となる場合も考えられる。

　代理人による開示等の求めがあったときは、それに対する開示・不開示等の決定通知は、当該求めの結果として行われるものであるから、当該代理人に対して行うことができる。

　　㈐　求めに応じる手続

　個人情報取扱事業者は、以上の本人関与のしくみに基づく開示等の求めに関し、政令で定めるところにより、その求めを受け付ける方法を定めることができ、この場合、本人は当該方法に従って開示等の求めを行わなければならない（個人情報保護法29条1項）。

　個人情報保護法29条1項は、開示等の求めに対し円滑・適正な処理を可能にするために受付方法を定めることを認めた規定である。これを定めるか否かは事業者の任意に委ねられるが、定めたときは、本人は当該方法に従わなければならないので、定めた内容は、本人の知りうる状態（本人の求めに応じて遅滞なく回答する場合を含む）におかなければならないものとされている（同法24条1項3号）。これに対し、定めないときは自由な方法での求めが本人に認められる。実際には、個人情報取扱事業者が、本人からの任意の方法による求めに対し、個別に相談しながら対応することとなろう。

個人情報保護法29条1項を受けて個人情報保護法施行令7条は、開示等の求めを受け付ける方法について定めている。具体的には、開示等の求めの申出先（同条7号）、開示等の求めに際して提出すべき書面（電子的方式、磁気的方式その他人の知覚によっては認識することができない方式でつくられる記録を含む）の様式その他の開示等の求めの方式（同条2号）、開示等の求めをする者が本人または同令8条に規定する代理人であることの確認の方法（同条3号）、および、個人情報保護法30条1項の手数料の徴収方法（個人情報保護法施行令7条4号）である。

個人情報取扱事業者は、本人に対し、開示等の求めに関し、その対象となる保有個人データを特定するに足りる事項の提示を求めることができるが、この場合、本人が容易かつ的確に開示等の求めをすることができるよう、当該保有個人データの特定に資する情報の提供その他本人の利便を考慮した適切な措置をとらなければならない（個人情報保護法29条2項）。複数の事業所、部門、年度によって保有が区分されているような場合等に、そのうちのどれに含まれるのか、特定されていないことによって、個人情報取扱事業者が業務に支障を及ぼすような重い負担を負うことを回避するための規定である。

　(オ)　本人確認

開示等の求めを受け付ける場合には本人確認が必要となり、それには代理人確認も含む。なりすましによって開示等を受けることを防止する必要があるからである。

前述のとおり、個人情報取扱事業者が開示等の求めに関し、その求めを受け付ける方法として本人確認の方法を定めることができ、この場合、本人は当該方法に従って開示等の求めを行わなければならない（個人情報保護法29条1項、個人情報保護法施行令7条3号）。

　(カ)　過重負担への配慮

個人情報取扱事業者は、個人情報保護法29条に基づき開示等の求めに応じる手続を定めるにあたっては、本人に過重な負担を課するものとならないよ

う配慮しなければならない（同条4項）。したがって、不必要に膨大な証明書等の提示を求めること、過度に煩雑な手続を設けること等は、同項の配慮を欠くものと評価される。その一方で、本人確認手続等を過度に簡便化すると、本人の負担は軽微となる半面、誤って第三者に開示してしまうような事故が発生して同法20条違反の事態を招くおそれがある。したがって、適正な調和を保つべきことが要請される。

　債務整理を受任した弁護士と代理人確認に関し、東京地判平成18・9・5金法1805号48頁は、原告が、弁護士である原告代理人に委任し、債務整理のため取引履歴の開示を被告（貸金業者）に求めたところ、被告が個人情報保護法29条1項、個人情報保護法施行令7条3号を根拠に、原告代理人の代理権確認のため、委任状、原告の印鑑登録証明書の提出がなければ前記開示に応じないとした行為が不法行為にあたるとして損害賠償責任を認め、控訴審の東京高判平成19・1・25金法1805号48頁もこれを維持した。この控訴審判決は、貸金業者は、債務者から取引履歴の開示を求められた場合には、特段の事情のない限り、貸金業法の適用を受ける金銭消費貸借契約の付随義務として、信義則上、保存している業務帳簿に基づいて取引履歴を開示すべき義務を負い、この義務に違反して取引履歴の開示を拒絶する行為は不法行為を構成する（最判平成17・7・19民集59巻6号1783頁）としたうえ、本件で不法行為が成立する理由として、個人情報保護法29条4項が、手続を定める際に本人に過重負担を課さないよう配慮を定めていること、前記開示を求めることは債務者の権利であり、債務者の更生にとって重要な手続であり、本人確認手続に伴う負担が債務者による開示請求権の行使を妨げないよう配慮を要すること、債務整理の実務では、債務者が弁護士に委任した場合、弁護士が債務整理の受任通知書を貸金業者に送付することをもって債務者代理人であることの十分かつ適切な確認資料とされてきたこと、多重債務者を含む債務者は、一日も早く受任通知書を送付し、貸金業者からの取立てがない状態にする必要に迫られており、前記送付によって債務整理を開始することが重要であること、弁護士名の受任通知書を信頼したことによって貸金業者が不正

な開示請求に応じたというトラブルは多くないこと、受任通知書に記名がある弁護士が実在の弁護士かどうかは、日本弁護士連合会ウェブサイト等で検索・確認できること、多重債務者を含む債務者は、経済的に極めて困窮していることがほとんどであり、印鑑登録証明書等の取得も、手続自体不慣れで、費用的・時間的に相当の負担であること、債務整理を受任した弁護士が債務者から債権者数に応じた委任状を求めていては迅速な事務処理に支障が生じること等を根拠に、被告は、多数の顧客を抱えて貸金業を営んでいたから、債務整理の前記実情を含む事実関係を容易に認識でき、本件で、これらの事実関係を十分に検討した形跡はうかがえず、被告は、前記の事実関係を認識できながら、十分に検討せずに前記開示に応じなかったと判示した。

(キ) 理由の説明

　個人情報取扱事業者は、開示等の求めにより本人から求められた措置の全部または一部について、その措置をとらない旨を通知する場合またはその措置と異なる措置をとる旨を通知する場合は、本人に対し、その理由を説明するよう努めなければならない（個人情報保護法28条）。

　個人情報取扱事業者が、本人の求めに応じた措置を一部でもとらない場合に、その理由を説明するよう努力義務を課す趣旨の規定である。

　行政機関個人情報保護法には理由の説明に関する明文規定が存しないが、個人情報の開示請求等に対する拒否の決定は「申請に対する処分」として行政手続法8条に基づき行政庁は申請者に対し拒否処分と同時に当該拒否処分の理由を示さなければならない。換言すると、行政機関個人情報保護法と異なり、個人情報保護法には行政手続法が適用されないため、特に理由の説明のための規定として28条をおく必要がある。同条が存在することによって、個人情報取扱事業者が不当な拒絶等を行うことを避けることができる。また、個人情報取扱事業者が本人から求められた措置をとらなかったときは、前述のとおり、本人は当該事業者に対し出訴する等の方法によって当該措置を請求しうるが（本章V 2(2)参照）、同条の存在によって、不当な拒絶等を受けた本人が開示等を求めて訴訟を追行することが容易となる一方、正当な不

開示等に対し本人が濫訴を行うことを避けることも期待される。

　個人情報取扱事業者が、本人の求めに応じた措置をとる場合には、当該措置をとる理由として本人の求めた理由によることが本人に明らかなので、個人情報保護法28条は理由の説明を求めていない。

　個人情報保護法28条違反は、苦情の申出（同法31条）、主務大臣の報告徴収（同法32条）、助言（同法33条）の対象となるが、勧告・命令（同法34条）の対象とならない。

(ク) 手数料

　個人情報取扱事業者は、利用目的の通知または開示を求められたときは、当該措置の実施に関し手数料を徴収しうる（個人情報保護法30条1項）。その徴収は、嫌がらせのためだけに執拗に繰り返し開示等を求めるような濫用者への対抗策となりうるが、徴収によって本人に過度の負担がかかることは適切でないから、徴収する場合には実費を勘案して合理的であると認められる範囲内において、その手数料の額を定めなければならない（同条2項）。より具体的には実費を予測して平均的単価を算出して定めることが望ましいと考えられている。

　個人情報保護法30条2項により手数料の額を定めたときは手数料額を本人の知りうる状態（本人の求めに応じて遅滞なく回答する場合を含む）におかなければならない（同法24条1項3号）。積算根拠まで示すことを要しない。

　実費を勘案して合理的でないと認められる場合には主務大臣による関与の対象となるが、緊急命令の対象とされていない。

　手数料の対象は利用目的通知の求めと開示の求めの場合に限られている。これに対し、訂正等の求めおよび利用停止等の求めの場合には、手数料の徴収は認められていない。これらの場合は一般に個人情報取扱事業者側に存在する問題に起因した求めであること等が考慮されたものであろう。

　個人情報保護法30条は、求められた利用目的の通知または開示を現に行ったか否かによって区別していない。したがって、結果として求めに応じなかったときでも、徴収した手数料を返還する義務を負わない。

Ⅴ　個人情報取扱事業者が保有する個人情報

(4)　開示等の求め
　㋐　開示等の求め
　個人情報取扱事業者は、本人から、当該本人が識別される保有個人データの開示を求められたときは、本人に対し、政令で定める方法により、遅滞なく、当該保有個人データを開示しなければならない（個人情報保護法25条1項本文）。
　個人情報保護法25条1項の開示には、「当該本人が識別される保有個人データが存在しないときにその旨を知らせること」を含む（同項かっこ書）。本人にとって、自己が識別される保有個人データを特定の個人情報取扱事業者が保有しているか否か、実際に開示の求めをしてみなければ判明しない場合がありうるので、求めた保有個人データが存在しない場合に、その旨を告知することも「開示」の対象に含まれることを明確化する趣旨である。
　㋑　不開示事由
　個人情報保護法25条1項各号は不開示事由を定めており、そのいずれかに該当する場合は、その全部または一部を開示しないことができる。
　個人情報保護法25条1項1号は「本人又は第三者の生命、身体、財産その他の権利利益を害するおそれがある場合」を不開示事由とする。本人または第三者の権利利益保護との調整を図るための規定である。具体例は、①病名等を開示することにより、本人の心身状況を悪化させるおそれがあるような場合、②本人に関する情報の中に第三者の個人情報や企業のノウハウ等が含まれている場合である。
　個人情報保護法25条1項2号は「当該個人情報取扱事業者の業務の適正な実施に著しい支障を及ぼすおそれがある場合」を不開示事由としている。当該個人情報取扱事業者自身の権利利益保護との調整規定であるが、「支障」は「著しい」支障であることを要する。具体例には、①保有個人データに人事考課など評価等が含まれており、開示することにより人事管理等の業務の実施に著しい支障を及ぼすおそれがある場合等、当該個人情報取扱事業者自身の正当な権利利益にかかわる場合、②第三者から取得された個人情報で

あって、本人への開示により第三者の信頼を損ない、業務の実施に著しい支障を及ぼすおそれがあるケース等、第三者との信頼関係にかかわる場合、③嫌がらせのために開示の求めを濫用するような不当なクレーマーや、興味本位、悪意による求めが、これに含まれる。これに対し、家庭内暴力・児童虐待を行っている親権者が、被害者たる子を保護している私立保護施設、子が通学している私立学校や、子が治療を受けている私立病院等に対し、当該子を本人として開示を求める場合が想定される。このように、開示を求めた法定代理人と本人とが利害相反関係となる場合には、同号によるよりも、前述の個人情報保護法施行令3条1号に該当するものとして扱われるべきである（本章Ⅴ2(3)(イ)参照）。

個人情報保護法25条1項3号は「他の法令に違反することとなる場合」である。開示の制限を定めた他法令との調整規定である。同項は本人の権利利益侵害に対する一般予防的な見地から開示義務を課しているので、個別的要請から他法令で定められた開示の制限を解除することは不適当であるという趣旨から設けられたものである。同項3号に該当するためには、当該法令が単に第三者への開示を制限するものであるだけでは足りず、本人への開示を制限する趣旨のものである必要がある。すなわち、個々の法令が形式的には包括的に開示の制限を定めているように見える場合でも、第三者への開示を規制する趣旨にすぎず、本人への開示を規制するものとはいえない場合には開示しても「法令に違反する」こととならないので、同項3号に該当しない。

(ウ) 開示の方法

開示の方法を個人情報保護法25条1項本文が政令委任していることを受けて、個人情報保護法施行令6条は、書面の交付による方法によって開示を行うことを原則としつつ、開示の求めを行った者が同意した方法があるときは当該方法によることができるものとしている。前者の方法は同意がなくとも許されるのに対し、後者の具体的な方法には特に制限が設けられていないことから同意を要件とした。

(エ) 通知および理由の説明

　個人情報取扱事業者は、開示を求められた保有個人データの全部または一部について開示しない旨の決定をしたときは、本人に対し、遅滞なく、その旨を通知しなければならない（個人情報保護法25条2項）。

　この場合、あわせて不開示の理由を説明するよう努めなければならない（個人情報保護法28条）。当該本人が識別される個人データを現に有している場合でも、それが同法2条5項、個人情報保護法施行令3条各号等により保有個人データに非該当のものであるときは、「当該本人が識別される保有個人データが存在しないとき」にあたるから、存在しない旨を本人に告知する。

(オ) 適用除外

　他の法令の規定により、本人に対し個人情報保護法25条1項本文に規定する方法に相当する方法により当該本人が識別される保有個人データの全部または一部を開示することとされている場合には、当該全部または一部の保有個人データについては、同項の規定は適用しない（同条3項）。したがって、その限度で開示は不要である。他の法令による開示により本条の目的が実質的に達成され、開示手続の重複による混乱を避けようとする趣旨である。

(5) 訂正等の求め

(ア) 訂正等の求め

　個人情報取扱事業者は、本人から、当該本人が識別される保有個人データの内容が事実でないという理由によって当該保有個人データの内容の訂正等を求められた場合には、その内容の訂正等に関して他の法令の規定により特別の手続が定められている場合を除き、利用目的の達成に必要な範囲内において、遅滞なく必要な調査を行い、その結果に基づき、当該保有個人データの内容の訂正等を行わなければならない（個人情報保護法26条1項）。この求めを訂正等の求めという。訂正等とは訂正、追加または削除を総称する用語である（同項かっこ書）。

訂正等の求めは保有個人データの「内容が事実でないという理由」に限られる。評価情報は、事実そのものではないので、その訂正等の求めに応じる義務を負わない。

　開示前置主義は採用されていない。したがって、開示の求めを経ることなく、訂正等の求めを行うことができる。

　訂正等の求めを受けた個人情報取扱事業者は、「利用目的の達成に必要な範囲内において、遅滞なく必要な調査」を行う義務を負う（個人情報保護法26条1項）。したがって、その範囲外の場合には調査義務を負わない。この範囲は、本人が理由を示す際に説明した事実の確認等に必要な範囲であって、より具体的には、本人に対する調査のほか、個人情報取扱事業者が通常の事業運営の場で確認可能な範囲である。

　調査の結果として、訂正等を求められた内容が事実であると判明したときは、訂正等に応じる義務はない。これに対し、事実でないことが判明すれば、当該保有個人データの内容の訂正等を行わなければならない（個人情報保護法26条1項）。

　内容が事実でないときに訂正等を行うべき範囲は、求めがあった保有個人データの「利用目的の達成に必要な範囲内において」である。したがって、この範囲内に属さない場合には訂正等を要しない。

　(イ)　通知および理由の説明

　個人情報取扱事業者は、個人情報保護法26条1項に基づき求められた保有個人データの内容の全部もしくは一部について訂正等を行ったとき、または訂正等を行わない旨の決定をしたときは、本人に対し、遅滞なく、その旨を通知しなければならない（同条2項）。

　訂正等を行わない旨の決定をした場合だけでなく、訂正等を行った場合も、その旨を通知する義務を負う。開示の場合と異なり、訂正等を行った場合でも、その実施が本人にとって不明な状態となるからである。さらに、単に訂正等を行った旨だけでは訂正等の内容が本人にわからないので、訂正等を行ったときの通知には、その内容を含む（個人情報保護法26条2項かっこ

書)。一部でも訂正等を行わない場合、あわせて訂正等を行わない理由を説明するよう努めなければならない（同法28条）。

(6) 利用停止等の求め

(ア) 利用停止等の求め

　個人情報取扱事業者は、本人から、当該本人が識別される保有個人データが個人情報保護法16条に違反して取り扱われているという理由または同法17条に違反して取得されたものであるという理由によって、当該保有個人データの利用の利用停止等を求められた場合であって、その求めに理由があることが判明したときは、違反を是正するために必要な限度で、遅滞なく、当該保有個人データの利用停止等を行わなければならない（同法27条1項本文）。利用停止等とは停止または消去をいう（同項かっこ書）。

　訂正等の求めと同様に、開示前置主義は採用されていないので、開示の求めを経ることなく、利用停止等の求めを行うことができる。

　理由があることが判明したときは、原則として、違反を是正するために必要な限度で、遅滞なく、当該保有個人データの利用停止等を行わなければならない。

　利用停止等は「違反を是正するために必要な限度」で足りるから、全部の利用停止等を求められたときでも、個人情報保護法16条・17条違反に該当する部分のみを限度に利用停止等すれば足りる。

　理由があると判明したときでも、「当該保有個人データの利用停止等に多額の費用を要する場合その他の利用停止等を行うことが困難な場合であって、本人の権利利益を保護するため必要なこれに代わるべき措置をとるとき」は、利用停止等を行う必要がない（個人情報保護法27条1項ただし書）。大量に印刷して利用・提供をしている場合に、当該印刷物に含まれる個人データの中のごく一部に不正取得の個人データが混じっていたというときに、常にその全部を回収して破棄・刷り直しを行わせる義務を課すのではなく、これに代えて一種の妥協案として今後の修正を約束するとか、それによって発生した心理的・経済的損害が生じた場合には金銭的解決を図るよう

なケースが想定されている。

　　(イ)　通知および理由の説明

　個人情報取扱事業者は、基づき求められた保有個人データの全部もしくは一部について利用停止等を行ったときもしくは利用停止等を行わない旨の決定をしたときは、本人に対し、遅滞なく、その旨を通知しなければならない（個人情報保護法27条3項）。

　本人の求めた内容のうち、一部であっても第三者提供停止を行わない場合には、通知の際に、本人に対し、その理由を説明するよう努めなければならない（個人情報保護法28条）。

　(7)　第三者提供停止の求め

　　(ア)　第三者提供停止の求め

　個人情報取扱事業者は、本人から、当該本人が識別される保有個人データが個人情報保護法23条1項の規定に違反して第三者に提供されているという理由によって、当該保有個人データの第三者への提供の停止を求められた場合であって、その求めに理由があることが判明したときは、遅滞なく、当該保有個人データの第三者への提供を停止しなければならない（同法27条2項本文）。これを第三者提供停止の求めという。

　　(イ)　通知および理由の説明

　個人情報取扱事業者は、求められた保有個人データの全部もしくは一部について第三者への提供を停止したとき若しくは第三者への提供を停止しない旨の決定をしたときは、本人に対し、遅滞なく、その旨を通知しなければならない（個人情報保護法27条3項）。

　本人の求めた内容のうち、一部であっても第三者提供停止を行わない場合には、通知の際に、本人に対し、その理由を説明するよう努めなければならない（個人情報保護法28条）。

　(8)　利用目的の通知の求め

　個人情報取扱事業者は、本人から、当該本人が識別される保有個人データの利用目的の通知を求められたときは、本人に対し、遅滞なく、これを通知

しなければならない（個人情報保護法24条2項）。

　個人情報保護法24条2項ただし書によって、本人の求めに応じた利用目的の通知が不要の場合が規定されている。具体的には、①同条1項の規定により当該本人が識別される保有個人データの利用目的が明らかな場合、②同法18条4項1号から3号までに該当する場合である。①は、すでに同法24条1項に基づき、一定の事項を本人の知りうる状態におかれている結果として利用目的が明らかである以上、重ねて利用目的を通知させることは不必要な負担を個人情報取扱事業者に負わせることから、これを避けようとした趣旨であると思われる。

　個人情報取扱事業者は、個人情報保護法24条2項に基づき求められた保有個人データの利用目的を通知しない旨の決定をしたときは、本人に対し、遅滞なく、その旨を通知しなければならない（同条3項）。

　広い意味では、これも本人開示の一環といいうる。

(9) 保有個人データに関する事項の公表等

　保有個人データについて、個人情報取扱事業者は、一定の事項を本人の知りうる状態（本人の求めに応じて遅滞なく回答する場合を含む）におかなければならない（個人情報保護法24条1項）。取扱いに関する本人の不安を解消しようとする趣旨の規定である。

　個人情報保護法24条1項の対象事項は、①当該個人情報取扱事業者の氏名または名称（同項1号）、②すべての保有個人データの利用目的（同項2号）、③本人からの求めに応じた開示、訂正等に応じる手続（同項3号）、④保有個人データの適正な取扱いの確保に関し必要な事項として政令で定めるもの（同項4号）である。④の「政令で定めるもの」とは、㋐当該個人情報取扱事業者が行う保有個人データの取扱いに関する苦情の申出先、㋑当該個人情報取扱事業者が認定個人情報保護団体の対象事業者である場合にあっては、当該認定個人情報保護団体の名称および苦情の解決の申出先である（個人情報保護法施行令5条）。

　「本人の知り得る状態に置」くとは、本人が知ろうとすれば、知ることが

できる状態におくことをいう。具体例として、ウェブ画面への掲載、パンフレットの配布、店舗販売の店舗へのパンフレット備置、電子商取引において問合せ先メールアドレスを明記すること等が掲げられる。

　以上のとおり、個人情報保護法24条1項に基づいて個人情報取扱事業者が行った公表等を確認することによって、本人は、どのような利用目的で個人情報取扱事業者が保有個人データを保有しているのか等の事実をはじめ、開示等の求めの前提となる諸事項を知ることが可能になる。その意味では、前述の行政機関個人情報保護法における個人情報ファイル簿の作成・公表制度と同様の機能を果たしうる（本章Ⅱ6参照）。

3　平成27年改正個人情報保護法における開示請求等

　平成27年改正個人情報保護法によって、開示請求等の制度に改正が加えられた。

　これによって、開示、訂正、および利用停止等について、「本人は、個人情報取扱事業者に対し、当該本人が識別される保有個人データ……を請求することができる」として、具体的権利であることが、新たに明確化された（平成27年改正法28条1項・29条1項および30条1項・3項）。なお、利用目的の通知の求め（現行法24条2項）は、内容は同一のままで、平成27年改正法27条2項として条文番号のみが変更されている。

　開示請求等の具体的権利性が明確化されたことに伴い、平成27年改正法34条（事前の請求）も新設された。

　開示等の請求に係る訴えを提起しようとするときは、その訴えの被告となるべき者に対し、あらかじめ、当該請求を行い、かつ、その到達した日から2週間を経過した後でなければ、訴えを提起することができない。ただし、当該訴えの被告となるべき者がその請求を拒んだときは、この限りでない（平成27年改正法34条1項）。

　平成27年改正法34条1項の請求は、その請求が通常到達すべきであった時に、到達したものとみなされる（同条2項）。

V 個人情報取扱事業者が保有する個人情報

　平成27年改正法34条1項・2項の規定は、同法28条1項、29条1項または30条1項もしくは3項の規定による請求に係る仮処分命令の申立てについて準用される（同法34条3項）。

　次に、現行法2条3項5号が削除された。これによって、現行法では個人情報取扱事業者から除外されていた小規模事業者も個人情報取扱事業者に該当することになり、開示請求等の請求先となる。

　ただし、これらの改正部分は平成27年改正法の公布日から起算して2年を超えない範囲内において政令で定める日から施行される（平成27年改正法附則1条本文）。

▷岡村久道

Ⅵ 番号利用法と個人情報の開示等

1 概　説

　マイナンバー法の愛称で呼ばれる番号利用法は、個人情報保護3法の特例を定めている。以下、原則として、平成28年7月1日現在施行されている条項に基づき解説する。

　特定個人情報とは個人番号が含まれる個人情報をいい（番号利用法2条8項）、個人情報の一種にほかならない。したがって、それを取り扱う主体の種別ごとに、個人情報保護3法または地方公共団体の個人情報保護条例が、それぞれ一般法として適用されるのが原則である。しかし、同法第5章第2節の中におかれた「行政機関個人情報保護法等の特例」（同法29条）、および「情報提供等の記録についての特例」（同法30条）は、それぞれ個人情報保護3法の適用除外と読み替えという方法で、その特則を定めており、これが優先して適用される。

　さらに、「地方公共団体等が保有する特定個人情報の保護」（番号利用法31条）、および、「個人情報取扱事業者でない個人番号取扱事業者が保有する特定個人情報の保護」（番号利用法32条〜35条の2）も定められている。

　番号利用法の政令委任事項は番号利用法施行令によって定められており、関連する府省令等も制定されているので、それらをあわせて参照する必要がある。

　以下、本書の性格上、開示請求等に関係する部分に限定して解説を加える。

2　行政機関個人情報保護法等の特例

(1)　番号利用法29条の位置づけ

番号利用法29条は、特定個人情報を対象として、個人情報保護3法について、その一部条項の適用を除外するとともに、他の一部条項については表形式で字句を読み替えたうえで適用することを定めている。より具体的には、同条1項で行政機関個人情報保護法の特例を、同条2項で独立行政法人等個人情報保護法の特例を、同条3項で個人情報保護法の特例を、それぞれ定めている。

番号利用法29条の特定個人情報には、同法23条に規定する記録に記録されたもの（情報提供等の記録）を除く旨が各項括弧書に明記されている。この記録については、異なった内容が同法30条で別途規定されている。

(2)　行政機関個人情報保護法の特例

番号利用法29条1項によって、行政機関個人情報保護法第4章「開示、訂正及び利用停止」（同法12条～44条）は、原則として適用されるが、次の点で読み替え等が行われている。

まず、開示請求等の請求者に任意代理人が追加されている。行政機関個人情報保護法に基づく開示請求等の請求者は、本人もしくは未成年者または成年被後見人の法定代理人であって、任意代理人は含まれていない（同法12条2項・27条2項および36条2項）。これに対し、番号利用法では、これらの各規定中の「未成年者又は成年被後見人の法定代理人」が「未成年者若しくは成年被後見人の法定代理人又は本人の委任による代理人（以下『代理人』と総称する。）」へと読み替えられるので（同法29条1項）、同法の場合は任意代理人も請求者となりうる。同法では、本人自身で開示請求等を行うことが難しいにもかかわらず、法定代理人が存しない者が、特定個人情報の開示請求等を任意代理人によって行えるようにすることによって、開示請求等の容易化を図るためのものである。

第2に、番号利用法29条1項前段は、行政機関個人情報保護法25条（他の

法令による開示の実施との調整）の適用を除外している。これは行政機関が保有等する特定個人情報に関する開示請求について、他の法令による開示を除外して、番号利用法によって読み替えられた行政機関個人情報保護法に一本化するための措置である。

　第3に、番号利用法29条1項後段によって、行政機関個人情報保護法26条（手数料）2項の字句「配慮しなければならない」が「配慮しなければならない。この場合において、行政機関の長は、経済的困難その他特別の理由があると認めるときは、政令で定めるところにより、当該手数料を減額し、又は免除することができる」へと読み替えられている。手数料を減免しうる場合を設けることによって、開示請求を容易にする趣旨である。

　第4に、番号利用法29条1項後段によって、行政機関個人情報保護法36条（利用停止請求権）1項1号の字句「又は第8条第1項及び第2項の規定に違反して利用されているとき」が「行政手続における特定の個人を識別するための番号の利用等に関する法律第29条第1項の規定により読み替えて適用する第8条第1項及び第2項（第1号に係る部分に限る。）の規定に違反して利用されているとき、同法第20条の規定に違反して収集され、若しくは保管されているとき、又は同法第28条の規定に違反して作成された特定個人情報ファイル（同法第2条第9項に規定する特定個人情報ファイルをいう。）に記録されているとき」へと読み替えられている。

　第5に、番号利用法29条1項後段によって、行政機関個人情報保護法36条1項2号の字句「第8条第1項及び第2項」が、番号利用法19条へと読み替えられている。これは、同法が特定個人情報の提供について、行政機関個人情報保護法8条の適用を除外して、もっぱら番号利用法19条に委ねていることの帰結である。

(3) 独立行政法人等個人情報保護法の特例

　番号利用法29条2項は独立行政法人等個人情報保護法の特例を定めているが、開示請求等に関する内容は、次のとおり、行政機関個人情報保護法の特例を定めた番号利用法29条1項の場合とおおむね同様である。

第 1 に、開示請求等の請求者に任意代理人が追加されている。

第 2 に、独立行政法人等個人情報保護法25条（他の法令による開示の実施との調整）の適用を除外している。

第 3 に、番号利用法29条 1 項後段によって、独立行政法人等個人情報保護法26条（手数料） 2 項が読み替えられ、手数料の減免ができるものとしている。

第 4 に、独立行政法人等個人情報保護法36条（利用停止請求権） 1 項 1 号および同法36条 1 項 2 号の字句につき、それぞれ行政機関個人情報保護法の場合と同趣旨の読み替えが行われている。

(4) 個人情報保護法の特例

番号利用法29条 3 項は個人情報保護法の特例を定めているが、開示請求等に関する特例の内容は、同法27条 2 項（第三者提供停止の求め）の字句「第23条第 1 項」を、番号利用法19条へと読み替える等というものである。この読み替えの結果、特定個人情報については、個人情報保護法23条違反ではなく、番号利用法19条違反が、第三者提供の停止を求めるための要件となる。これは、同法が特定個人情報の提供について、個人情報保護法23条の適用を除外して、もっぱら番号利用法19条に委ねていることの帰結である。

これに対し、個人情報保護法では、開示請求等の請求者として、元々任意代理人が含まれているので、行政機関個人情報保護法・独立行政法人等個人情報保護法のような特例を定める必要はない。他の法令による開示の実施との調整を定める行政機関個人情報保護法25条、独立行政法人等個人情報保護法25条のような規定も、元々個人情報保護法に存在しないので、番号利用法29条 3 項では触れられていない。

3 情報提供等の記録についての特例

(1) 番号利用法30条の位置づけ

番号利用法23条は、同法19条 7 号による特定個人情報の提供（情報提供ネットワークシステム）があったとき等には、その旨を情報提供ネットワー

クシステム等に記録・保存することを義務づけている。

まず、情報照会者および情報提供者は、番号利用法19条7号により特定個人情報の提供の求めまたは提供があったときは、所定の事項を情報提供ネットワークシステムに接続されたその者の使用する電子計算機に記録し、当該記録を政令で定める期間保存しなければならない（同法23条1項）。

番号利用法23条1項に規定する事項のほか、情報照会者および情報提供者は、当該特定個人は、当該特定個人情報の提供の求めまたは提供の事実が一定の事由に該当する場合にその旨を情報提供ネットワークシステムに接続されたその者の使用する電子計算機に記録し、当該記録を同項に規定する期間保存しなければならない（同条2項）。

総務大臣は、番号利用法19条7号により特定個人情報の提供の求めまたは提供があったときは、同法23条1項・2項に規定する事項を情報提供ネットワークシステムに記録し、当該記録を同条1項に規定する期間保存しなければならない（同条3項）。

これらの番号利用法法23条に規定する記録を「情報提供等の記録」というが、同法30条は、情報提供等の記録に記録された特定個人情報を対象として、個人情報保護3法等について、その一部条項の適用を除外するとともに、他の一部条項については表形式で字句を読み替えたうえで適用することを定めている。より具体的には、行政機関個人情報保護法の特例を同条1項で、その中でも総務省保有の情報提供等の記録の特例を同条2項で、独立行政法人等個人情報保護法の特例を同条3項で、それ以外の者が保有する情報提供等の記録への準用を同条4項で、それぞれ定めている。同法30条は同法29条の特則として優先適用される。

(2) **行政機関保有の情報提供等の記録の特例**

番号利用法30条1項は、行政機関が保有し、または保有しようとする情報提供等の記録（同法23条1項・2項）に記録された特定個人情報に関し、行政機関個人情報保護法の特例を定めている（これに対し、番号利用法23条3項によって総務省が保有する記録には同法30条1項ではなく同条2項が適用され

る)。すなわち、前記の特定個人情報について、行政機関個人情報保護法の規定の一部について適用を除外したうえ、同法の他の規定の一部については、字句を読み替えたうえで、適用することを定めている。その結果、前記特定個人情報に関して、次のとおり適用されることになる。

まず、番号利用法29条1項と同様の点は次のとおりである。

第1に、開示請求等の請求者に任意代理人が追加されている。

第2に、行政機関個人情報保護法25条(他の法令による開示の実施との調整)の適用が除外されている。

第3に、行政機関個人情報保護法26条(手数料)2項が読み替えられ、手数料の減免ができるものとしている。

次に、番号利用法29条1項と異なる点は次のとおりである。

第1に、移送に関する行政機関個人情報保護法21条(事案の移送)、22条(独立行政法人等への事案の移送)、33条(事案の移送)、および34条(独立行政法人等への事案の移送)の規定の適用が除外されている。

第2に、行政機関個人情報保護法第4章第3節(利用停止)の規定の適用が除外されている。したがって、利用停止請求は認められていない。情報提供等の記録が有する性質を考慮したものである。

第3に、行政機関個人情報保護法35条の字句「当該保有個人情報の提供先」が、「総務大臣及び行政手続における特定の個人を識別するための番号の利用等に関する法律第19条第7号に規定する情報照会者又は情報提供者(当該訂正に係る同法第23条第1項及び第2項に規定する記録に記録された者であって、当該行政機関の長以外のものに限る。)」へと読み替えられている。

(3) 総務省保有の情報提供等の記録の特例

総務省も行政機関なので、当該記録に含まれる特定個人情報は、行政機関個人情報保護法の適用対象となるが、総務大臣は、番号利用法21条によって情報提供ネットワークシステムを設置・管理したうえ、同法23条3項によって情報提供等を記録・保存するという地位の特殊性を有している。そのため、特に同法30条2項がおかれている。

行政機関個人情報保護法の一部適用除外は、番号利用法30条1項と同一である。

行政機関個人情報保護法の字句の読み替えも、番号利用法30条1項と原則として同一であるが、行政機関個人情報保護法35条の字句「当該保有個人情報の提供先」の読み替えだけが異なっている。これが「当該訂正に係る行政手続における特定の個人を識別するための番号の利用等に関する法律第23条第3項に規定する記録に記録された同法第19条第7号に規定する情報照会者及び情報提供者」へと読み替えられている。

(4) 独立行政法人等保有の情報提供等の記録の特例

番号利用法30条3項は、独立行政法人等が保有する情報提供等の記録（同法23条1項・2項）に記録された特定個人情報に関し、独立行政法人等個人情報保護法の特例を定めている。

番号利用法30条3項によって、独立行政法人等個人情報保護法9条2項から4項まで、10条、21条、22条、33条、34条および第4章第3節も適用除外されている点で、番号利用法30条1項と同様である。

次に、独立行政法人等個人情報保護法の字句の一部読み替えも、番号利用法30条1項と同様である。したがって、行政機関の場合と同様に、情報提供等の記録については、その性質上、利用停止請求が認められていないという点が、同法29条2項の場合との最大の違いである。

(5) それ以外の者が保有する情報提供等の記録への準用

番号利用法30条4項の対象は、「行政機関、地方公共団体、独立行政法人等及び地方独立行政法人以外の者」である。

番号利用法23条1項・2項の記録を保有している者は、情報照会者・情報提供者であるから、同法30条4項にいう「以外の者」とは、実質的には独立行政法人等に近い性格のものとなるので、同項では、それらの者が個人情報保護法制上では個人情報取扱事業者に区分されるものであっても、独立行政法人等個人情報保護法の一部規定を、字句を読み替えたうえで準用している。

第1に、開示請求等の請求者に任意代理人を追加している。

第2に、開示請求の手数料を定めた独立行政法人等個人情報保護法26条1項について、「手数料を納めなければならない」が「手数料を徴収することができる」へと読み替えられたうえで準用されている。

第3に、開示請求および訂正請求に関する規定は原則として準用されているが、利用停止請求に関する規定は準用されていないので、利用停止請求を行うことはできない。

4　地方公共団体等が保有する特定個人情報の保護

番号利用法31条は、地方公共団体は、当該地方公共団体とその設立に係る地方独立行政法人が保有する特定個人情報の適正な取扱いの確保等のために必要な措置を講ずるものとしている。

地方公共団体等が保有する特定個人情報には、番号利用法の規定が個人情報保護条例に優先して適用される。しかし、同法に特段の規定がない事項には、個人情報保護条例の規定が適用されるので、地方公共団体等が保有する特定個人情報について、地方分権の観点から、同法によって一律に規定することなく、当該地方公共団体による条例等の措置に委ねようとする趣旨の規定である。

講ずべき措置として条例の整備等が予定されているが、個人情報保護3法や番号利用法の趣旨を踏まえるものとされている。措置の内容には、特定個人情報の訂正、利用の停止、消去および提供の停止を実施するために必要な措置が明記されているが、ここでも同法30条の場合と同様に、同法23条1項・2項の記録については、その開示・訂正に限定されており、利用停止は除外されている。

5　個人情報取扱事業者でない個人番号取扱事業者

番号利用法32条から35条までの4カ条は、「個人情報取扱事業者でない個人番号取扱事業者が保有する特定個人情報の保護」について規定する。

「個人情報取扱事業者でない個人番号取扱事業者」とは、特定個人情報ファイルを事業の用に供している個人番号利用事務等実施者のうち、個人情報保護法が適用されない民間事業者という意味である（番号利用法31条かっこ書）。同法が適用されないため、その保有する特定個人情報を保護するために、同法は、個人情報取扱事業者でない個人番号取扱事業者を適用対象として、過重負担とならないよう配慮しつつ前記4カ条をおいているが、これには特定個人情報の開示請求等に関する規定は含まれていない。したがって、これらの者に対し現状では開示請求等を行うことができない。

　しかし、平成27年改正法によって、個人情報保護法2条3項5号が削除された。これによって、番号利用法との関係でも、同法33条から35条までの規定が存在意義を失った。そのため、同改正法によって、これらの規定も削除されることになった。ただし、これらの改正部分は平成27年改正個人情報保護法の公布日から起算して2年を超えない範囲内において政令で定める日から施行される（平成27年改正法附則1条柱書）。そのため、その施行後は個人情報取扱事業者に該当する者となるので、これらの者に対し開示請求等を行うことができることになる。

▷岡村久道

第 3 章
訴訟その他の手続による情報の収集

第3章　訴訟その他の手続による情報の収集

I　23条照会を利用した情報の収集

1　はじめに

　弁護士が受任事件の事実関係の調査や証拠収集をするための手段として、弁護士法23条の2に基づく照会制度（以下、「23条照会」という）がある。すなわち、弁護士は、受任している事件について、所属弁護士会に対し、公務所または公私の団体に照会して必要な事項の報告を求めることを申し出ることができ、申出を受けた弁護士会は、公務所または公私の団体に照会して必要な事項の報告を求めることができる。

　実際、弁護士業務の中で23条照会を利用する場面は多い。たとえば、交通事故による損害賠償事件を受任した場合、事故発生当初の状況の把握するため警察官が認識した現場の状況の報告を求めたり、あるいは、債権執行をするために債務者の預金口座の有無の報告を求める等、23条照会は、弁護士の日常的な業務に密着した制度である。利用件数は、増加する傾向にあり、筆者が所属する大阪弁護士会では、年間の申出件数が優に2万件を超えている。

　ここでは、この制度を概観し、留意すべきいくつかの事項について述べる。

　なお、23条照会の制度の具体的な手続や運用については、各単位弁護士会に委ねられており、それぞれ微妙に異なっている。その違いを指摘することがここでの目的ではないので、制度の解説については筆者が所属している大阪弁護士会の「大阪弁護士会弁護士法23条の2に基づく照会手続規則（規則第70号）」（以下、「手続規則」という）やその運用にのっとり行うことにし、実際の利用にあたっては、各単位弁護士会の23条照会の規則、運用の手引等をご覧いただきたい。

2　制度の概要

(1)　制度の趣旨

23条照会は、弁護士法において、次のように規定されている。

> （報告の請求）
> 第23条の2　弁護士は、受任している事件について、所属弁護士会に対し、公務所又は公私の団体に照会して必要な事項の報告を求めることを申し出ることができる。申出があつた場合において、当該弁護士会は、その申出が適当でないと認めるときは、これを拒絶することができる。
> 2　弁護士会は、前項の規定による申出に基き、公務所又は公私の団体に照会して必要な事項の報告を求めることができる。

(2)　23条照会の基本構造

一見してわかるとおり、報告を求める（すなわち、照会をする）ことができる主体は、個々の弁護士ではなく、その所属する弁護士会にある。個々の弁護士は、その所属する弁護士会に対して照会を発すべきことを申し出ることができるという構造となっている。

弁護士法が、このような制度を設けている趣旨については、「弁護士は、『基本的人権を擁護し、社会正義を実現することを使命』（弁護士法1条）とし、依頼を受けた事件について、依頼者の利益を守る視点から真実を発見し、公正な判断がなされるように職務を行います。このような弁護士の職務の公共性から情報収集のための手段を設けることとし、その適正な運用を確保するため弁護士会に対し、照会を申し出る権限が法律上認められ」たとされている。[1]

---

[1]　日本弁護士連合会ウェブサイト「弁護士会照会による情報開示の対象となった皆さまへ」〈http://www.nichibenren.or.jp/activity/improvement/shokai/qa_a.html〉。

23条照会類似の制度は他の士業にはなく、弁護士のための制度であることは、前述のとおり、証拠収集の必要性や真実発見の必要性、あるいは、弁護士の公共的な役割から説明することができる。また、照会先からの報告には事件の相手方等関係者のプライバシー等の権利侵害をもたらす危険性があることからすれば、高い職業倫理が求められる弁護士に報告の取扱いを委ねていることも首肯できる。

　しかし、個々の弁護士ではなく、弁護士会にその権限が専属していることの説明としては、前記の記載は、ややわかりにくい。この点、個々の弁護士の照会権限の有無について判断した裁判例が述べるところによれば、23条照会がかかる構造をとっている理由は、「個々の弁護士からの照会申出を弁護士会が審査し、弁護士会が照会の必要性、相当性を認めた場合にのみ弁護士会から照会先に対して照会するという方法で、自治団体である弁護士会が照会に介在し、かつその自律機能に基づく裁量による照会事項の選別によって、23条の2の照会の濫用を防止し、その適正妥当な運用を確保」するためのものである（大阪地判昭和62・7・20判時1289号94頁）としており、当を得た説明である。

　依頼者を背負った個々の弁護士の申出による照会が、ややもすれば対立当事者の利益を侵害する危険性、あるいは、照会先の利益を侵害する危険性を孕みながら、その弊害を防止し、制度の信頼を維持するという責務を弁護士会が負っているのである。

　このような制度運用には、知識、経験の蓄積と多大な努力が必要である。大阪弁護士会においても、会長が審査基準を制定し（手続規則3条）、審査のために23条照会に特化した嘱託弁護士制度を設置するとともに、定型的な照会申出を除き、理事者（副会長）が最終的な審査を行っている。また、司法委員会に23条照会小委員会を設置して、問題案件や制度改善を審議している。さらに、定期的に、理事者、嘱託弁護士、23条小委員会委員で構成される意見交換会を開催して、個々の案件についての意見交換、判断基準の調整、統一を図っている。

(3) 照会先との関係

　このような23条照会に対して、弁護士会から報告を求められた照会先としては、回答義務があるのかについては、制度の実効性にかかわる重要な問題である。

　この点、裁判例も一貫して、正当な理由がある場合を除き、照会先には公法上の回答義務があることを認めており、照会先に回答義務があることは実務上確立されている。

　ここでいう正当な理由がある場合とは、照会に対する報告を拒絶することによって保護すべき権利利益が存在し、報告が得られないことによる不利益と照会に応じて報告することによる不利益とを比較衡量して、後者の不利益が勝ると認められる場合をいい、この比較衡量は、23条照会の制度の趣旨に照らし、保護すべき権利利益の内容や照会の必要性、照会事項の適否を含め、個々の事案に応じて具体的に行わなければならない（同旨大阪高判平成26・8・28判時2243号35頁）。

　裁判例の事案は、税理士法人がその顧客であるAの確定申告書10年分について23条照会による回答を求められこれに応じたという事案であるが、判決は、23条照会をした理由がAの健康状態を立証するためのものであったが、そのための手段としてAの10年分の確定申告書等の開示を求める必要性、相当性を欠くとして、23条照会に対する回答を拒絶するべきものと判断した。

　また、回答するために過大な労力と費用の負担が照会先に生じるような場合にも、その回答の範囲を限定したり、求められた回答方法とは別の方法で回答することに正当な理由がありとされる場合があるだろう。

　なお、回答義務が単に公法上の義務であるのか、弁護士、その依頼者、弁護士会との間でも義務が生じているのかについては、裁判例も分かれている（この点、回答の不当拒否についての損害賠償について、本章Ⅰ6(3)参照）。

(4) 回答書の取扱い

　本制度の趣旨からすれば、23条照会に基づき照会申出をした弁護士が入手した回答書は、受任事件に必要な限度で使用されるべきものであり、目的外

使用は禁止されているものといわなければならない。手続規則も、目的外使用を明確に禁止している（手続規則9条）。

そのことから、回答書の管理や取扱いは、弁護士が責任をもって行うべきであり、安易に回答書やその写しを依頼者に渡してはならない。

3　照会申出の要件

23条照会により照会を申し出ることができる要件は、①照会の申出が受任事件に関するものであること、②照会先が公務所その他の公私の団体であること、③照会事項が受任事件に必要な事項であること、④その他不適当な照会の申出でないことの4点である。

弁護士会は、これらの要件を備えているかどうか審査し、要件に該当しない場合には、適当でないとして申出を拒絶することになる（弁護士法23条の2第1項）。

(1)　受任事件

受任していない事件について23条照会を行うことはできない。この点、何ら受任や事件を前提せずに事実に関する調査を行うことができる情報公開請求との違いである。

手続規則3条に基づく照会申出の審査基準（以下、「審査基準」という）によれば、受任事件には、「訴訟手続きのほか、示談交渉、契約締結、法律相談、鑑定等も含まれ」るが、「従業員の採用の可否の判断資料を依頼者に提供することを目的とするものその他、紛争性を有しないものは、受任事件に含まれない」とされている（審査基準4条2項）。これは、単に23条照会をして得られた報告の内容を依頼者に渡すだけの事務は、「受任事件」ではないことを意味する。すでに述べたように、23条照会の制度趣旨は、真実の発見、公正な判断という点にあり、さらに照会先から受けた報告の内容が相手方等関係者の権利侵害を引き起こすおそれがあることを考えれば、依頼者に報告の内容を渡すだけの事務が受任事件とならないことは明らかである。

(2) 公務所その他の公私の団体であること

　照会先である、「公務所その他の公私の団体」には、国会、地方議会、国、地方の行政機関、裁判所、検察庁等のあらゆる官公庁や、銀行、保険会社、証券会社等の民間会社、日本郵便株式会社、株式会社ゆうちょ銀行、株式会社かんぽ生命保険、医療法人、社会福祉法人等が含まれることは明らかである。

　さらに、審査基準によれば、法人ではないが、1個の組織体として社会的機能を営むと認められるものも「公務所その他の公私の団体」に含まれるとして、公証人、保護司、民生委員、人権擁護委員、弁護士、司法書士、税理士等の士業、個人経営の病院、診療所、整骨院等をあげている。

(3) 受任事件に必要な事項であること

　23条照会の申出の可否の実質的要件である。

　照会事項は、受任事件に必要な事項、すなわち、受任事件との関連性があり、必要かつ相当な範囲でなされなければならないことは、本制度の趣旨から明らかである。逆に、受任事件との関連性が希薄であったり、必要以上の範囲でなされた場合には、拒絶すべき正当な理由がありとされることになる。

　審査基準においても、申出の理由として「裁判所に提出するため」「受任事件の調査のため」では足りず、受任事件の概要、照会を求める事項との関連性並びに照会の必要性および相当性を具体的に簡潔に記載しなければならないとされている（審査基準6条1項）。さらに、照会を求める事項が個人情報にかかわるときは、①照会を求める事項の性質、法的保護の必要性の程度、②当該個人と係争当事者との関係、③照会を求める事項の受任事件の争点としての重要性の程度、④他の方法によることの難易に留意しなければならないとされている（同条）。これは、個人情報については権利侵害の危険が高いので、申出を拒絶すべき正当な理由が認められる可能性があることを念頭に、それに堪えうる、関連性、必要性、相当性が求められることを注記している。

また、照会先に対して回答を求める範囲も受任事件に必要な範囲に限られる。
　大阪弁護士会の場合、銀行の取引履歴の照会にあたっては、原則、照会申出時から5年前までとし、特に5年を超えて回答を求めたい場合には、その必要性を記載する取扱いとしている。

(4) その他不適当な照会の申出でないこと

　以上の要件を満たしていても、照会の申出が不適当な場合がある。

　多くの弁護士会では、照会にあたって、副本方式をとっている。すなわち、弁護士が作成した照会の申出書の副本をそのまま照会先に送る方式である。その場合、照会の申出書に記載された事案の概要、申出の理由がそのまま照会先に呈示されるが、照会の申出自体は要件を満たしていると判断されても、申出の理由の内容、その濃淡、表現によっては、事件の相手方のプライバシー権、名誉権などを過度に侵害する場合がある。

　たとえば、婚姻費用分担請求事件等において、事件の相手方の勤務先に対して給与の額等を照会の申出をする場合（ただし、この場合においても、請求者が、相手方に対して源泉徴収票や給与明細の任意提出を求め、それに応じない場合には勤務先に照会する旨を念押しする等が必要である。離婚協議中であるということ自体が、事件本人のプライバシーを侵害するからである）、別居に至る夫婦間の生々しいやりとりやその後の交渉経緯のやりとりなどを記載すれば、その記載自体が事件の相手方に対するプライバシー侵害となる可能性がある。

　このように申出の理由の記載が有害的と認められる場合には、他の要件を満たしていても、補正による修正がなければ、拒絶されることになる。

　しかし、申出の理由の記載内容等が事件の相手方等のプライバシー等の権利侵害を引き起こすものとして拒絶されるべきかどうかは、照会先との関係で多分に相対的なものであることに注意するべきである。すなわち、事件の相手方が勤務する会社、所属する団体を照会先とする場合と、照会先が行政機関である場合には、権利侵害の危険性の度合いは、おのずから異なると考

えられるからである。

4　具体的な照会申出手続の流れ

　具体的な照会申出手続の流れについて概説するが、詳細は、各弁護士会の23条照会の手引等を参照していただきたい。

(1)　照会申出書の作成

　弁護士会所定用紙に、①受任事件、②当事者（依頼者、相手方）、③照会先、④申出の理由、⑤照会事項を記載して作成する。

(2)　照会申出書の提出

　弁護士会に照会申出書を提出する。その場合、弁護士会に費用を納付する。

　大阪弁護士会の場合、手数料として1件4000円（税別）である。そのほかに、照会先に手数料、費用を納付する場合がある。

　なお、照会申出書記載内容の真実性の疎明を求める照会先があるが、23条照会制度は、会員の申出は真実であることを前提に成り立つ制度であるので、原則として疎明資料の添付は必要としていない。例外的に、相続事案において金融機関に照会する場合戸籍謄本と相続関係図を添付したりする場合がある。

　また、疎明資料としてではないが、医療機関に対する医療照会の場合、本人の同意書の添付が求められる場合もある。

(3)　弁護士会による審査

　弁護士会において、23条照会の適否について審査が行われる。審査については、各弁護士会において審査基準等が制定されているので、それにのっとり行われる。

　審査の過程において、弁護士会の23条照会担当者から補正の勧告などがなされる。

　審査の結果、適当でないと認められる場合には、申出を拒絶される。

(4)　発　送

　審査の結果、適当であると認められた場合には、照会先へ照会申出書副本が発送される（副本方式の場合）。副本方式ではない場合（いわゆる目録方式の場合）、照会事項部分のみが照会先に発送される。

　(5)　回　答

　照会先から回答があった場合には、弁護士が弁護士会から回答書の交付を受ける。

　(6)　回答がない場合

　回答がない場合には、弁護士会が督促等を行う。

5　照会先ごとの有効活用の例

　弁護士の日常業務として、次のような活用例がある。ただし、すでに述べたとおり、実際に照会の申出が認められるか、回答がなされるかどうかは、実際の受任事件と照会の必要性によることはいうまでもない。

　(1)　銀行等金融機関

　銀行等金融機関に対しては、①差押え準備のための債務者の銀行口座の有無（この点、支店ごとにしなければならないのか、全店について照会できるのかについては、個々の金融機関について取扱いが異なる）、②相続預金の有無、残高、推移、③連帯保証人のうちの一人による求償権行使のための他の保証人の有無の確認などが考えられる。

　(2)　一般社団法人生命保険協会

　一般社団法人生命保険協会に対しては、①被相続人の生命保険契約の有無、内容、解約されている場合の請求者、解約返戻金の額、②差押え準備のための債務者の生命保険契約の有無、内容などが考えられる。

　(3)　電話会社

　電話会社に対しては、①契約名義人の住所・氏名、請求書の送付先、②差押え準備のための電話料金の引き落とし口座などが考えられる。

(4) 法務省出入国管理局

　法務省出入国管理局に対しては、出入国の記録、乗降機知、利用航空便名などが考えられる。

(5) 警察署

　警察署に対しては、①物件事故報告書、②送致検番、③捜索願届出の有無・時期、④110番通報の有無・状況、⑤信号機の表示周期などが考えられる。

6　23条照会をめぐる諸問題

(1) 個人情報保護法との関係

　照会先によっては、23条照会に対して、「本人の同意がない場合には、個人情報保護法により回答できません」という理由を付して、回答を拒否する場合がある。個人情報保護法が、「あらかじめ本人の同意を得ないで、……利用目的を超えて個人情報を取り扱ってはならない」（同法16条1項。利用目的の制限）、「あらかじめ本人の同意を得ないで、個人データを第三者に提供してはならない」（同法23条1項。第三者提供の制限）とされているためである。しかし、これらの規定は、「法令に基づく場合」には適用が除外されるのであり（同法16条3項・23条1項）、この「法令」には、弁護士法23条の2[2]が含まれるとされるので、個人情報であることを直ちに回答拒否の理由とすることは誤りである。

　前述のとおり、正当な理由がある場合、すなわち、照会に対する報告を拒絶することによって保護すべき権利利益が存在し、報告が得られないことによる不利益と照会に応じて報告することによる不利益とを比較衡量して、後者の不利益が勝ると認められる場合かどうかを判断して、正当な理由がなければ、回答をしなければならない。

2　三宅弘＝小町谷育子『個人情報保護法』176頁。

(2) 回答の不当拒否と損害賠償

すでに述べたとおり、照会先の公務所または公私の団体は、「照会に応じて報告することのもつ公共的利益にも勝り保護しなければならない法益が他に存在」しない限り、報告義務がある。一方、弁護士法は、回答拒否に対して、罰則等の定めはない。では、理由のない回答拒否に対しては、弁護士や依頼者は、損害賠償請求をすることができないであろうか。

この点、不当な回答拒否は、照会の申出を行った個々の弁護士との関係でも、違法性を有するとして、照会先の公務所または公私の団体に対して、損害賠償を命じた下級審の裁判例も存在する（たとえば、東京地判平成22・9・16金法1924号119頁、京都地判平成19・1・24判タ1238号324頁）が、近時の傾向としては、個々の弁護士ではなく、照会を弁護士会に専属させているという構造から、「私的紛争の当事者が弁護士会照会に係る報告を得ることによる利益は、弁護士会が照会制度を適正に運用した結果として得られる事実上の利益にとどまるというべきである。したがって、原告が本件照会に係る報告を得る利益が法律上保護される利益に当たるということはできない」として、不法行為性そのものを否定する裁判例が多い（東京地判平成27・3・27判時2260号70頁）。

一方、弁護士会については、拒絶により、「本件照会が実効性を持つ（報告義務が履行される）という法的保護に値する利益を侵害され、国民の権利を実現するという目的を十分に果たせなかったのであるから、これによる無形損害を被った」として、損害賠償請求が認められた。ただし、認容額はわずか1万円である（名古屋高判平成27・2・26金法2019号94頁）。

(3) 不当回答と損害賠償

照会先が回答したことが、第三者の権利侵害となり、損害賠償請求を受けることがある。

この件のリーディングケースは、23条照会により特定個人の前科の有無について照会を受けた区長が、その照会に応じて、前科を回答したという事案であるが、第1審の京都地判昭和50・9・25判時819号69頁が、正当な事由

がない限り回答義務があるとして区長に故意または過失を認めなかったのに対して、控訴審である大阪高判昭和51・12・21判時839号55頁は、前科情報を回答することは、「弁護士会を経由して私人に情報を得させ、これを自由に利用させる結果をもたらすことを否定し難い」とし、「市町村は、前科等について、弁護士法23条の2に基づく照会があった場合には、報告を拒否すべき正当事由がある場合に該当すると解するのが相当」として、これを拒否することなく報告した中京区長の行為は違法があり、過失も認めた。そして、最高裁判所もまた大阪高等裁判所の判断を支持した（最判昭和56・4・14判時1001号3頁）。そのほか、23条照会に応じて、委嘱者であった納税義務者に係る確定申告書や総勘定元帳の写しを開示したことが、納税義務者に対する関係で不法行為に該当するとして、税理士に慰謝料の支払いを命じた裁判例などがある（前掲大阪高判平成26・8・28）。

　照会先に損害賠償義務が認められるようなケースでは、照会を行った弁護士の責任も問われかねない。弁護士会が損害賠償責任が認められるか否かという問題もさることながら、回答を行った照会先が損害賠償責任を受けることが相次げば、23条照会に対する回答についての萎縮的効果も生じるものと思われる。したがって、弁護士会としてもその審査には慎重を期さなければならないし、現にそのための努力が重ねられている。

(4)　照会の申出に対する拒絶

　前述のとおり、弁護士から照会の申出を受けても、所属弁護士会は、その申出が適当でないと認めるときは、これを拒絶することができる（弁護士法23条の2第1項ただし書）。

　この拒絶に対して、不服のある弁護士としては、どのように対応すればよいのか。

　大阪弁護士会の手続規則にのっとれば、不服のある当該弁護士は、拒絶をされた日から14日以内に、会長に対して、理由を付した書面をもって異議の申出をすることができる（手続規則4条1項）。これに対して、会長は、司法委員会に諮問して、その意見を聴いて、再度、拒絶するか否かを決定する。

会長が、再度、拒絶のすることを決定した場合、当該弁護士は、14日以内に再度の異議の申出をすることができ（同条3項）、会長は、その当否については、常議員会の審議に付さなければならない（同条4項）。常議員会が拒否すべきでないとの決定を行ったときは、会長はこれに従って、照会を速やかに行わなければならない（同条5項）。常議員会が行った当否の決議に対しては、双方とも、不服申立てをすることができない。

　このような常議員会の議決など弁護士会の最終判断について司法の場で争うことはできるであろうか。申出を拒否された会員が、拒否処分の取消しを求めた事案について、裁判例は、23条照会が、個々の弁護士に照会の権限を与えたものではなく、また、弁護士または依頼者個人の利益を擁護するための規定ではないとして、「弁護士からの報告を求める申出に対する弁護士会の拒絶に不服があるとしても、法律に特に出訴を認める規定がないかぎり、その取消しを求めて裁判所に出訴することは許されない」とした（札幌地判昭和52・12・20判時885号155頁）。

▷畠田健治

Ⅱ 民事訴訟手続を利用した情報の収集

1 概　要

　民事訴訟手続を利用して情報を取得する方法としては、訴え提起前に利用が可能である証拠保全、提訴前証拠収集処分、訴え提起後に利用が可能となる各種証拠調べ、とりわけ、調査嘱託、送付嘱託、文書提出命令がある。
　任意の情報開示には応じないが、裁判所の開示要請があればこれに応じるとする公務所や金融機関等もあり、民事裁判手続の利用は、情報取得のいわば最終手段ともいうべきものである。
　もっとも、裁判手続を利用して情報を取得した場合、取得した情報が自己に不利なものであった場合でも開示されてしまうから、訴訟の相手方当事者を利しただけの結果に終わることもある。
　また、当該証拠調べをするかしないかは裁判所の裁量に委ねられているから、裁判所が、当該証拠を調べる必要がないと判断することもある。
　なお、民事訴訟手続のほか、民事調停、家事調停、民事保全、人事訴訟手続などにおいても、事実の調査や証拠調べの制度がおかれている。

2 証拠保全

　証拠資料を保全するためにあらかじめ証拠調べを行っておくというものであり（民訴法234条）、訴えの提起前に行うこともできる。たとえば、証人の死期が迫っているのであらかじめ尋問をしておくとか、文書の改ざんや隠匿が予想されるためあらかじめその内容を検証しておくなどである。
　証拠保全は、医療過誤事件で多く用いられている。責任問題が表面化した医療機関が、その患者のカルテを改ざんするおそれがあるとして、改ざんされる前に、その内容を検証しておくものである。

3 提訴前証拠収集処分

訴えを提起する前に、その訴訟で被告となる者に対して予告通知をすることで、文書送付嘱託、調査の嘱託等の証拠収集処分をすることができるようになるというものである（民訴法132条の2第1項）。

この制度は、要件の厳格さや手続の煩雑さもあって、ほとんど利用されていない。

4 調査嘱託

(1) 概　要

裁判所が、団体に対して、必要な調査の嘱託をするというものである（民訴法186条）。

たとえば、遺産紛争が生じ、被相続人名義の預貯金の存否等に争いがある場合に、当該金融機関に対し、その預貯金に係る調査の嘱託（＝情報の開示）を求めるなどである。

嘱託事項に法律上の制限はないが、預金の有無やその取引履歴の内容のように、客観的な事項であって、手元にある資料から容易に結果が得られるものが対象とされている。そういうものでなければ、相手方当事者から調査の結果を争われ、さらに証人尋問や鑑定といった別の証拠調手続をする二度手間になりかねないからである。

(2) 嘱託に応じる義務

嘱託を受けた団体は、これに応じる一般公法上の義務を負い、正当な事由がない限り、報告を拒むことができない。

しかし、嘱託に応じなかったとしても、これに対する制裁はない。また、嘱託先が公務所である場合、公務員の職務上の秘密に関するもので、嘱託に応じることによって公共の利益を害するまたは公務の遂行に著しい支障を生じるおそれがあれば、嘱託を拒むことも許されよう（民訴法191条・220条4号ロ参照）。

5　文書送付嘱託

(1)　概　要

　裁判所が、文書の所持者に対し、その文書を裁判所に送付することを嘱託する（＝求める）ものである（民訴法226条）。

　たとえば、交通事故紛争で、被害者の疾病の有無や程度を加害者が争う場合に、被害者が治療を受けた病院に対し、そのカルテの送付を求めるなどである。

(2)　嘱託に応じる義務

　嘱託を受けた者は、これに応じる一般公法上の義務を負い、正当な事由がない限り、送付を拒むことができない。

　しかし、嘱託に応じなかったとしても、これに対する制裁はない。そこで、所持者が嘱託に応じないことが予想される場合は、この手続ではなく、後記6の文書提出命令によることになる。

　また、正当な事由がある場合は、送付を拒むことができる。具体的には、公務員が守秘義務を負う場合や、私人の名誉・プライバシー等を保護すべき場合である。

(3)　個人情報保護との関係

　個人情報保護法は、本人の同意を得ずに個人データを提供することを原則として禁止しているが、法令に基づく場合は例外であり（同法23条1項1号）、文書送付嘱託はこれに該当する。たとえば、医師が、患者の同意を得ずに、カルテの送付に応じるなどである。

6　文書提出命令

(1)　概　要

　裁判所が、文書の所持者（訴訟当事者以外の第三者を含む）に対し、その文書を裁判所に提出するよう命じるものである（民訴法223条1項）。

　たとえば、労働紛争で、使用者側が、当該労働者の出勤簿を任意に提出し

ない場合に、裁判所が、使用者に対し、その提出を命じるなどである。

私文書のみならず、公務文書（＝公務員または公務員であった者が職務に関し保管または所持する文書）の提出を命じることもできる。

(2) 提出義務

提出命令を受けた者は、法の定める例外事由にあたらない限り、その文書の提出義務がある（民訴法220条）。

提出義務があるにもかかわらず提出しなかった場合の制裁もある（民訴法224条・225条）ことから、証拠収集のための強制的な制度となっている。

(3) 例外的に提出義務がない場合①──公務文書の場合

公務文書において、以下のものは、例外的に提出義務がない。

(ｱ) 公務員の職務上の秘密文書

公務員の職務上の秘密に関する文書で、その提出により公共の利益を害し、または、公務の遂行に著しい支障を生ずるおそれがあるものは、提出義務の対象外とされている（民訴法220条4号ロ）。

ここでいう「秘密」とは、実質的にもそれを秘密として保護するに値すると認められるものでなければならないとされている。

(ｲ) 刑事事件・少年事件関係書類

刑事事件に係る訴訟に関する書類、少年の保護事件の記録またはこれらの事件において押収されている文書は、提出義務の対象外とされている（民訴法220条4号ホ）。

もっとも、捜査令状の執行を受けた者の申立てにより、捜査機関に対し当該捜査令状の提出を命じることは判例によって認められており、当該刑事裁判の公判の開廷前であってもこれが認められることがある。

(4) 例外的に提出義務がない場合②──私文書の場合

私文書において、以下のものは、例外的に提出義務がない。

(ｱ) 自己負罪拒否特権等文書

自己またはその一定範囲の親族が刑事訴追・有罪判決を受けるおそれがある事項またはその名誉を害すべき事項が記載されている文書は、提出義務の

対象外とされている（民訴法220条4号イ）。

　㈦　プロフェッション秘密文書

　医師、弁護士等が職務上知り得た事項で、黙秘すべきものが記載されている文書は、提出義務の対象外とされている（民訴法220条4号ハ前段）。

　㈪　技術・職業秘密文書

　いわゆる企業秘密などが記載されている文書は、提出義務の対象外とされている（民訴法220条4号ハ前段）。

　ここでいう「秘密」とは、実質的にもそれを秘密として保護するに値すると認められるものでなければならないとされている。

　㈫　内部文書

　金融機関の稟議書、個人のメモなど、もっぱら文書の所持者の利用に供する目的で作成され、外部に開示されることが予定されていない文書は、提出義務の対象外とされている（民訴法220条4号ニ）。

　ただし、提出義務を負わないのは、開示によってプライバシー侵害や自由な意思形成の阻害など、所持者に看過しがたい不利益が生じるおそれがある場合に限られる。

▷岡口基一

III 刑事訴訟手続を利用した情報の収集

1 はじめに

　刑事手続における情報取得の局面としては、大きく①検察官手持ち証拠の開示請求による情報取得、②裁判所に対する公判調書等の閲覧・謄写による情報取得、③裁判所を通じての情報取得（公務所照会等）が考えられる。

　これらの中でも、特に検察官手持ち証拠の開示請求は重要である。公判前整理手続創設前は、証拠開示は裁判所の訴訟指揮権（刑訴法294条）によるほかなかったが、平成17年の公判前整理手続導入により、検察官に明示的に開示義務が認められた。開示義務の範囲やその方法等について、今なお議論もなされているが、刑事手続においても被告人・弁護人に情報が一定程度公開されるという意味で、その進歩は大きかった。

　さらに、昨今の刑事訴訟法改正の議論では検察官手持ち証拠の全面開示を求める論者も多く、平成28年改正刑事訴訟法（平成28年法律第54号による改正）においては、弁護人等から請求があった場合に、検察官に手持ち証拠の一覧表の交付が義務づけられた[3]（平成28年改正刑訴法316条の14第2項）。なお、本改正における公判前整理手続に関する規定（以下で触れる証拠開示も含む）は、平成28年12月までに施行されるので、留意されたい。

　ここでは、刑事手続にかかわる弁護士として、少なくとも押さえておかなければならない情報開示の手順とその内容について述べる。

　なお、後述するが、刑事手続の弁護人として得られた証拠を、公判準備に使用する目的以外の目的で第三者に交付したり、提示したりすることは法律上禁止されている（刑訴法281条の4）。この点については注意が必要である。

---

[3] 改正時の議論については、白取祐司「【特別部会の論点と議論】証拠開示」川﨑英明＝三島聡『刑事司法改革とは何か』57頁以下参照。

2 検察官に対する証拠開示請求

　まず、警察・検察等の捜査機関が1件の事件を捜査した際に作成される捜査資料（証拠書類）が極めて膨大であることを認識しなければならない。

　特捜部等が手がける脱税事件や贈収賄事件などでは、一部屋がいっぱいになるほどの何十箱に及ぶ証拠品が押収され、それと同様といいうるほどの証拠書類が作成される。このような特殊な事件でなくとも、関係者が多数の事件や重大事件では、大量の証拠書類が作成されている。

　その中には、検察官請求証人の信用性を弾劾せしめる証拠があるかもしれない。また、被告人の無罪を示す証拠があるかもしれないし、少なくとも、量刑上有利になる証拠も含まれているかもしれない。弁護人としては、それらの証拠書類の開示をできる限り受けたうえで、弁護方針を確定するべきである。

　現在の刑事手続においては、公判前整理手続に付された事件とそうでない事件で証拠開示の様相は大きく異なるため、以下ではその両者に分けて論じる。

(1) 公判前整理手続に付されていない事件

　公判前整理手続（期日間整理手続）に付されていない事件においては、開示が義務づけられる証拠は、検察官請求証拠のみである。

　それ以外の証拠の開示を受けたいと考えれば、裁判長による訴訟指揮権に基づく開示を求めこととなる。[4]

(ア) 証拠開示の要件

　最決昭和44・4・25刑集23巻4号248頁が示した証拠開示の要件は、概要①～④のとおりである。

① 証拠調べの段階に入った後であること
② 具体的必要性を示すこと

4　この点については、中川博之「証拠開示命令」平野龍一＝松尾浩也『新実例刑事訴訟法(2)公訴の提起及び公判』321頁で詳細に論じられている。

③　証拠の閲覧が被告人の防御のため特に重要であること
④　開示により罪証隠滅、証人威迫等の弊害を招来するおそれがなく、相当と認められること

　これらの要件が具備されるか否かは、判例によれば「事案の性質、審理の状況、閲覧を求める証拠の種類および内容、閲覧の時期、程度および方法、その他諸般の事情を勘案し」て決せられる。

　　(イ)　証拠開示命令申立ての方法
　弁護人として、開示を受けるべき証拠を特定し、前記(ア)の要件を具備していることを記載した証拠開示命令申立書を裁判所に提出する（【書式14】参照）。

　これらの要件は非常に厳しいものであるが、実務上は、証拠開示命令申立書に基づいて、裁判官は、まずは検察官に対して任意に開示することを促すのが一般的である。

　それでもなお検察官が応じず、裁判長も証拠開示命令を出さない場合は、裁判所に対して公判前整理手続ないしは期日間整理手続に付することを求めることになる。実際上、公判前整理手続に付した場合は、証明予定事実記載書面の提出が求められ、証拠調べ請求の時期的制限規定（刑訴法316条の32）等も適用されるため、検察官ないし裁判官がこれを好まず、任意での開示に至るケースも多々存在する。

【書式14】　証拠開示命令申立書

　　　　　　　　　　　　　　　　　　　　　　　　平成27年12月18日
　　平成27年(わ)第1111号　詐欺被告事件
　　被告人　大阪太郎

　　　　　　　　　　　証拠開示命令申立書

　　○○地方裁判所刑事部　御中
　　　　　　　　　　　　　　　　　　　　上記被告人弁護人

弁　護　士　○　○　○　○　㊞

　弁護人は、検察官に対して、下記の各証拠の開示を命ぜられることを申し立てる。理由は以下のとおりである。
　弁護人は、検察官請求にかかる丙山三郎氏の供述録取書（検甲2号証）を不同意とするので、検察官から同氏の証人尋問が請求されることが予想される。
　弁護人としては、被告人の主張を補完し、検察官の主張に対する反証のため、同氏の供述の信用性について、これを弾劾する必要がある。そして、そのためには同氏の過去の供述や同氏と被告人との取引経過等について、精査、検討することが防御のために特に重要である。
　なお、検察官において「不存在である」との回答をされる場合には、その意味が①開示を求める証拠が検察官の手許には存在しないとの意味なのか（他には「存在する」という意味なのか）、②その証拠が警察官の手許にもなく、証拠自体が物理的に一切存在しない、という意味なのか、③証拠自体は存在するが任意に開示できないという意味なのか、明確にされたい。また、識別事項に該当する証拠が複数存在するが、その全部を開示するわけではない場合は、開示しない証拠が存在することを明示する（弁護人には開示しない証拠が存在するのか否かがわからないため）とともに、開示しない証拠について、上記同様、いかなる理由で開示しないのかについても回答されたい。

記

1　被告人、丙山三郎氏の各自が本件当時所有していた携帯電話の各通話記録ないしそれに準じるもの（発信、着信履歴のわかるもので捜査報告書も含む）

2　被告人と丙山三郎氏との取引経過を記載記録したものないしそれに準じるもの（取引経過がわかるもので捜査報告書も含む）

3　丙山三郎氏の供述調書及び供述録取書等（開示済みのものを除く）

4　被告人のすべての供述調書及び供述録取書等（弁解録取書、勾留質問調書も含む）

5　本件捜査における押収品のすべて及び押収品発見時の状態を撮影した写

> 真あるいは写真撮影報告書ないしそれに準じる書面
>
> 6 本件捜査における捜索差押えに関する捜査報告書及び押収品目録
>
> 7 被告人に関する取調状況記録書面
>
> 　　　　　　　　　　　　　　　　　　　　　　　　以　上

(2) 公判前整理手続に付されている事件

公判前整理手続（期日間整理手続）における証拠開示には、次の①～③の3種類がある。

① 検察官請求証拠の開示（刑訴法316条の14第1項）
② 類型証拠開示（刑訴法316条の15）
③ 主張関連証拠開示（刑訴法316条の20）

なお、公判前整理手続に付させるためには、従前は両当事者に請求権がなく、裁判所あての申出書を提出することが多かった（【書式15】参照）。しかし、今般の改正により、公判前整理手続に付する請求権が付与された（平成28年改正刑訴法316条の2・316条の28）。今後は、本条に基づき「請求書」を提出することとなろう（ただし、請求却下決定に対する不服申立権はない）。裁判体によっては、公判前に付することにより審理が長期化することを懸念し、これを避けようとすることもある。そのような場合は、特に強く検察官に対し任意開示を促すことが多いので、証拠開示についての争いがなくなることも考えられる。しかし、原則論としては証拠開示「義務」が明確に発生する公判前整理手続に付するほうが、後の無用な争い（検察官の開示漏れ問題等）を防ぐためにも望ましい。

Ⅲ 刑事訴訟手続を利用した情報の収集

【書式15】 公判前整理手続に付する決定の申出書

平成27年12月18日

平成27年(わ)第1111号　窃盗被告事件
被告人　大阪太郎

申　出　書

○○地方裁判所刑事部　御中

　　　　　　　　　　　　　　　上記被告人弁護人
　　　　　　　　　　　　　　　弁　護　士　○　○　○　○　㊞

　上記被告人に対する頭書被告事件につき、下記の理由により、公判前整理手続に付する決定をするよう申し出る。

記

　本件においては、平成27年12月6日付け起訴状記載の公訴事実を争う可能性が高いので、刑事訴訟法316条の15及び316条の20による証拠開示を受けたうえで、証拠関係を精査するなどし、争点と証拠を整理することが、充実した公判の審理を継続的かつ計画的に行うためにも必要不可欠である。

以　上

　(ア)　検察官請求証拠の開示（刑訴法316条の14第1項）

　(A)　開示の時期

　検察官から証拠請求された後、速やかに開示される[6]。検察庁まで閲覧に行き、必要箇所のみ謄写申請するか、閲覧せずに謄写申請をしても弁護人の手元に送付される。ただし、謄写までのスピード感は大規模庁と小規模庁で

5　開示義務が課されていながら開示漏れがあった場合は、義務違反行為として違法の誹りを受けることは免れないが、あくまで任意開示での対応であれば、義務違反とはならない。

6　ただし、開示があるといっても弁護人には閲覧・謄写の機会が与えられるのみであって、検察官から積極的に開示行為があるわけではない。

は、大きく異なるため、余裕をもったスケジュールを立てる必要がある。[7]

　(B)　開示請求の方法

　特に弁護人において、開示を受けるために必要な手続はない。ただし、謄写申請は必要となるので、注意を要する。

　(C)　開示の要件

　特にない。検察官は、請求証拠である以上は、当然に開示義務を負っている。

　(イ)　類型証拠開示（刑訴法316条の15）

　(A)　開示の時期

　検察官請求証拠が開示され、それらの同意・不同意を決定し、弁護側の主張を明らかにする前に、その検討の前提として、類型証拠の開示を受けなければならない。証拠開示が認められる各類型は、検察官請求証拠の信用性判断に必要とされる類型に分けて定められているため、各証拠の信用性を吟味しようとすれば、おのずと開示を受ける必要性を感じるものばかりである。[8]

　ただし、後に開示請求漏れがあった場合は、整理手続が終了するまでいつでも請求可能である。

　裁判所は、弁護人の類型証拠開示請求およびこれに対する開示が終了する前から、予定主張や証拠意見の提出時期を問い合わせたり、早期に提出することを求めたりすることもあるが、不当である。法文上も、「弁護人は……第316条の14第1項並びに前条第1項及び第2項の規定による開示をすべき証拠の開示を受けたときは、検察官請求証拠について……意見を明らかにしなければならない」（刑訴法316条の16第1項）、「弁護人は……第316条の15第1項及び第2項の規定による開示をすべき証拠の開示を受けた場合において、公判期日においてすることを予定している事実上及び法律上の主張があ

7　なお、謄写の際には持参したデジタルカメラで謄写することも可能である。この場合は、謄写費用はかからない。
8　たとえば、供述調書作成者の請求証拠以外の供述証拠の開示を受けることは、供述の変遷等をチェックする意味では必須である。

るときは、裁判所及び検察官に対し、これを明らかにしなければならない」（刑訴法316条の17第1項）とされている（圏点は筆者による）。この文言を根拠に、裁判所からの不当に拙速な証拠意見・予定主張の提出要求に対しては対抗すべきである。

(B) 開示請求の方法

検察官宛の類型証拠開示請求書を担当検事あてにファクシミリを送信して提出する。その際には、開示を請求する証拠を特定し、開示の要件が具備されていることを書面に記載する。これに対して検察官からおおむね2週間程度で書面で回答がされることが一般的である。[9]

なお、手続の進捗報告や後の裁定請求（刑訴法316条の26）も見据えて、裁判所にもファクシミリにて参考送付する（【書式16】参照）。

(C) 開示の要件

(a) 証拠の識別

開示請求をするに際しては、開示を求める証拠が、他の証拠と識別できる程度に特定してなされなければならない（刑訴法316条の15第3項1号イ・2号イ）。[10]

(b) 類型該当性

開示を求める証拠が、次の①～⑨のいずれかの証拠に該当する必要がある（刑訴法316条の15第1項）。ただし、各号に該当するか否かは、文書の表題にとらわれることなく、その実質的な記載内容から判断すべきである。

① 証拠物（1号）[11]　なお、証拠物については、客観的証拠であるため、開示を受ける必要性が高く、一方で供述証拠と比べても開示による弊害の程度も小さいため、広く開示が認められるべき類型である。

9　ただし、記録の全体量によっては、1カ月以上かかることもある。
10　識別事項の特定の程度については「どのような類型の証拠を、どのような範囲で開示することを求めるのかが識別できるだけの特定を要求するものであるが、同時にその程度の特定で足りるという趣旨を含む」とされている（松本時夫ほか編『条解刑事訴訟法〔第4版〕』756頁）。
11　松本ほか編・前掲（注10）751頁参照。

② 検証調書・実況見分調書（2号・3号）[12]
③ 鑑定書（4号）[13]　なお、実質的に鑑定書の性格をもつ書面（鑑定人の意見が記載された書面、診断書等）もこれに該当する。
④ 検察官が請求した供述録取書の供述者の他の供述録取書等（5号）[14]
⑤ 検察官が特定の検察官請求証拠により直接証明しようとする事実の有無に関する供述を内容とするもの（6号）[15]　本号に、参考人の供述等を捜査官が記載した捜査報告書（さらにそれに止まらず捜査報告書一般）が含まれるか否かについては議論がある。これを否定する高裁裁判例（東京高決平成18・10・16判時1945号166頁等）もあるが、弁護人としては類型該当性を積極的に主張し、開示を求めるべきである。[16]
⑥ 被告人の供述録取書等（7号）　当然ながら、供述録取書のみならず、供述書もDVDも含むものである。
⑦ 被告人および被告人の共犯として身体拘束または公訴提起された者で、刑訴法316条の15第1項5号イもしくはロに該当する者の取調べ状況報告書（8号）[17]　共犯者については、今般の法改正によって新たに

12　法文上は、2号につき「第321条2項に規定する裁判所または裁判官の検証の結果を記載した書面」、3号につき「第321条第3項に規定する書面又はこれに準ずる書面」とされている。
13　法文上は「第321条4項に規定する書面又はこれに準ずる書面」とされている。
14　法文上は「次に掲げる者の供述録取書等」とし、「検察官が証人として尋問を請求した者」「検察官が取調べを請求した供述録取書等の供述者であって、当該供述録取書等が第326条の同意がされない場合には、検察官が証人として尋問を請求することを予定しているもの」とされている。
15　法文上は「前号〔編注・刑訴法316条の15第1項5号〕に掲げるもののほか、被告人以外の者の供述録取書等であって、検察官が特定の検察官請求証拠により直接証明しようとする事実の有無に関する供述を内容とするもの」とされている。
16　本論点につき、松本ほか編・前掲（注10）755頁、大阪弁護士会裁判員制度実施大阪本部編『コンメンタール公判前整理手続〔補訂版〕』119頁等参照。
17　平成16年から「取調べ状況の記録に関する訓令」に基づいて作成が義務づけられており、取調べ時間、調書の作成通数、取調官の氏名等が記載された書面が必ず作成されている。

加わった類型である。

⑧　検察官請求証拠である押収物の押収手続記録書面（9号）および1号の類型証拠として開示される証拠物の押収手続記録書面（同条2項）

今般の法改正によって新たに加わった類型である。

　(c)　重要性・相当性

開示を求める証拠が、特定の検察官請求証拠の証明力を判断するために重要であることが要件である（重要性）。類型証拠が、証拠意見と予定主張を提出する前に開示されるべきものであることから、網羅的にではなく、特定の検察官請求証拠の証明力判断に資するものであることを示す必要がある。[18]

また、開示することが相当でなければ開示は認められない（相当性）。相当性を判断する要素としてあげられているのは、「重要性の程度」「防御準備のための必要性の程度」「開示によって生じるおそれのある弊害の内容および程度」である。

　(D)　一覧表の交付請求（刑訴法316条の14第2項）

公判前整理手続ないし期日間整理手続に付された事件では、検察官請求証拠の開示があった後に、被告人または弁護人の請求により、検察官手持ち証拠の一覧表を開示する義務が検察官に課された。開示漏れを防ぐため、自白事件においても一覧表開示を求めておく必要性は高い。

ただし、一覧表への記載の対象となるのは、あくまでも検察官の保管する証拠であるため、他の公務員の保管する証拠は含まれない。類型証拠開示等をする際には、ほかにも証拠がありうることを念頭におかなければならない。

請求は、一覧表の交付を求める旨を記載した書面を提出すれば足り、それ以上に理由の記載は求められていない。

また、一覧表の記載が抽象的にすぎ、証拠開示における証拠の特定に資さ

---

[18] 開示の要件として、条文上は「必要性」もあげられているようにみえる。しかし、「重要性」のある証拠であれば、おのずと「必要性」は認められるのであり、特段別途の要件として検討する要はないと考え、本書においてはあえて指摘しない。

第3章　訴訟その他の手続による情報の収集

ない場合には、検察官に釈明を求めるべきであろう。

【書式16】　類型証拠開示請求書

平成27年12月18日

平成27年㈹第1111号　詐欺被告事件
被告人　大阪太郎

類型証拠開示請求書

　○○地方検察庁
　　検察官　○○　○○　殿
　　　（FAX：○○−○○○○−○○○○）
　参考送付：○○地方裁判所刑事部　御中
　　　（FAX：○○−○○○○−○○○○）

上記被告人弁護人
弁　護　士　○　○　○　○　㊞

　弁護人は、刑事訴訟法316条の15第1項に基づき、下記の各証拠の開示を請求する。
　なお、開示を求めた証拠のうち一部だけを開示する場合には、開示しないものについて、刑事訴訟規則217条の24により必ず不開示理由を告知されたい。
　また、「不存在である」との回答をされる場合には、その意味が①開示を求める証拠が検察官の手許には存在しないとの意味なのか（他には「存在する」という意味なのか）、②その証拠が警察官の手許にもなく、証拠自体が物理的に一切存在しない、という意味なのか、③証拠自体は存在するが要件を満たさないという意味なのか、明確にされたい。
　さらに、下記識別事項に該当する証拠が複数存在するが、その全部を開示するわけではない場合は、開示しない証拠が存在することを明示する（弁護人には開示しない証拠が存在するのか否かがわからないため）とともに、開示しない証拠について、上記同様、どの要件について、いかなる理由で開示しないのかについても回答されたい（刑事訴訟規則217条の24）。

記

第1　開示対象の特定：A、B、C及びDのすべての供述録取書等（DVD等の記録媒体一切を含む。いずれもすでに開示されているものを除く）

　　類型：　刑事訴訟法316条の15第1項5号ロ

　　理由：　Aは甲12号証の供述人であり、Bは甲13号証の供述人であり、Cは甲14号証の供述人であり、Dは甲67号証等の供述人である。

　　　　　そして、これらの者の証言や供述の証明力を判断するには、同人らの未開示供述録取書等のすべての開示を受けて供述経過を検討することが重要であり、被告人の防御準備のために必要性が高い。

第2　開示対象の特定：被告人のすべての供述録取書等（弁解録取書、勾留質問調書、被告人の取調べ状況を録音・録画したカセットテープ、DVD等の記録媒体一切を含む。ただし、すでに開示されているものを除く）

　　類型：　刑事訴訟法316条の15第1項7号

　　理由：　検察官請求乙号証の被告人供述調書の証明力を判断するには、被告人の未開示供述録取書等すべての開示を受けて、その供述経過を検討することが重要である。

　　　　　また、標記証拠のうちDVD等の記録媒体は、被告人の司法警察職員ないし検察官に対する供述内容を機械的に録音・録画したもので、検察官等による録取の過程を経ない点で、被告人供述をより忠実かつ正確に記録・再現するものであり、類型証拠開示においては、被告人供述調書と同一に扱われるべきものである（刑事訴訟法316条の14第2項参照）。

第3　開示対象の特定：被告人について作成された取調べ状況記録書面

　　類型：　刑事訴訟法316条の15第1項8号

　　理由：　検察官請求乙号証である被告人供述調書の証明力を判断するには、被告人について作成された取調べ状況記録書面一切の開示を受けて、取調べの状況を検討することが重要である。

第4　開示対象の特定：本件発生現場及びその周辺を検証ないし見分対象とする検証調書ないし実況見分調書等（これらに準ずる書面も含む。なお、開示済みのものを除く）

　　　　類型：　刑事訴訟法316条の15第1項3号
　　　　理由：　検察官請求証拠甲1号証は本件発生現場の状況等について報告するものであるところ、その証明力を判断するには、本件で行われたすべての実況見分、検証調書を確認することが重要である。
　　　　　　　本件現場の状況等は、本件発生状況を推知するうえで、被告人の防御の準備のために必要性が高い。
　　　　　　　他方、客観性の高い証拠であり、開示による弊害はない。

　第5　開示対象の特定：本件類似の過去の取引事例について調査した報告書その他の証拠
　　　　類型：　刑事訴訟法316条の15第1項6号
　　　　特定の検察官請求証拠：　検察官請求証拠番号22号証
　　　　検察官が直接証明しようとする事実：　検察官証明予定事実記載書第3
　　　　　　　第1項(1)「被告人と被害者との間では、本件以外にも複数の取引があった。」
　　　　理由：　上記証拠は、上記検察官が直接証明しようとする事実のうち、過去の取引の事実を確認できるものである。
　　　　　　　過去の取引について言及する甲22号証の証明力を判断するには、過去の取引状況について記載された証拠の開示を受けて検討することが重要であり、被告人の防御準備のために必要性が高い。
　　　　　　　　　　　　　　　　　　　　　　　　　　　　以　上

(ウ)　主張関連証拠開示（刑訴法316条の20）

(A)　開示の時期

　被告人の証拠意見および予定主張記載書面を提出すると同時もしくは提出した後に開示請求をする。

　主張関連証拠は争点関連証拠とも呼ばれ、弁護人が提示した主張・争点に関連して開示がなされるものである。たとえば、アリバイ主張をした場合に、事件当日の被告人の行動に関する捜査報告書の開示を求めれば、主張との関連性が認められ、開示されることとなる。また、責任能力を争うということであれば、捜査段階における責任能力判断のための資料が開示されるこ

ととなる。そのため、主張自体があまりに抽象的であれば、関連性が明らかにならず、開示要件を満たさない。

よって、予定主張を明示する範囲・具体性については、主張関連証拠開示請求も見据えて検討する必要がある。

(B) 開示請求の方法

この点は、類型証拠開示請求と同様である。検察官にファクシミリを送信して提出したうえで、裁判所へ参考送付することとなる（【書式17】参照）。

(C) 開示の要件

(a) 主張との関連性

弁護人のした予定主張と関連するものでなければならない。関連性が明らかでないものなどは主張の補充が必要となる可能性もある。

(b) 相当性

相当性の判断にあたっては、「関連性の程度」を前提として防御準備のための「必要性の程度」および「開示によって生じるおそれのある弊害の内容および程度」が考慮事項となる。基本的には弁護人として主張と関連性のあると考える証拠は、必要性が認められることとなる。ただし、関連性自体は薄いが、必要性は高い証拠もありうることは念頭におかなければならない。[19]

さらに、相当性判断にあたっては、「開示によって生じるおそれのある弊害の内容および程度」も考慮事項である。

【書式17】 主張関連証拠開示請求書

　　　　　　　　　　　　　　　　　　　　　　　　　　平成27年12月28日

平成27年(わ)第1111号　詐欺被告事件
被告人　大阪太郎

---

[19] たとえば、当該犯行日時か否かは不明であるが、当時は当該時間帯は別の場所にいることが多かったということを示す証拠などは、アリバイ主張におけるアリバイそのものではないという意味で関連性は薄いが、無罪につながる証拠という意味で必要性は高い。

主張関連証拠開示請求書

○○地方検察庁
　検察官　○○　○○　殿
　　（FAX：○○－○○○○－○○○○）
参考送付：○○地方裁判所刑事部　御中
　　（FAX：○○－○○○○－○○○○）

上記被告人弁護人
弁護士　○　○　○　○　㊞

　弁護人は、刑事訴訟法316条の20に基づき、下記の各証拠の開示を請求する。
　なお、開示を求めた証拠のうち一部だけを開示する場合には、開示しないものについて、刑事訴訟規則217条の24により必ず不開示理由を告知されたい。
　また、「不存在である」との回答をされる場合には、その意味が①開示を求める証拠が検察官の手許には存在しないとの意味なのか（他には「存在する」という意味なのか）、②その証拠が警察官の手許にもなく、証拠自体が物理的に一切存在しない、という意味なのか、③証拠自体は存在するが要件を満たさないという意味なのか、明確にされたい。
　さらに、下記識別事項に該当する証拠が複数存在するが、その全部を開示するわけではない場合は、開示しない証拠が存在することを明示する（弁護人には開示しない証拠が存在するのか否かがわからないため）とともに、開示しない証拠について、上記同様、どの要件について、いかなる理由で開示しないのかについても回答されたい（刑事訴訟規則217条の24）。

記

1　開示を求める証拠
　本件取引を行う資格に関し、大阪府庁内部で用いられている規程・通達・内部要領等、その運用基準等を記載した書面等の一切

2　開示を求める証拠と弁護人予定主張との関連性
　弁護人は、予定主張1の1頁以下において、「本件取引が大阪府より許可を受けた範囲内のものである」との主張をした。上記証拠は、本主張の根拠と

| なり得るものであるから、予定主張との関連性がある。
|
| 　　　　　　　　　　　　　　　　　　　　　　　　　　以　上

(エ)　証拠開示請求に応じない場合の手法

　各開示請求の要件を具備していると考えられるにもかかわらず、検察官が開示に応じない場合は、その理由を明らかにさせたうえで、検察官が要件を欠いていると主張する事項について、追加して主張することも検討する。たとえば、識別できないというのであれば、より具体性をもって特定するか否かを検討する。[20]

　それでもなお開示がなされない場合は、裁判所に対し裁定請求（刑訴法316条の26）をする（【書式18】参照）。

　裁判所は、検察官に意見を求めたうえで、類型証拠開示および主張関連証拠開示の要件が具備されているか否かを判断する。

　その際に、必要があると認めるときには、開示請求対象の証拠を裁判所に提示するよう命令することができる（刑訴法316条の27第1項）。また、同様に必要があれば、検察官保管証拠のうち、裁判所の指定する範囲の証拠の標目を記載した一覧表の提出を命じることもできる（同条2項）。特に後者の命令が出る場面は、検察官が当該証拠が不存在である旨の回答をしている場合に、弁護人が証拠は存在する旨の主張をしている場合等であろう。

　なお、開示および非開示の決定に対しては即時抗告ができる（刑訴法422条）。

---

[20]　その結果、当然開示を求める範囲が狭まることになるため、さらなる詳細な特定が必要か否かは慎重な検討を要する。

【書式18】　裁定請求書

平成28年1月28日

平成27年㈹第1111号　詐欺被告事件
被告人　大阪太郎

裁定請求書

○○地方裁判所刑事部　御中

上記被告人弁護人
弁　護　士　○　○　○　○　㊞

第1　裁定請求の趣旨

　　検察官に対し、弁護人平成27年12月28日付け主張関連証拠開示請求書記載の各証拠を開示することを命じる。
　　との裁判を求める。

第2　裁定請求の理由
　1　裁定請求の経過

　　　弁護人は、平成27年12月28日付け主張関連証拠開示請求において、各証拠の開示請求をした。

　　　これに対して検察官は「不存在」との回答をしたが、これまでの捜査経緯に鑑みれば、検察官の「不存在」との回答は、到底信用できない。

　　　そこで、弁護人らは、本裁定請求に及んだものである。

　　　なお、以上に鑑みれば、裁判所には検察官保管証拠の全容を把握される必要があると思料するので、裁判所におかれては、刑事訴訟法316条の27第2項に基づき本件に関する検察官保管証拠（現に物理的に保管しているものに限らず公務員が職務上現に保管し、かつ、検察官において入手が容易なものを含む）のすべての一覧表の提示を命令するよう申し立てる。

　2　証拠開示を求める理由
　　ア　弁護人らの予定主張

　　　　弁護人らは、予定主張記載書面において、「○○○○」との主張をした。

　　イ　予定主張と本件各証拠との関連性等

>   本証拠には、○○○○の事実が記載されていると思料されるものである。
>   このような証拠は、まさに弁護人の主張する事実を基礎づけるものであり、上記予定主張との関連性があることは明白である。
>   また、本証拠は、○○○○の事実の有無を決する重要な証拠である。その意味において、本証拠の開示の必要性は高い。
>   他方で、本証拠が開示されることによっても、証人威迫や罪証隠滅の可能性はなく、弊害は存在しない。
>   ウ　不存在との回答について
>   検察官は、弁護人からの証拠開示請求について、不存在である旨の回答を繰り返している。しかし、検察官は従前より存在するものを不存在と回答しており、その回答の信用性については、強い疑問を有している。
>   そこで、不存在との回答を基礎づける意味においても、検察官保管証拠の一覧表を裁判所に提示のうえ、ご判断願いたい。
>
>   以　上

　(オ)　その他の留意点

(A)　特に取調べDVDの取扱い

　取調べDVDについては、取調べ内容それ自体に高度のプライバシー情報が含まれるため、その取扱いには注意が必要である。ウィルスソフトの影響を受けて、データが流出することは避けなければならない。基本的には、スタンドアロンPCを利用するなど、弁護人としての適正管理義務は果たさなければならない（刑訴法281条の3）。

　一方で、検察庁内では、DVDの複製禁止、事件後の破棄等の誓約書に押印しなければ謄写を許さないという扱いがなされる例も散見される。しかし、検察官は開示について条件を付することができる規定ぶりとはなっているが（刑訴法316条の15）、謄写方法や管理についての条件まで付すことができるかについては疑問が残る。

　本来的には検察官のかかる取扱いは不当であり、押印なしに謄写ができな

いようであれば、開示条件に対する裁定請求をするなど無条件での開示を実現すべきである。

(B) 検察官の回答

類型証拠開示や主張関連証拠開示に対する検察官の回答は、抽象的にはさまざまなパターンが考えられる。

たとえば、「開示しない」という回答には、当該文書が存在しない場合もあれば、開示の要件が具備されていないという場合もありうる。また、本来的には不当なことではあるが「存在しない」との回答にも物理的に存在しないという場合のみならず、「要件を具備した証拠は存在しない」という場合もありうる。また、開示を請求した供述調書の供述者が作成した調書は複数あるものの、被告人の関係する事件以外については、その存在の有無すら明らかにしないとの扱いもある。その場合は、「以下の各証拠を開示する」とのみ記載されることが多く、それ以外にも証拠が「ある」ということを認識しようがない回答もありうる。

弁護人としては、証拠開示請求書の冒頭に、不開示の場合は不開示の理由を明らかにすることを求める（刑訴規217条の24）ことは当然であるが、それ以上にそもそも識別事項に該当する証拠が複数あるが、それでも開示しないものがあるか否かを明らかにすることを求めるべきである。[21]

(C) 目的外利用

検察官から開示を受けて謄写した記録は、一定の手続（費用補償手続、刑事補償手続等）を除き刑事手続以外では使用することはできない（刑訴法281

---

[21] 具体的には、以下のような記載が考えられる。「検察官において『不存在である』との回答をされる場合には、その意味が①開示を求める証拠が検察官の手許には存在しないとの意味なのか（他には『存在する』という意味なのか）、②その証拠が警察官の手許にもなく、証拠自体が物理的に一切存在しない、という意味なのか、③証拠自体は存在するが要件を満たさないという意味なのか、明確にされたい。さらに、識別事項に該当する証拠が複数存在するが、その全部を開示するわけではない場合は、開示しない証拠が存在することを明示する（弁護人には開示しない証拠が存在するのか否かがわからないため）とともに、開示しない証拠について、どの要件について、いかなる理由で具備しないのかについても回答されたい」。

条の4・281条の5）。

　その結果、たとえば、刑事被告人が民事訴訟において被告となった場合に、民事訴訟では刑事手続で得られた証拠をそのまま用いることはできない。この点は、民事事件の裁判官も認識しておらず、提出を求める場合もあるが、罰則規定もあるので注意を要する。

　民事事件で刑事記録を用いるのであれば、確定記録謄写等の手続によるほかない。

3　裁判所に対する文書開示

　裁判所に対する文書の開示（公判調書、尋問調書の閲覧・謄写）は意外に知られていないが、手続経過を確定させるためにも必要である。裁判体によっては、不当な手続調書の記載もありうるので、その際には調書異議（刑訴法51条）も検討しなければならない。

(1)　手続調書（尋問調書）の閲覧・謄写

　公訴提起後については、弁護人は、訴訟に関する書類および証拠物を閲覧・謄写することができる（刑訴法40条）。訴訟に関する書類には、当然公判調書や尋問調書も含まれるので、同条を根拠に、公判調書・尋問調書等についても閲覧・謄写を請求できる。

(2)　判決・身体拘束関係書類の謄本請求

　公訴提起前についても、裁判書については謄本または抄本を謄写請求することができる（刑訴法46条）。同条を根拠に、勾留状謄本等は請求することになる。

4　補論――少年事件における閲覧・謄写

　少年事件は、すべての証拠書類が家庭裁判所に送致されるため（少年審判規則8条2項）、捜査機関により作成された証拠は、すべて裁判所で閲覧・謄写可能である。

　逆送事件の場合は、再び検察官の手元に戻り、前記2で指摘したような厳

密な手続が必要となるため、事件が家庭裁判所にある段階ですべて謄写しておけば証拠開示の議論が不要となる。

5　その他の文書開示

　刑事手続の中では、裁判所は、検察官、弁護人、被告人の請求により、公務所または公私の団体に照会して必要な事項の報告を求めることができる（刑訴法279条）。具体的には、拘置所・警察署に対して被疑者の外傷の有無や取調べのための出入りを知るための関係書類について開示を受けることができる可能性もある。

　公務所照会を受けた団体には、報告義務があるが、義務違反に対する制裁はない。

▷川﨑拓也

Ⅳ 刑事確定記録の閲覧手続を利用した情報の収集

確定した刑事事件の記録は、誰でも閲覧することができ（刑訴法53条4項）、要件と手続は刑事確定訴訟記録法に定められている。

1 活用できる場面

民事事件においては、刑事事件が先行して確定している場合に、実況見分調書や関係者の供述を把握することができる。

刑事事件においては、関連事件の証拠を把握する等という証拠収集のほか、法令適用の状況、量刑相場の把握にも活用できる

2 要 件

(1) 保管先

保管者は「当該被告事件について第1審の裁判をした裁判所に対応する検察庁の検察官（保管検察官）」（刑事確定訴訟記録法2条1項）とされており、地方裁判所本庁の記録は地方検察庁本庁、地方裁判所支部の記録は地方検察庁支部、簡易裁判所の記録は区検察庁に保管されている。

(2) 記録の範囲

「刑事被告事件に係る訴訟の記録」（刑事確定訴訟記録法2条1項）とは、

① 刑事被告事件の訴訟の記録

② 刑事被告事件の終局裁判その他当該事件に係る裁判の執行に影響を及ぼすべき当該被告事件終結後の訴訟の記録（刑の執行猶予の言渡しの取消請求事件、刑法52条の規定による刑の分離決定の請求事件、訴訟費用の負担を命ずる裁判の執行の免除申立事件、裁判の解釈を求める申立事件、裁判の執行に対する異議の申立事件、刑事事件における第三者所有物の没収手続に関する応急措置法22条の規定に基づく没収の裁判の取消請求事件、再審請求

事件、非常上告事件など)
　③　犯罪被害者等の権利利益の保護を図るための刑事手続に付随する措置に関する法律20条1項に規定する和解記録

と解され、不起訴記録および裁判所不提出記録については、刑事確定訴訟記録法の対象外となっている。

(3) **保管期間**

　刑事確定訴訟記録法の別表に定められている (〈表5〉参照)。

　裁判書 (判決書等) は刑期に応じて3年～100年、裁判書以外の記録 (証拠書類等) も刑期に応じて3年～50年保管されることになっている。

〈表5〉　刑事確定訴訟記録の保管期間 (抄)

保管記録の区分			期間
裁判書	死刑または無期の懲役もしくは禁錮に処する確定裁判の裁判書		100年
	有期の懲役または禁錮に処する確定裁判の裁判書		50年
	罰金、拘留もしくは科料に処する確定裁判または刑を免除する確定裁判の裁判書		20年(※)
	無罪、免訴、公訴棄却または管轄違いの確定裁判の裁判書	死刑または無期の懲役もしくは禁錮にあたる罪に係るもの	15年
		有期の懲役または禁錮にあたる罪に係るもの	5年
		罰金、拘留または科料にあたる罪に係るもの	3年
裁判書以外の保管記録	刑に処する裁判により終結した被告事件の保管記録	死刑または無期の懲役もしくは禁錮に処する裁判に係るもの	50年
		20年を超える有期の懲役または禁錮に処する裁判に係るもの	30年

10年以上20年以下の懲役または禁錮に処する裁判に係るもの	20年
5年以上10年未満の懲役または禁錮に処する裁判に係るもの	10年
刑の一部の執行猶予を言い渡す裁判に係るもの	8年
5年未満の懲役または禁錮に処する裁判に係るもの（上記を除く）	5年
罰金、拘留または科料に処する裁判に係るもの	3年（※）

※ 法務省令で定めるものについては、法務省令で定める期間。

3 閲覧手続

(1) 閲覧請求

保管検察官に保管記録閲覧請求書（刑事確定訴訟記録法施行規則様式第3号）を提出する。窓口持参を求められるが、同規則8条1項では「提出」とされているので、遠方の場合は必ずしも持参する必要はない。

(2) 事件特定

閲覧の請求は、事件ごとに行われるので事件の具体的特定が欠かせない。被告人名が出ていれば新聞報道でも特定可能である。

保管記録は被告人氏名と確定日で整理されており、判決日・裁判所事件番号・事件名のみでは保管記録が特定できないとされることが多い。その場合は、準抗告をすれば（刑事確定訴訟記録法8条）、裁判所では被告人名等で事件が特定されるので、裁判所から保管検察官に必要な情報が提供されて問題が解消されることが多い。

---

22 押切謙徳ほか『注釈刑事確定訴訟記録法』125頁。

「具体的に事件を特定しない閲覧の請求（例えば、対象を過去五年間に確定した死刑事件の保管記録の閲覧の請求等）は、許されない[22]」とされているが、刑事弁護に際して特定の罪名の量刑相場や法令適用状況を知りたい場合には、弁護士照会（弁護士法23条の2）によって最高裁判所が司法統計用に収集している事件データ（処断罪名、判決日、事件番号、宣告刑）を取り寄せれば事件特定は可能である。

統計（検察統計年報等）の特定の項目について、情報公開制度によって処分した検察庁（保管検察官）を特定して、さらに情報公開請求を繰り返して事件を特定したこともある。

また、裁判官・検察官の論稿に引用されている未公開裁判例も、その論稿を添付すれば保管検察官が問い合わせて特定してくれることもある。

(3) 正当理由

刑事確定訴訟記録法4条1項は保管検察官に原則として閲覧させることを義務づけ、同条2項は例外である閲覧制限理由を列挙している。

① 保管記録が弁論の公開を禁止した事件のものであるとき（1号）
② 保管記録に係る被告事件が終結した後3年を経過したとき（2号）
③ 保管記録を閲覧させることが公の秩序または善良の風俗を害することとなるおそれがあると認められるとき（3号）
④ 保管記録を閲覧させることが犯人の改善および更生を著しく妨げることとなるおそれがあると認められるとき（4号）
⑤ 保管記録を閲覧させることが関係人の名誉または生活の平穏を著しく害することとなるおそれがあると認められるとき（5号）
⑥ 保管記録を閲覧させることが裁判員、補充裁判員、選任予定裁判員または裁判員候補者の個人を特定させることとなるおそれがあると認められるとき（6号）

しかし、実際の運用では、上記の閲覧制限事由を指摘されて正当理由（刑事確定訴訟記録法4条2項ただし書）がないとして閲覧が許可されない場合が多い。逆に閲覧制限事由を意識して、「個人名を除く」などとして申請すれ

ば許可されやすい。

正当理由の例としては

① 民事上の権利の行使または義務の履行に関して訴訟記録を閲覧することが必要な場合

② 行政争訟のために訴訟記録を閲覧することが必要な場合

③ 弁護士、弁理士等に対する懲戒処分に関して訴訟記録を閲覧することが必要な場合

④ 後見開始の審判の申立て等に関して訴訟記録を閲覧することが必要な場合

⑤ 破産管財人、清算人等の職務に関して訴訟記録を閲覧することが必要な場合

⑥ 学術研究のために訴訟記録を閲覧することが必要な場合

⑦ 国会議員が議院の国政調査権の行使の準備等その等その戦務を遂行するために訴訟記録を閲覧しようとする場合

があげられている[23]。

そのほか、裁判例にみられる正当理由としては、住民監査請求に用いる場合（大阪地判平成27・9・3裁判所HP）、同種事件の弁護人が量刑相場を把握する場合（横浜地判平成15・8・14判タ1151号316頁）がある。

(4) **手数料**

事件1件1回あたり、収入印紙150円となっている（刑事確定訴訟記録閲覧手数料令）。

印紙を申請書に貼付するので、数件の閲覧の場合には150円ごとのセットを件数分用意する必要がある

(5) **閲覧・謄写**

請求から数週間で閲覧許可の連絡があるので、日時を調整して保管検察官まで閲覧に出向くことになる（刑事確定訴訟記録法施行規則12条1項）。

---

[23] 押切ほか・前掲（注22）137頁。

刑事確定訴訟記録法によって許可されるのでは「閲覧」（同法4条1項）のみである。紙やパソコンでメモをとる程度は「摘録」として「閲覧」に含まれる。

「謄写」については、刑事確定訴訟記録法には規定がなく、あらためて保管検察官の許可は必要となるが（記録事務規程17条）、「関係人の名誉あるいは生活の平穏等保護すべき利益との関係では、謄写されたものが一般に公表されるというような事態が生じた場合には、その及ぼす影響は、保管記録を閲覧した者がその知り得た事項をみだりに用いた場合とは比較にならない程大きく、このような観点からすると、例えば、弁護士がその職務を遂行する上で必要であると認められる場合などの場合はともかく、保管記録の謄写を一般的に許すとすることにはなお問題があり、保管記録の謄写については、記録の保管者において、個々の案件ごとに、謄写の申請の理由、謄写の必要性、謄写させることによる関係人の名誉を害するおそれ等種々の事情を総合勘案してこれを許すかどうかを決めるのが相当である」とされている。[24]

「摘録」と「謄写」の区別については、「保管記録の一部又は全部を筆記により、又は器械を用いて転写する場合のほか、写真撮影も謄写に含まれる。音読することによる録音も謄写と同様の取扱いとすべきであろう。摘録と謄写との区別は、限界が必ずしも明らかでない場合もあるが、摘録とはメモを作成する程度のものをいい、それを超えて保管記録の内容を書き移すことは、謄写に当たる」とされている。[25]

(6) **閲覧者の義務**

閲覧内容についてみだりに使用することは禁止されている（刑事確定訴訟記録法6条）。罰則はない。

▷奥村　徹

24　押切ほか・前掲（注22）146頁。
25　押切ほか・前掲（注22）127頁。

V　会社に関する文書の開示請求を利用した情報の収集

　会社に対して開示を請求する文書の種類としては、株主名簿、定款、株主総会議事録、取締役会議事録、監査役会議事録、計算書類等、会計帳簿・資料、有価証券報告書、決算短信がある（文書の種類ごとの得られる情報、開示請求できる者、請求内容、制限について〈表6〉参照）。

〈表6〉　会社に対する開示請求

文書の種類	得られる情報	開示請求できる者	請求内容	制　限
株主名簿	①株主の氏名、②住所、③取得年月日、④株主の有する株式の種類および数等（法121条）	株主、債権者（法125条2項）および親会社の社員（同条4項）	閲覧・謄写請求（法125条2項）	会社法上の制限あり（法125条3項・5項）
定款	①会社の目的、②商号、③本店の所在地、④設立に際して出資される財産の価額またはその最低額、⑤発起人の氏名または名称および住所（法27条）	発起人（株式会社の成立後は、株主及び債権者、法31条2項）および株式会社成立後の親会社社員（同条3項）	閲覧請求、定款の謄本または抄本の交付の請求（法31条2項）	会社法の条文上の制限は設けられていないが、解釈上権利濫用を理由に制限される余地がある。
株主総会議事録	①株主総会が開催された日時および場所、②株主総会の議事の経過の要領およびその結果、③監査等委員である取締役、会計参与、監査役が法に定められた事項について述べた意見または発言、④株主総会に出席した取締役、執行役、会計参与、監査役または会計監査人の氏名または名称、⑤株主総会の議長が存するときは、議長の氏名、⑥議事録の作成に係る職務を行った取締役の氏名等（法318条1項、規72条3項）。	株主、債権者（法318条4項）および親会社の社員（同条5項）	閲覧・謄写請求（法318条4項）	会社法の条文上の制限は設けられていないが、解釈上権利濫用を理由に制限される余地がある。

取締役会議事録	①取締役会が開催された日時および場所、②取締役会の議事の経過の要領およびその結果、③決議を要する事項についての特別の利害関係を有する取締役があるときは、当該取締役の氏名、④取締役会に出席した執行役、会計参与、会計監査人または株主の氏名または名称、⑤取締役会の議長が存するときは、議長の氏名等（法369条3項、規101条3項・4項）。	株主（法371条2項・3項）、債権者（同条4項）および親会社の社員（同条5項）	閲覧・謄写請求（法371条2項・3項・371条4項）	会社法上の制限あり（法371条6項）
監査役会議事録	①監査役会が開催された日時および場所、②監査役会の議事の経過の要領およびその結果、③監査役会に出席した取締役、会計参与または会計監査人の氏名または名称、④監査役会の議長が存するときは、議長の氏名（法393条2項、規109条3項）	株主（法394条2項）、債権者および親会社の社員（同条3項）	閲覧・謄写請求（法394条2項・3項）	会社法上の制限あり（法394条4項）
監査等委員会の議事録	①監査等委員会が開催された日時および場所、②監査等委員会の議事の経過の要領およびその結果、③決議を要する事項について特別の利害関係を有する監査等委員があるときは、その氏名、④監査等委員会に出席した取締役、会計参与または会計監査人の氏名または名称、⑤監査等委員会の議長が存するときは、議長の氏名が記載される（法399条の10第3項、規110条の3）。	株主（法399条の11第2項）、債権者および親会社社員（同条3項）	閲覧・謄写請求（法399条の11第2項）	会社法上の制限あり（法399条の11第4項）
指名委員会等の議事録	①指名委員会等が開催された日時および場所、②指名委員会等の議事の経過の要領およびその結果、③決議を要する有する委員があるときは、その氏名、④指名委員会等に出席した取締役、執行役、会計参与または会計監査人の氏名または名称、⑤指名委員会等	取締役（法413条2項）、株主（同条3項）、債権者および親会社社員（同条4項）	閲覧・謄写請求（法413条2項）	会社法上の制限あり（法413条5項）

Ⅴ　会社に関する文書の開示請求を利用した情報の収集

	の議長が存するときは、議長の氏名が記載される（法412条3項、規111条3項）。			
計算関係書類	各事業年度の計算書類（貸借対照表、損益計算書、株主資本等変動計算書、個別注記表）、事業報告、これらの附属明細書、監査報告、会計監査報告（法442条1項）	株主、債権者（法442条3項）および親会社の社員（同条4項）	閲覧、謄写、謄本または抄本の交付の請求等（法442条3項）	謄本・抄本の交付請求には費用を支払う必要がある（法442条3項ただし書）
会計帳簿・資料	①計算書類およびその附属明細書の作成の基礎となる帳簿（日記帳、仕訳帳、総勘定元帳および各種の補助簿等）、②会計帳簿の記録材料となった資料その他会計帳簿を実質的に補充する資料（伝票、受取書、契約書、信書等）（法433条1項）	総株主の議決権の100分の3以上の議決権を有する株主または発行済み株式の100分の3以上の数の株式を有する株主（法433条1項）および親会社の社員（同条3項）	閲覧・謄写（法433条1項）	会社法上の制限あり（法433条2項）
有価証券報告書	経営指標等の推移、沿革、事業の内容、関係会社の状況、従業員の状況、業績等の概要、生産・受注および販売の状況、対処すべき課題、事業等のリスク、経営上の重要な契約等、研究開発活動、財政状態、経営成績およびキャッシュフローの状況の分析、設備投資等の概要、主要な設備の状況、設備の新設・除去等の計画、株式等の状況、自己株式の取得等の状況、配当政策、株価の推移、役員の状況、コーポレートガバナンスの状況等、連結財務諸表等、財務諸表等	－	－	－
決算短信	決算の速報	－	－	－

※　法＝会社法、規＝会社法施行規則

1 株主名簿

(1) 概　要

株主名簿には、株主の氏名、住所、取得年月日、株主の有する株式の種類および数等の情報が記載されている（会社法121条）。

株主および債権者は、株式会社の営業時間内であれば、いつでも株主名簿の閲覧または謄写の請求をすることができる（会社法125条2項）。[26]

株式会社の親会社社員は、その権利を行使するため必要があるときは、裁判所の許可を得て、当該株式会社の株主名簿について閲覧・謄写の請求をすることができる。ただし、この場合、当該請求の理由を明らかにしなければならず、裁判所は会社法125条3項1号ないし4号に定める事由のいずれかがあるときは許可をすることができない（同条5項）。

株主、債権者および親会社の社員が有するのは、閲覧・謄写の権利のみであり、会社に対して謄本や抄本の交付を求めることはできない。

(2) 請求拒否事由

株式会社が、株主名簿の閲覧または謄写の請求を拒むことができる場合として、次の(ア)～(エ)の事情が会社法上規定されている（会社法125条3項1号～4号）。

　(ア)　請求者がその権利の確保または行使に関する調査以外の目的で請求を行ったとき

株主からの株主名簿の閲覧および謄写の請求が、自ら発行する新聞等の購読料名下の金員の支払いを再開、継続させる目的でなされた嫌がらせ、あるいは支払いを打ち切ったことに対する報復としてされたものであるときはこ

---

[26] 閲覧とは読みまたは調べることをいい、謄写とは書き写すことであるため、株主に閲覧・謄写の請求権があるということは、会社としては閲覧・謄写の場所のための場所を提供して閲覧・謄写の機会を与えることを意味し、会社に対して謄本や抄本を要求する権利や、会社のコピー機を使用することを求める権利まではない。閲覧・謄写に関する費用は、請求者が負担しなければならない。

れに該当するものと考えられる（最判平成2・4・17判時1380号136頁）。

また、株主が、自己の販売する商品や提供するサービスについてのダイレクトメールを送る目的で閲覧等を求める場合や、学問上の関心などの個人的興味で閲覧等を求める場合も、これに該当するとされている。

　(イ)　請求者が当該株式会社の業務の遂行を妨げ、または株主の共同の利益を害する目的で請求を行ったとき

不必要に繰り返して閲覧等を求める場合がこれに該当するとされている。

　(ウ)　請求者が株主名簿の閲覧または謄写によって知り得た事実を利益を得て第三者に通報するため請求を行ったとき

このような請求は株主等としての利益のために権利を行使するためでないのはもとより、株主のプライバシーを害するおそれもあることから、権利の濫用として認められない。

具体的には、いわゆる名簿屋に情報を売却するための請求がこれに該当するとされている。

　(エ)　請求者が、過去2年以内において、株主名簿の閲覧または謄写によって知り得た事実を利益を得て第三者に通報したことがあるものであるとき

会社は、過去2年以内にこの要件に該当するような請求をした前歴があるものからの請求を当然に拒絶することができる。なお、過去2年以内の前歴は、請求を受けている当該会社に関するものである必要はなく、他社に関するものであっても足りると解されている。

27　相澤哲ほか編著『論点解説　新・会社法』147頁。
28　山下友信編『会社法コンメンタール(4)株式(2)』293頁。
29　相澤ほか編著・前掲（注2）148頁。
30　山下編・前掲（注3）295頁。
31　相澤ほか編著・前掲（注2）148頁。
32　山下編・前掲（注3）295頁。

2 定款

　株式会社は、定款をその本店および支店に備え置かなければならない（会社法31条1項）。

　定款には、絶対的記載事項として、①目的、②商号、③本店の所在地、④設立に際して出資される財産の価額またはその最低額、⑤発起人の氏名または名称および住所が記載されている（会社法27条）。

　株式会社の発起人（株式会社の成立後は株主および債権者）は、その営業時間内であれば、いつでも定款の閲覧請求、定款の謄本または抄本の交付の請求をすることができる（会社法31条2項）。なお、定款の謄本または抄本の交付請求をする場合は、会社の定めた費用を支払う必要がある（同項）。

　株式会社の成立後においては、当該株式会社の親会社社員がその権利を行使するために必要があるときは、裁判所の許可を得て、当該株式会社の定款の閲覧請求、定款の謄本または抄本の交付の請求をすることができる（会社法31条3項）。

　会社が閲覧等の請求を拒むことができる事由について、条文上の規定はないが、会社のウェブサイトから定款を自由にダウンロードできる会社が増えてきたこと、定款の開示により会社が不利益を被ることは限定的であることから、実務上大きな問題は生じないと解されている[33]。

　なお、反復継続して多数の閲覧請求を行い、会社の事務に負担をかけることが目的である場合など、例外的な場合にのみ、定款の閲覧請求が権利濫用となるとする見解がある[34]。

3　株主総会議事録

　株主総会議事録には、①株主総会が開催された日時および場所、②株主総

33　江頭憲治郎編『会社法コンメンタール(1)設立(1)』359頁。
34　江頭編・前掲（注9）359頁。

会の議事の経過の要領およびその結果、③監査等委員である取締役、会計参与、監査役が法に定められた事項について述べた意見または発言、④株主総会に出席した取締役、執行役、会計参与、監査役または会計監査人の氏名または名称、⑤株主総会の議長が存するときは、議長の氏名、⑥議事録の作成に係る職務を行った取締役の氏名等が記載される（会社法318条1項、会社法施行規則72条3項）。

株主総会議事録は、株主総会の日から本店に10年間、支店にその写しを5年間備え置かなければならない（会社法318条2項・3項）。

株主および債権者は、株式会社の営業時間内は、いつでも、株主総会議事録の閲覧・謄写請求をすることができる（会社法318条4項）。

株式会社の親会社社員は、その権利を行使するため必要があるときは、裁判所の許可を得て、株主総会議事録の閲覧・謄写請求をすることができる（会社法318条5項）。

なお、株主総会議事録は書面または電磁的記録をもって作成されなければならない（会社法施行規則72条2項）。したがって、株主総会議事録が、書面ではなく磁気ディスク、CD-ROMなどに記録されている場合もある。

株主総会議事録が書面により作成された場合は、当該書面の閲覧または謄写を請求することになる。

株主総会議事録が電磁的記録をもって作成されている場合は、電磁的記録を紙媒体に印刷したものまたはディスプレイに映像化したものにつき、閲覧することになる。また、株主等が電磁的記録により作成された株主総会議事録の謄写を請求した場合には、電磁的記録に記録された議事録の記載内容を紙媒体に印刷したものの交付を求めるか、電磁的情報を情報記録装置に移して交付することを求めることが考えられる。[35]

会社が閲覧等の請求を拒むことができる事由について、条文上の規定はないが、株主または債権者が、株主総会議事録の閲覧・謄写請求権を行使する

35　岩原紳作編『会社法コンメンタール(7)機関(1)』304頁。

にあたっては、株主に認められた閲覧・謄写請求権の目的を逸脱する場合は権利の濫用であるとして認められないと判示した裁判例がある（東京地判昭和49・10・1判時772号91頁）。

4 取締役会議事録

取締役会議事録には、①取締役会が開催された日時および場所、②取締役会の議事の経過の要領およびその結果、③決議を要する事項についての特別の利害関係を有する取締役があるときは、当該取締役の氏名、④取締役会に出席した執行役、会計参与、会計監査人または株主の氏名または名称、⑤取締役会の議長が存するときは、議長の氏名等が記載される（会社法369条3項、会社法施行規則101条3項・4項）。

取締役会設置会社は、取締役会議事録を、取締役会開催の日から本店に10年間備え置かなければならない（会社法371条1項）。

業務監査権限を有する監査役がいる会社または委員会設置会社の株主は、その権利を行使するために必要があるときは、裁判所の許可を得て取締役会議事録の閲覧または謄写の請求をすることができる（会社法371条2項・3項）。そして、裁判所は、この請求に係る取締役会議事録の閲覧・謄写をすることにより、当該取締役会設置会社またはその親会社もしくは子会社に著しい損害を及ぼすおそれがあると認めるときは、閲覧・謄写の許可をすることはできない（同条6項）。

ここでいう、「著しい損害を及ぼすおそれがある」場合とは、企業秘密の漏洩のおそれがある場合が想定されるが、具体的にどのような場合に「著しい損害」というかについては、権利行使の必要性との関連において判断される[36]。

監査機関の設置のない会社（監査役設置会社、監査等委員会設置会社、指名委員会等設置会社のいずれでもない会社）の場合は、当該会社の株主は、裁判

36　落合誠一編『会社法コンメンタール(8)機関(2)』325頁。

所の許可を得ることなくいつでも取締役会議事録の閲覧または謄写の請求をすることができる（会社法371条2項・3項）。

　取締役会設置会社の債権者は、役員または執行役の責任を追及するために必要があるときは、裁判所の許可を得て、当該取締役会設置会社の取締役会議事録の閲覧・謄写の請求をすることができる（会社法371条4項）。

　裁判所は、この請求に係る取締役会議事録の閲覧・謄写をすることにより、当該取締役会設置会社またはその親会社もしくは子会社に著しい損害を及ぼすおそれがあると認めるときは、閲覧・謄写の許可をすることはできない（会社法371条6項）。

　取締役会設置会社の親会社の社員は、その権利を行使するために必要があるときは、裁判所の許可を得て、当該取締役会設置会社の取締役会議事録の閲覧・謄写を請求することができる（会社法371条5項）。

　取締役会議事録の閲覧・謄写請求にあたって、裁判所の許可を得る必要がある場合は、非訟手続により裁判所の許可を得なければならない。裁判所が許可を与えたのに、会社が取締役会議事録の閲覧・謄写を拒むときは、過料の制裁が科される（会社法976条4項）。

　裁判所の許可決定を申し立てるにあたっては、申立人はその必要性を疎明しなければならない（株主の場合は権利行使の必要性、債権者の場合は役員または執行役の責任を追及する必要性の疎明が必要）。

　権利行使の必要性に関して、「権利を行使をするため必要があるといえるためには、権利行使の対象となり得、又は権利行使の要否を検討するに値する特定の事実関係が存在し、閲覧・謄写の結果によっては、権利行使をすると想定することができる場合であって、かつ、当該権利行使に関係のない取締役会議事録の閲覧・謄写を求めているということができないときであれば足りると考えられる」とした裁判例がある（東京地平成18・2・10金法1788号39頁）。

5 監査役会議事録・監査等委員会議事録・指名委員会等議事録

(1) 監査役会議事録

監査役会議事録には、①監査役会が開催された日時および場所、②監査役会の議事の経過の要領およびその結果、③監査役会に出席した取締役、会計参与または会計監査人の氏名または名称、④監査役会の議長が存するときは、議長の氏名が記載される（会社法393条2項、会社法施行規則109条3項）。

監査役会設置会社の場合、監査役会の日から10年間、監査役会議事録をその本店に備え置かなければならない（会社法394条1項）。

監査役会議事録が書面で作成されている場合は、当該書面の閲覧または謄写の請求がなされることになる。監査役会議事録が電磁的記録で作成されているときは、電磁的記録の内容を書面または映像面に表示する方法により閲覧謄写の請求がなされることになる（会社法施行規則226条17項）。

監査役会設置会社の株主は、その権利を行使するため必要があるときは、裁判所の許可を得て、監査役会議事録の閲覧・謄写の請求をすることができる（会社法394条2項）。

監査役会設置会社の債権者は、役員の責任を追及するため必要があるときは、裁判所の許可を得て、当該監査役会設置会社の監査役会の議事録の閲覧等を請求することができる（会社法394条3項）。

監査役設置会社の親会社社員は、その権利を行使するために必要があるときは、裁判所の許可を得て、当該監査役会設置会社の監査役会の議事録の閲覧等を請求することができる（会社法394条3項）。

株主、債権者、親会社の社員のいずれからの請求による場合であっても、裁判所は、当該請求に係る監査役会議事録の閲覧等をすることにより、当該監査役会設置会社またはその親会社もしくは子会社に著しい損害を及ぼすおそれがあると認めるときは、閲覧等の許可をすることができない（会社法394条4項）。

(2) 監査等委員会議事録

　監査等委員会の議事録には、①監査等委員会が開催された日時および場所、②監査等委員会の議事の経過の要領およびその結果、③決議を要する事項について特別の利害関係を有する監査等委員があるときは、その氏名、④監査等委員会に出席した取締役、会計参与または会計監査人の氏名または名称、⑤監査等委員会の議長が存するときは、議長の氏名が記載される（会社法399条の10第3項、会社法施行規則110条の3）。

　監査等委員会設置会社は、監査等委員会の日から10年間、監査等委員会の議事録をその本店に備え置かなければならない（会社法399条の11第1項）。

　監査等委員会の議事録が書面で作成されている場合は、当該書面の閲覧または謄写の請求がなされることになる。監査等委員会の議事録が電磁的記録で作成されているときは、電磁的記録の内容を書面または映像面に表示する方法により閲覧謄写の請求がなされることになる（会社法399条の11第2項、会社法施行規則226条25項）。

　監査等委員会設置会社の株主は、その権利を行使するため必要があるときは、裁判所の許可を得て、当該監査等委員会の議事録の閲覧・謄写の請求をすることができる（会社法399条の11第2項）。

　監査等委員会設置会社の債権者は、取締役または会計参与の責任を追及するため必要があるときは、裁判所の許可を得て、当該監査等委員会の議事録の閲覧・謄写の請求をすることができる（会社法399条の11第3項）。また、監査等委員会設置会社の親会社社員はその権利を行使するため必要があるときは、裁判所の許可を得て、当該監査等委員会の議事録の閲覧・謄写の請求をすることができる（会社法399条の11第3項）。

　株主・債権者・親会社の社員のいずれからの請求による場合であっても、裁判所は当該請求に係る閲覧または謄写をすることにより、当該監査等委員会設置会社またはその親会社もしくは子会社に著しい損害を及ぼすおそれがあると認めるときは、閲覧等の許可をすることができない（会社法399条の11第4項）。

(3) 指名委員会等議事録

　指名委員会等の議事録には、①指名委員会等が開催された日時および場所、②指名委員会等の議事の経過の要領およびその結果、③決議を要する事項について特別の利害関係を有する委員があるときは、その氏名、④指名委員会等に出席した取締役、執行役、会計参与または会計監査人の氏名または名称、⑤指名委員会等の議長が存するときは、議長の氏名が記載される（会社法412条3項、会社法施行規則111条3項）。

　指名委員会等設置会社は、指名委員会等の日から10年間、指名委員会等の議事録をその本店に備え置かなければならない。

　指名委員会等の議事録が書面で作成されている場合は、当該書面の閲覧または謄写の請求がなされることになる。指名委員会等の議事録が電磁的記録で作成されているときは、電磁的記録の内容を書面または映像面に表示する方法により閲覧謄写の請求がなされることになる（会社法413条2項、会社法施行規則226条26項）。

　指名委員会等設置会社の取締役は、当該指名委員会等の議事録の閲覧・謄写を請求することができる（会社法413条2項）。

　指名委員会等設置会社の株主は、その権利を行使するため必要があるときは、裁判所の許可を得て、当該指名委員会等の議事録の閲覧・謄写の請求をすることができる（会社法413条3項）。

　指名委員会等設置会社の債権者は、委員の責任を追及するため必要があるときは、裁判所の許可を得て、当該指名委員会等の議事録の閲覧・謄写の請求をすることができる（会社法413条4項）。また、指名委員会等設置会社の親会社社員はその権利を行使するため必要があるときは、裁判所の許可を得て、当該指名委員会等設置会社の議事録の閲覧・謄写の請求をすることができる（同条4項）。

　取締役・株主・債権者・親会社の社員のいずれからの請求による場合であっても、裁判所は当該請求に係る閲覧または謄写をすることにより、当該指名委員会等設置会社またはその親会社もしくは子会社に著しい損害を及ぼ

すおそれがあると認めるときは、閲覧等の許可をすることができない（会社法413条5項）。

6 計算書類等

　取締役会設置会社たる株式会社は、各事業年度の計算書類（貸借対照表、損益計算書、株主資本等変動計算書、個別注記表）、事業報告、これらの附属明細書、監査報告、会計監査報告（以下、「計算書類等」という）につき、定時株主総会の日の2週間前の日から、本店に5年間、支店にその写しを3年間備え置かなければならない（会社法442条1項1号・2項1号）。

　株主および債権者は、株式会社の営業時間内であれば、いつでも、計算書類等が書面で作成されているときは、①当該書面または当該書面の写しの閲覧の請求、②当該書面の謄本または抄本の交付の請求、③計算書類等が電磁的記録で作成されているときは、当該電磁的記録に記録された事項を法務省令で定める方法により表示したものの閲覧の請求（電磁的記録を紙媒体に印刷したものまたはディスプレイに映像化したものの閲覧請求）、④当該電磁的記録に記録された事項を電磁的方法であって株式会社の定めたものにより提供することの請求またはその事項を記載した書面の交付（電子メールの送信、ホームページに情報を掲示し、閲覧・ダウンロードに供する、CD-ROMやDVD等の記録媒体の交付）の請求をすることができる[37]（会社法442条3項）。

　また、株式会社の親会社社員は、その権利を行使するため必要があるときは、裁判所の許可を得て、当該株式会社の計算書類等について会社法442条3項の定める請求をすることができる（同条4項）。

　なお、前記①③の請求については、請求者は費用を支払う必要はないが、②④の請求については、請求者は株式会社の定めた費用を支払わなければならない（会社法442条3項）。

37　江頭憲治郎＝弥永真生編『会社法コンメンタール(10)計算等(1)』541頁。

7 会計帳簿・資料

(1) 概　要

　総株主（株主総会において決議をすることができる事項の全部につき議決権を行使することができない株主は除く）の議決権の100分の3（これを下回る割合を定款で定めた場合はその割合）以上の議決権を有する株主または発行済株式（自己株式を除く）の100分の3（これを下回る割合を定款で定めた場合はその割合）以上の数の株式を有する株主は、会計帳簿またはこれに関する資料の閲覧・謄写請求権を有する（会社法433条1項、会社法施行規則226条27号）。

　また、株式会社の親会社社員は、その権利を行使するため必要があるときは、裁判所の許可を得て、会計帳簿・資料について会社法433条1項に定める請求をすることができる（同条3項）。ただし、この場合、当該請求の理由を明らかにしなければならず、裁判所は同条2項各号に定める事由のいずれかがあるときは許可をすることができない（同条4項）。

　会社法433条の「会計帳簿」とは、計算書類およびその附属明細書の作成の基礎となる帳簿（日記帳、仕訳帳、総勘定元帳および各種の補助簿等）をいい、「これに関する資料」とは、このような会計帳簿の記録材料となった資料その他会計帳簿を実質的に補充する資料（伝票、受取書、契約書、信書等）を意味すると解する見解が多数である。[38]

　会計帳簿・資料の閲覧を請求する場合は、当該請求の理由を明らかにしなければならない（会社法433条1項）。そして、閲覧請求の理由は、閲覧目的および閲覧させるべき会計帳簿・資料の範囲を会社が認識することができる程度に具体的に示す必要があり、抽象的な記載では不十分である（最判平成2・11・8判時1372号131頁）。ただし、請求の理由を基礎づける事実が客観的に存在することについてまでの立証は要しないとされている（最判平成16・7・1民集58巻5号1214号）。

38　江頭＝弥永編・前掲（注12）137頁。

(2) 請求拒否事由

　会社が会計帳簿・資料の閲覧請求を拒絶することができる場合として、①株主がその権利の確保または行使に関する調査以外の目的で請求したとき、②株主が会社の業務の遂行を妨げ、株主の共同の利益を害する目的で請求したとき、③株主が会社の業務と実質的に競争関係にある事業を営みまたはこれに従事するものであるとき、④株主が会計帳簿・資料の閲覧によって知り得た事実を利益を得て第三者に通報するため請求したとき、⑤株主が過去2年以内に会計帳簿・資料の閲覧によって知り得た事実を利益を得て第三者に通報したことがあるものであるときがあげられている（会社法433条2項）。

8　有価証券報告書

　有価証券報告書は、金融商品取引法の規定に基づき作成されるもので、当該事業年度経過後3カ月以内に、内閣総理大臣に提出しなければならないとされている（金融商品取引法24条）。

　有価証券報告書には、経営指標等の推移、沿革、事業の内容、関係会社の状況、従業員の状況、業績等の概要、生産・受注および販売の状況、対処すべき課題、事業等のリスク、経営上の重要な契約等、研究開発活動、財政状態、経営成績およびキャッシュフローの状況の分析、設備投資等の概要、主要な設備の状況、設備の新設・除去等の計画、株式等の状況、自己株式の取得等の状況、配当政策、株価の推移、役員の状況、コーポレートガバナンスの状況等、連結財務諸表等、財務諸表等が記載される[39]。

　内閣総理大臣に提出した日から5年間、本店および主要な支店に写しを備え置き、または出力装置の映像面に表示する方法等により、公衆の縦覧に供しなければならない（金融商品取引法25条1項・2項・27条の30の10）。

　有価証券報告書そのものは、株主総会で報告すべきものではなく、株主や債権者には謄写請求権や交付請求権はないが、金融商品取引法に基づく有価

39　日本証券業協会ウェブサイト「有価証券報告書とは」〈http://www.jsda.or.jp/manabu/qa/qa_stock30.html〉。

証券報告書等の開示書類に関する電子開示システムである EDINET[40] により閲覧することが可能である。

9 決算短信

　決算短信は、証券取引所の有価証券上場規定に基づき、証券取引所の適時開示ルールにのっとり決算発表時に作成・提出する、決算の速報である。

　決算短信の開示は、法律によるものではなく、株主や債権者に閲覧・謄写請求権があるわけではないが、適時開示情報閲覧サービス（TDnet）[41]で閲覧することができる。

▷河野雄介

40　Electronic Disclosure for Investors' NETwork の略。EDINET ウェブサイト「トップページ」〈http://disclosure.edinet-fsa.go.jp/〉。

41　TDnet ウェブサイト「適時開示情報閲覧サービス」〈https://www.release.tdnet.info/inbs/I_main_00.html〉。

Ⅵ　医療記録の開示請求を利用した情報の収集

1　医療記録に関する法規制

　医師法24条1項は「医師は、診療をしたときは、遅滞なく診療に関する事項を診療録に記載しなければならない」として、診療録の作成義務を定め、同条2項は、病院・診療所や医師は診療録を5年間保存すべきものとしている。

　そして、医師法施行規則23条は、診療録の記載事項として、①診療を受けた者の住所、氏名、性別および年齢、②病名および主要症状、③治療方法（処方および処置）、④診療の年月日をあげている。

　このように、医師法は医師が記載する診療録について規定しているが、医療記録の中には、看護記録、検査伝票や検査結果報告書など多様な書類、フィルムなどが含まれているのが通例である。また、医療記録は5年間を越えて保存している医療機関も多く、数十年間も保存している医療機関も見受けられる。

　なお、歯科医師法23条、同法施行規則22条にも医師法と同様の規定がある。

　医療記録の法的性質について、かつては、医師が診療に関して、もの覚えのために残す備忘録であるとするのが本質であるとの見解もあったが[42]、適正な医療を確保するための医療の過程を記録した公的文書と考えるべきものである[43]。

42　伊藤堯子「診療録の医務上の取扱いと法律上の取扱いをめぐって(上)(下)」判タ229号34頁・302号40頁。
43　石川寛俊＝カルテ改ざん問題研究会『カルテ改ざんはなぜ起きる』92頁。

2 医療記録の主な利用場面

　医師の備忘録と考えられていたこともあり、かつては、患者本人であっても、自らの医療記録の開示を受けることが容易でなかった。したがって、医療記録が利用される場面は、多くの場合、訴訟手続を通じてであった。

　たとえば、交通事故や労災の事件などで、被害者の身体的な損害の内容や程度が問題となる場合に、裁判所が、当事者が受診した医療機関に対して、医療記録の送付嘱託を行い、医療記録の送付を受けることはしばしばみられた。

　医療事件のように、医療機関による治療内容に問題がなかったかが争われる事件では、患者側が訴えを提起する段階で、医師の過失や結果との因果関係についてある程度の主張をする必要がある。医療記録の内容を検討しなければ、過失や因果関係以前に、そもそもどのような症状に対して、どのような診療が行われたのかといった基礎的な事実関係を明らかにすることすら難しいことも多い。

　そこで医療事件の場合には、患者側が、証拠保全手続により、提訴前に医療記録を入手するのが通例であった。もっとも、証拠保全の相手方（民訴規153条2項1号）は、将来本案訴訟が提起された場合に相手方となるべきものであるから、医療過誤の疑われる医療行為が行われた医療機関の医療記録の入手には使えるが、当該医療機関の前医や後医の医療記録については、やはり訴え提起後に送付嘱託を行うほかなかった。

　しかし、平成17年4月1日から個人情報保護法等が全面施行され、現在では、多くの医療機関で、患者の請求により医療記録を開示する扱いをしている。

　そこで、訴え提起の前後を問わず、さまざまな目的で医療記録の開示手続が行われるようになっている。

Ⅵ　医療記録の開示請求を利用した情報の収集

3　個人情報保護法の活用

(1)　診療情報の提供等に関する指針等

　個人情報保護法の全面施行に先立ち、厚生労働省は平成15年9月12日付けで、「診療情報の提供等に関する指針」を発している（最新は平成22年9月17日改正）。

　この指針は、「医療従事者等は、患者等が患者の診療記録の開示を求めた場合には、原則としてこれに応じなければならない」とし、例外的に、①診療情報の提供が、第三者の利益を害するおそれがあるとき、②診療情報の提供が、患者本人の心身の状況を著しく損なうおそれがあるときにのみ開示を拒めることとしていた。

　また、日本医師会も同様の趣旨を述べた「診療情報の提供に関する指針〔第2版〕」を平成14年10月1日付けで公表するなどしていた。

　しかし、これらの指針に基づく医療記録の開示は、必ずしも広く普及したわけではなかった。

(2)　個人情報保護法の全面施行

　㋐　個人情報保護法

　個人情報保護法は、平成15年5月に制定され、平成17年4月1日から全面施行された（詳細は第2章Ⅴ参照）。

　個人情報保護法が保護の対象としている「個人情報」は、「生存する個人に関する情報であって、当該情報に含まれる氏名、生年月日その他の記述等により特定の個人を識別することができるもの」（同法2条1項）であるから、医療記録に記録された情報は、その全体が患者の個人情報である。

　そして、医療機関は、患者の医療記録を容易に検索できるように整理して保管しているはずであるから、個々の患者の医療記録は、「個人情報データベース等」（個人情報保護法2条2項）を構成する「個人データ」（同条4項）に該当し、かつ、医療機関が開示や訂正等の権限を有していることから、「保有個人データ」（同条5項）であるということになる。

個人情報保護法は、「個人情報取扱事業者」（同法2条3項）に対し、「本人から、当該本人が識別される保有個人データの開示……を求められたときは、本人に対し、政令で定める方法により、遅滞なく、当該保有個人データを開示しなければならない」（同法25条1項本文）としているので、個人情報取扱事業者に該当する医療機関は、患者から、当該患者に関する医療記録の開示請求を受けた場合は、原則としてこれに応じる義務があることになる。もっとも、前述した厚生労働省の「診療情報の提供等に関する指針」で医療記録の開示を拒める場合として例示されているような事情があれば、個人情報保護法25条1項各号の例外に該当して開示を拒否することが認められている。

　　(イ)　医療・介護関係事業者における個人情報の適切な取扱いのためのガイドライン

　厚生労働省は、個人情報保護法を医療・介護事業者の分野において具体化した「医療・介護関係事業者における個人情報の適切な取扱いのためのガイドライン」（平成16年12月24日通知、平成18年4月21日改正、平成22年9月17日改正。以下、「ガイドライン」という）を公表している。この中から、医療記録の開示に関して問題になる事項を紹介する。

　　(A)　個人情報取扱事業者に該当しない医療機関

　前述のとおり、個人情報保護法は、個人情報取扱事業者に対して、医療記録の開示を義務づけている。そして、法令上、個人情報取扱事業者としての義務等を負うのは医療・介護関係事業者のうち、識別される特定の個人の数の合計が過去6カ月以内のいずれの日においても5000を超えない事業者（小規模事業者）を除くものとされている。

　そこで、小規模な医療機関で、5000件を越えない医療機関については開示が義務づけられないのかが問題となる。この点についてガイドラインは、次のように述べている。「医療・介護関係事業者は、個人情報を提供して医療・介護関係事業者からサービスを受ける患者・利用者等から、その規模等によらず良質かつ適切な医療・介護サービスの提供が期待されていること、

そのため、良質かつ適切な医療・介護サービスの提供のために最善の努力を行う必要があること、また、患者・利用者の立場からは、どの医療・介護関係事業者が法令上の義務を負う個人情報取扱事業者に該当するかが分かりにくいこと等から、本ガイドラインにおいては個人情報取扱事業者としての法令上の義務等を負わない医療・介護関係事業者にも本ガイドラインを遵守する努力を求めるものである」。こうして、小規模な医療機関も患者の求めに応じて医療記録の開示すべき努力義務を負うものとされている。

なお、平成27年法律第65号による個人情報保護法改正により、この5000件要件が撤廃されたことは、第2章Ⅴ3で詳述されているところである。その結果、すべての医療機関が個人情報取扱事業者としての義務を負うことになった。

(B) 死者の医療記録

個人情報保護法は、「生存する」個人に関する情報を「個人情報」としている。

しかし、患者本人は死亡しており、その遺族等が医療記録の開示を請求することがしばしばみられるところである。たとえば、患者の死亡原因として医療過誤が疑われるとして、患者の相続人が医療機関に対する損害賠償請求の前提として医療記録の開示を請求するような場合がある。

そこで、死亡患者の医療記録は、すでに死亡した患者にとっての個人情報であると同時に、生存する遺族にとっての個人情報としての性質も有していると考えることができる。したがって、遺族から開示が求められた場合には、医療機関は医療記録を開示すべきものと解すべきである。

この点につきガイドラインも、「遺族への診療情報の提供の取扱い」として、以下のとおり同様の趣旨を述べている。

「法〔編注・個人情報保護法〕は、OECD8原則の趣旨を踏まえ、生存する個人の情報を適用対象とし、個人情報の目的外利用や第三者提供に当たっては本人の同意を得ることを原則としており、死者の情報は原則として個人情報とならないことから、法及び本ガイドライン対象とはならない。しか

し、患者・利用者が死亡した際に、遺族から診療経過、診療情報や介護関係の諸記録について照会が行われた場合、医療・介護関係事業者は、患者・利用者本人の生前の意思、名誉等を十分に尊重しつつ、特段の配慮が求められる。このため、患者・利用者が死亡した際の遺族に対する診療情報の提供については、『診療情報の提供等に関する指針』……の９において定められている取扱いに従って、医療・介護関係事業者は、同指針の規定により遺族に対して診療情報・介護関係の記録の提供を行うものとする」。

(C) 医療記録の二面的な性格

前述のとおり、医療記録の全体が患者の個人情報に該当することは当然であるが、医療記録の中には、診療にあたった医師の判断や評価を記載した部分も含まれている。そこで、そのような部分は、医師の個人情報にも該当することになる。

したがって、医療記録は、患者の個人情報であるとともに、医師の個人情報という側面も有していることになる。

とはいえ、医師の個人情報であるからといって、患者に対する開示を拒む理由にならない。このことはガイドラインでも、次のように言及されている。「例えば診療録の情報の中には、患者の保有個人データであって、当該診療録を作成した医師の保有個人データでもあるという二面性を持つ部分が含まれるものの、そもそも診療録全体が患者の保有個人データであることから、患者本人から開示の求めがある場合に、その二面性があることを理由に全部又は一部を開示しないことはできない。ただし、法第25条第１項の各号のいずれかに該当する場合には、法に従い、その全部又は一部を開示しないことができる」。

(ウ) 行政機関個人情報保護法等との関係

個人情報保護法は、民間部門の一般法であることから、同法が適用されるのは民間の医療機関に限られる。

これに対して、国立の医療機関については行政機関個人情報保護法が、独立行政法人では独立行政法人等個人情報保護法が、公立の医療機関では各地

方公共団体の個人情報保護条例が適用されることになる。
　(A)　開示請求権
　個人情報保護法25条により、本人が開示請求権を有するのかについては争いがあり、患者が民間の医療機関に対して、同法により医療記録の開示を請求した訴訟で、これを否定する裁判例がある（東京地判平成19・6・27判時1978号27頁）。そして、この点については、平成27年法律第65号による個人情報保護法改正により請求権のあることが明確化されたことも含めて、第2章Ⅴで詳述されている。
　これに対して、行政機関個人情報保護法、独立行政法人等個人情報保護法では、開示請求権のあることに争いはなく、個人情報保護条例でも開示請求権が認められている。したがって、国立や独立行政法人、公立の医療機関が、患者からの請求に対して、医療記録の開示を拒否した場合には、患者は、訴訟で争うことができる（非開示処分の取消しと開示の義務付けを求めることになろう）。
　(B)　任意代理人による開示請求
　個人情報保護法29条3項は、「開示等の求めは、政令で定めるところにより、代理人によってすることができる」とし、同法施行令8条は、「法第29条第3項の規定により開示等の求めをすることができる代理人は、次に掲げる代理人とする」として、①未成年者または成年被後見人の法定代理人（同条1号）、②開示等の求めをすることにつき本人が委任した代理人（同条2号）をあげている。
　このように個人情報保護法は、法定代理人による請求のほか、任意代理人による請求を明文で認めているので、たとえば、弁護士が患者の代理人として、医療機関に対して医療記録の開示を請求することがしばしばある。
　ところが、これに対し、行政機関個人情報保護法と独立行政法人等個人情報保護法には、（法定代理人による請求を認めた規定はあるものの）任意代理人による請求を認めた規定がないことから、代理人弁護士による請求が拒絶される場合がある。同じ医療記録であるのに、民間医療機関に対しては、任意

代理人が開示請求できるのに、国立や独立行政法人に対して任意代理人が請求できないというのは不合理であるから、立法的解決がなされるべきであると考える。

4　医療記録の証拠保全

　前述のとおり、個人情報保護法の全面施行前には、訴訟手続以外で医療記録を入手することが困難であったことから、医療過誤が疑われる場合に訴え提起前に、相手方医療機関が作成した医療記録を入手する手段としては、証拠保全手続によるほかなかった。

　しかし、証拠保全手続は、医療記録の改ざん等のおそれがあることが要件とされるうえに、弁護士に委任して行わなければ難しく、さらにコピー機等の準備が必要とされる場合があるなど、数十万円の費用を要するのが通常である。

　そこで現在では、医療記録の改ざん等のおそれを要件とせず、費用も比較的安価ですむ個人情報保護法に基づく開示手続が広く普及するに至っているのは前述のとおりである。

　とはいえ、証拠保全手続は、改ざん等のリスクが相対的に低いのは間違いないので、改ざん等のおそれがある場合には活用されるべきである。

　証拠保全手続全般については、第3章Ⅱ2を参照されたい。

　(1)　医療記録の証拠保全申立て

　　(ア)　証拠保全の対象となる医療記録

　証拠保全の申立てでは、証拠調べ（検証）の対象を記載する必要がある。

　そこで、診療録、看護記録、手術記録、各種検査結果、X線やCT等の画像、レセプトの控え等当該事案で作成されていると考えられる医療記録をできるだけ列挙することが望ましい。そのうえで、末尾に「本件診療に関し作成された一切の資料」というような記載をしておく必要がある。

　　(イ)　保全の必要性

　証拠保全では、申立人において保全の必要性を主張し、疎明する必要があ

る。そしてその場合、一般的、抽象的な改ざんのおそれ等を主張するのでは足りず、保全の必要性を基礎づける具体的事実を摘示すべきである。

そこで、医療記録の証拠保全の場合には、たとえば、医療機関の不合理な態度（医療行為により生じた結果について十分な説明を拒絶する、ことさらに弁解的な対応をするなど）等の具体的事実を主張し、疎明する必要があろう。

【書式19】 証拠保全申立書

証拠保全申立書

平成27年〇〇月〇〇日

大阪地方裁判所　御中

　　　　　　　　　　　申立代理人弁護士　〇　〇　〇　〇　㊞

当事者の表示　　　別紙当事者目録記載のとおり

申立ての趣旨

　大阪府〇〇市〇〇町〇〇丁目〇〇番〇〇号所在の相手方の開設する〇〇〇〇病院に臨み、相手方保管に係る別紙検証目録記載の物件の提示命令及び検証を求める。

申立ての理由

第1　証すべき事実

　　　相手方が開設する〇〇〇〇病院（以下「相手方病院」という。）の医師らが、B型肝炎ウイルスの既往感染者であった亡日本太郎（昭和20年1月1日生、平成24年12月1日死亡。以下「亡太郎」という。）に対し、悪性リンパ腫の治療薬であるリツキシマブ（商品名・リツキサン）を投与するに際し、注意義務を怠り、必要とされる経過観察を怠ったため、亡太郎にB

型劇症肝炎を発症させ、肝不全で死亡させた事実。

第2　証拠保全の事由
　1　当事者
　　　亡太郎は、相手病院において、悪性リンパ腫等の治療を受けたものである。
　　　申立人日本花子は亡太郎の妻である。
　　　相手方は相手方病院を開設する医療法人である。
　2　診療経過等
　(1)　悪性リンパ腫の診断とリツキシマブの投与
　　　亡太郎は、相手方病院において悪性リンパ腫と診断され、その治療のため、平成22年11月25日に相手方病院に入院した。
　　　その後、亡太郎に対しては、抗悪性腫瘍剤であるリツキシマブが投与されることになり、平成22年12月以降、平成24年7月まで複数回に分けてその投与が行われた。
　(2)　経過観察の状況と劇症肝炎の発症
　　　リツキシマブの投与に先立ち、平成22年11月には、亡太郎の血液検査が行われ、その結果、亡太郎はB型肝炎ウイルスの既往感染者であることが判明していた。
　　　ところが相手方病院は、リツキシマブを投与している間、亡太郎のB型肝炎ウイルスの状況について経過観察をしていなかった。
　　　亡太郎は、平成24年10月の血液検査でAST：75、ALT：54と肝機能検査値が異常値を示すなどしたことから、「de novo B型肝炎」と診断され、同年11月14日から相手方病院に入院して治療を受けたが、同年12月1日、肝不全により死亡するに至った。
　3　相手方病院の責任
　(1)　B型肝炎ウイルスの既往感染者に対してリツキシマブを投与すると、B型肝炎ウイルスによる劇症肝炎又は肝炎の増悪による肝不全が現れることがあるので、投与する際には、肝機能検査値や肝炎ウイルスマーカーのモニタリングを行うなど患者の状態を十分に観察し、異常が認められた場合は投与を中止し、直ちに抗ウイルス剤を投与するなど適切な措置を行うべき注意義務がある。
　(2)　上記のとおり、亡太郎については、リツキサンの投与に先立つ血液

検査でＢ型肝炎ウイルスの既往感染者であることが判明していた。

したがって、リツキサンの投与にあたっては、定期的なモニタリングを行い、異常が認められた場合には直ちに前記のような適切な措置を行う必要があった。
(3) ところが、相手方病院は漫然とこれを怠り、十分な経過観察を行わなかった。

その結果、Ｂ型肝炎ウイルスが再活性化し、亡太郎は肝不全にて死亡するに至ったものである。
(4) 相手方病院の担当医らが、十分な経過観察をして適切な措置を行うべき義務を怠り、亡太郎を死亡するに至らせたことは、債務不履行乃至不法行為に該当し、相続人である申立人は、相手方に対し、損害賠償請求権を有する。

第３　保全の必要性

申立人は現在、相手方に対し、損害賠償請求訴訟を提起すべく準備中である。

しかし、申立人が相手方病院担当医らに対して、なぜ経過観察のための検査を怠ったのか、など説明を求めても、検査の義務はないなどというばかりで、きちんとした説明をしようとしなかった。

このような相手方の態度を踏まえると、相手方が本件に関する診療録等を改ざんする危険性があると言わざるを得ない。

したがって、保全の必要性は存する。

第４　よって、申立人は、そのような事態を未然に防止するため、本申立てに及ぶ。

第５　決定正本及び期日呼出状の送達について

本件申立ては、証拠の改ざんのおそれを理由とするものであるから、証拠保全の実効を期するためには、相手方に証拠隠滅の時間的余裕を与えてはならない。よって、相手方に対する書類の送達は、証拠調べ期日の直前にされたい。

疎明方法

1　疎甲1号証　戸籍謄本
2　疎甲2号証　死亡診断書
3　疎甲3号証　リツキシマブの添付文書
4　疎甲4号証　医学文献抜粋
5　疎甲5号証　陳述書

添付書類

1　訴訟委任状　　　1通
2　資格証明　　　　1通
3　疎明資料写し　各1通

(別紙)

当事者目録

〒000-0000
　京都府○○市○○町○○丁目○○番○○号
　　　申　　立　　人　　日　本　花　子

(送達場所)
〒000-0000
　大阪府○○市○○区○○町○○丁目○○番○○号　○○ビル9階
　　　○○法律事務所
　　　申立代理人弁護士　　○　○　○
　　　電　話　06-0000-0000

```
        ＦＡＸ　06-〇〇〇〇-〇〇〇〇

〒〇〇〇-〇〇〇〇
  大阪府〇〇市〇〇区〇〇町〇〇丁目〇〇番〇〇号
    相手方医療法人　　　〇〇〇〇
    代表者理事長　　　　〇　〇　〇　〇
```

(別紙)

```
                    検証物目録


  亡日本太郎（昭和20年1月1日生、平成24年12月1日死亡）の診療（平成22年11
月から死亡まで）に関して作成された下記の資料

                        記
1  診療録
2  医師指示簿
3  看護記録
4  病棟日誌
5  レントゲン、CT、エコー検査等の画像
6  諸検査結果表
7  診療報酬明細書の控え
8  その他同人の診療に関して作成された一切の資料及び電磁的記録
                                                        以上
```

(2) 証拠調べ（検証）の準備

　証拠保全手続において、相手方医療機関が、コピー機の提供等の便宜を図ってくれればよいが、そのような協力が得られるかは事前には必ずしもわからない。そこで、申立人が小型のコピー機を準備して持ち込む、カメラマンを同行する等する場合が多い。

どのような方式で検証を行うかは、裁判所によって異なるので、証拠保全の申立て後、決定前に裁判所と十分に打ち合わせておく必要がある。

5　送付嘱託

(1)　相手方からの申立ての際の留意点

たとえば、交通事故の被害者が原告となり、加害者を被告として損害賠償を請求する訴訟において、被告が原告の損害の内容・程度等を明らかにするために必要であるとして、原告が治療を受けた医療機関に対し、医療記録の送付嘱託（民訴法226条）を申し立てることがしばしばある。その際、治療を受けた医療機関における、あらゆる診療科の、（事故の前後を問わず）あらゆる時期の医療記録を対象とした申立てが見受けられるところである。

しかし、このような網羅的な申立ては相当でない。

一般論として、送付嘱託も訴訟手続の一環であるから、当該訴訟の争点と関連性のある範囲で行われるべきことは当然であるが、特に医療記録は、センシティブな情報を含んでいることから、争点との関連で必要性のない医療記録についてまで送付を求めるべきではない。前述のように、あらゆる診療科のあらゆる時期の医療記録を対象としてしまうと、当該事故とまったく無関係の医療記録が大量に送付されることもありうるが、そのような事態は避けられるべきである。

この例では、被告は、既往症等を知る必要があることから網羅的な申立てをするのであろうが、それならまず、当該事故による受傷に対する診療に関する医療記録を特定したうえで、さらに既往症等がある場合には、それに関する医療記録についても送付を求める扱いにすれば十分である。

(2)　集団訴訟の場合の留意点

集団訴訟の場合には、迅速な処理という要請が加わることがある。

たとえば、いわゆるＢ型肝炎訴訟は、集団予防接種における注射器の連続使用によりＢ型肝炎ウイルスに感染させられた被害者が、国に対して国賠請求をした訴訟である。厚生労働省の試算で約45万人の被害者がいると考えら

れているが、この訴訟で国は、他の感染原因等の存在を知るために必要があるとして、原告らが受診したすべての医療機関に対し、原告に関するすべての医療記録を対象として文書送付嘱託を申し立てた。

　しかし、B型肝炎ウイルスによる肝疾患は、長期間の治療を要することが多く、治療期間が数十年に及ぶ原告も少なくなかった。多数の原告について、そのような医療記録のすべてについて送付嘱託をするとなると、訴訟が遅延し、ひいては救済が遅れることになる。

　こうしたことから、国と原告団との間で締結された基本合意では、原告が、①持続感染判明1年分、②肝炎発症後1年分、③入院歴のある場合は入院中のもの、④提訴前1年分の医療記録（ただし、看護記録等は除く）を任意で提出し、それらの医療記録を踏まえて、さらに必要があれば、国が追加で医療記録の提出を求めるという扱いとされた。

　このように、集団訴訟においては、迅速な処理という観点から、合理的な取扱いがなされる必要がある。

▷坂本　団

●判例索引●

〈最高裁判所〉

最決昭和44・4・25刑集23巻4号248頁……………………………………283
最判昭和56・4・14判時1001号3頁…………………………………………275
最判平成2・11・8判時1372号131頁…………………………………………322
最判平成2・4・17判時1380号136頁…………………………………………313
最判平成4・12・10判夕813号184頁………………………………………49, 51
最判平成6・3・25集民172号163頁………………………………………127, 131
最判平成7・2・24民集49巻2号517頁…………………………………………48
最判平成7・4・27判例集未登載……………………………………………126, 132
最判平成11・11・19集民195号333頁………………………………62, 127, 132
最判平成13・3・27民集55巻2号530号…………………………………………51
最判平成13・7・13判自223号22頁………………………………………56, 58
最判平成13・12・14民集55巻7号1567頁………………………………40, 46, 47
最判平成13・12・18民集55巻7号1603頁………………………………24, 81, 153
最判平成14・9・12集民207号77頁……………………………………………100
最判平成15・11・11判時1842号31頁………………………………79, 81, 84
最判平成16・2・24判時1854号41頁……………………………………………29
最判平成16・6・29集民214号561頁……………………………………………133
最判平成16・7・1民集58巻5号1214頁…………………………………………322
最判平成16・9・10集民215号155頁……………………………………………47
最判平成16・11・18集民215号625頁……………………………………………48
最判平成17・6・14判時1905号60頁……………………………………………27
最判平成17・7・17集民217号523頁……………………………………………138
最判平成17・7・19民集59巻6号1783頁………………………………………242
最判平成17・10・11集民218号1頁…………………………………82, 87, 138
最判平成18・3・10裁時1407号3頁……………………………………………233
最判平成18・4・20集民220号165頁……………………………………………172
最判平成18・7・13判時1945号18頁………………………………83, 89, 137
最判平成19・4・17集民224号97頁………………………………………………52
最判平成19・5・29集民224号463頁……………………………………………119

最判平成20・3・6判タ1268号110頁	25
最決平成21・1・15判タ1290号126頁	61, 106
最判平成21・7・9集民231号215頁	117
最判平成23・10・14集民238号57頁	99
最判平成26・7・14集民247号63頁	59, 113

〈高等裁判所〉

大阪高判昭和51・12・21判時839号55頁	275
大阪高判平成6・6・29判タ890号85頁	126, 132
東京高判平成8・7・17民集53巻8号1894頁	62
福岡高那覇支判平成8・9・24判タ922号119頁	58
東京高判平成9・7・15判タ985号145頁	56, 57
高松高判平成14・12・15裁判所HP	14, 35
名古屋高金沢支判平成16・4・19判タ1167号126頁	229
仙台高判平成16・9・30裁判所HP	117
高松高判平成17・1・25判タ1214号184頁	125, 127, 129, 134, 135, 139
東京高判平成17・5・25裁判所HP	50
東京高判平成17・8・9裁判所HP	136
大阪高判平成18・2・14総務省DB	45
大阪高判平成18・3・29裁判所HP	119
東京高判平成19・1・25金法1805号48頁	242
大阪高判平成19・1・31訟月54巻4号835頁	176
東京高判平成19・6・13判自329号72頁	117
東京高判平成19・11・16訟月55巻11号3203頁	99
東京高判平成19・12・20裁判所HP	131
東京高判平成20・1・31裁判所HP	104, 106
福岡高決平成20・5・12判タ1280号92頁	60
名古屋高判平成20・7・16判例集未登載	233
仙台高判平成21・4・28裁判所HP	108
東京高判平成21・10・28季報37号59頁	32
東京高判平成22・8・25総務省DB	192
札幌高判平成23・3・10裁判所HP	189
東京高判平成23・7・20判自354号9頁	35

341

東京高判平成23・9・29判時2142号3頁	113
東京高判平成24・3・7総務省DB	172
東京高判平成24・5・16総務省DB	178
東京高判平成24・7・18判時2187号3頁	234
東京高判平成24・10・1総務省DB	178
東京高判平成25・2・27総務省DB	177
東京高判平成25・3・21総務省DB	177
東京高判平成25・3・27総務省DB	177
大阪高判平成25・10・25季報53号18頁	233
名古屋高判平成25・10・30判自388号36頁	233
東京高判平成26・7・25裁判所HP	105, 110
大阪高判平成26・8・28判時2243号35頁	267, 275
名古屋高判平成27・2・26金法2019号94頁	274

〈地方裁判所〉

東京地判昭和49・10・1判時772号91頁	316
京都地判昭和50・9・25判時819号69頁	274
札幌地判昭和52・12・20判時885号155頁	276
大阪地判昭和62・7・20判時1289号94頁	266
那覇地決平成元・10・11行集40巻10号1374頁	48
大阪地判平成4・6・25判時1463号52頁	132
東京地判平成4・10・15判時1436号6頁	28
徳島地判平成4・11・27判自111号11頁	48
福井地判平成6・5・27判タ884号135頁	83, 91
横浜地判平成6・8・8判自138号23頁	62
横浜地判平成12・2・21判自206号90頁	229
名古屋地判平成13・12・13判タ1083号310頁	98, 101
東京地判平成15・1・24裁判所HP	54
熊本地判平成15・4・25判自258号62頁	233
東京地判平成15・5・29裁判所HP	54
横浜地判平成15・8・14判タ1151号316頁	307
東京地判平成15・9・15裁判所HP	125, 131
東京地判平成15・9・16訟月50巻5号1580頁	99, 123

東京地判平成15・10・31裁判所HP ……………………………………… 14, 34
仙台地判平成16・2・24裁判所HP ……………………………………… 122
東京地判平成16・4・23訟月51巻6号1548頁 ………………………… 102, 134
東京地判平成16・6・25判タ1203号122頁 ……………………………… 234
東京地判平成16・12・24判タ1211号69頁 ……………………………… 80, 121
大阪地判平成17・3・17判タ1182号182頁 …………………… 100, 135, 136
東京地判平成17・1・28裁判所HP ……………………………………… 50
東京地判平成18・2・10金法1788号39頁 ………………………………… 317
東京地判平成18・2・28裁判所HP ……………………………………… 164
大阪地判平成18・8・10判タ1218号236頁 …………………………… 135, 136
東京地判平成18・9・1裁判所HP ……………………………………… 189
東京地判平成18・9・5金法1805号48頁 ………………………………… 242
東京地判平成18・9・26判時1962号62頁 ………………………………… 101
京都地判平成19・1・24判タ1238号324頁 ……………………………… 274
さいたま地判平成19・4・25裁判所HP ………………………………… 231
大阪地判平成19・4・26判タ1269号132頁 ……………………………… 234
東京地判平成19・6・27判時1978号27頁 …………………………… 236, 331
東京地判平成19・8・28訟月55巻8号2764頁 …………………………… 100
大阪地判平成20・1・31判タ1267号216頁 ……………………………… 188
仙台地判平成20・3・11裁判所HP ……………………………………… 108
東京地判平成20・5・30判例集未登載 …………………………………… 172
東京地判平成20・11・27裁判所HP ……………………………………… 98
東京地判平成21・2・27総務省DB ……………………………………… 98
東京地判平成21・5・25季報35号49頁 …………………………………… 32
東京地判平成21・5・27判時2045号94頁 ………………………………… 58
東京地判平成22・4・9判時2076号19頁 ………………………………… 113
東京地判平成22・7・1判例集未登載 …………………………………… 163
札幌地判平成22・7・26裁判所HP ……………………………………… 189
東京地判平成22・9・16金法1924号119頁 ……………………………… 274
横浜地判平成22・10・6判自345号25頁 ………………………………… 35
東京地判平成23・4・14季報46号58頁 …………………………………… 232
東京地判平成23・12・20判例集未登載 …………………………………… 178
東京地判平成24・2・9判例集未登載 …………………………………… 177

大阪地判平成24・3・23判時2166号33頁………………………………… 106
東京地判平成24・5・30判例集未登載……………………………………… 161
東京地判平成24・10・11裁判所HP ………………………………………… 110
東京地判平成25・2・7判例集未登載………………………………… 184, 185, 188
名古屋地判平成25・3・28判自388号41頁 ………………………………… 233
東京地判平成25・6・13判例集未登載……………………………………… 185
東京地判平成25・6・28判自386号74頁 …………………………………… 231
東京地判平成25・7・4判例集未登載………………………………… 185, 187, 188
大津地判平成26・1・14判時2213号75頁…………………………………… 230
東京地判平成26・11・25判例集未登載……………………………………… 234
大阪地判平成26・12・11裁判所HP ………………… 125, 126, 128, 134, 135, 136, 138
東京地判平成27・2・23判例集未登載……………………………………… 236
東京地判平成27・3・27判時2260号70頁…………………………………… 274
大阪地判平成27・7・9判例集未登載……………………………………… 147
大阪地判平成27・9・3裁判所HP …………………………………………… 307
名古屋地判平成27・10・15裁判所HP ………………………………… 115, 148

●編者・執筆者紹介●

〈編　者〉

坂本　団（さかもと・まどか）
弁護士（大川・村松・坂本法律事務所）
序章Ⅰ・Ⅱ1～3・Ⅲ、第1章Ⅳ、第3章Ⅵ担当

〈執筆者〉（50音順）

石橋徹也（いしばし・てつや）
弁護士（至心法律事務所）
第1章Ⅵ1担当

内田　隆（うちだ・たかし）
全国市民オンブズマン連絡会議事務局
序章Ⅱ5・コラム担当

岡口基一（おかぐち・きいち）
裁判官（東京高等裁判所第22民事部）
第3章Ⅱ担当

岡村久道（おかむら・ひさみち）
弁護士（弁護士法人英知法律事務所）、国立情報学研究所客員教授
第2章担当

岡本大典（おかもと・だいすけ）
弁護士（松柏法律事務所）
第1章Ⅰ8・Ⅲ・Ⅶ担当

奥村　徹（おくむら・とおる）
弁護士（奥村＆田中法律事務所）
第3章Ⅳ担当

奥村裕和（おくむら・ひろかず）
弁護士（長野総合法律事務所）
第1章Ⅵ3・4担当

編者・執筆者紹介

川﨑拓也(かわさき・たくや)
弁護士(しんゆう法律事務所)
第3章Ⅲ担当

河野雄介(こうの・ゆうすけ)
弁護士(久保井総合法律事務所)
第3章Ⅴ担当

新海　聡(しんかい・さとし)
弁護士(弁護士法人OFFICEシンカイ)
第1章Ⅷ担当

豊永泰雄(とよなが・やすお)
弁護士(岡本・豊永法律事務所)
第1章Ⅰ1~7・Ⅱ・Ⅴ担当

畠田健治(はたけだ・けんじ)
弁護士(ミネルヴァ法律事務所)
第3章Ⅰ担当

服部崇博(はっとり・たかひろ)
弁護士(田中清和法律事務所)
序章Ⅱ4、第1章Ⅵ5・6担当

八木香織(やぎ・かおり)
弁護士(エル法律事務所)
第1章Ⅱ2(4)担当

結城圭一(ゆうき・けいいち)
弁護士(ゆうき法律事務所)
第1章Ⅵ2担当

情報公開・開示請求実務マニュアル

平成28年 8 月25日　第 1 刷発行　　　　　　定価　本体3,500円＋税

編　者　坂本　団
発　行　株式会社　民事法研究会
印　刷　藤原印刷株式会社

発行所　株式会社　民事法研究会
〒150-0013　東京都渋谷区恵比寿3-7-16
　　　　　〔営業〕TEL 03(5798)7257　FAX 03(5798)7258
　　　　　〔編集〕TEL 03(5798)7277　FAX 03(5798)7278
　　　　　　　http://www.minjiho.com/　　info@minjiho.com

落丁・乱丁はおとりかえします。　ISBN978-4-86556-105-0 C3032　￥3500E
カバーデザイン　袴田峯男

■インターネット社会における名誉毀損・プライバシー侵害対応実務！

Q&A 名誉毀損の法律実務
―実社会とインターネット―

岡村久道・坂本　団　編

A 5 判・399頁・定価　本体3,700円＋税

▷▷▷▷▷▷▷▷▷▷▷▷▷▷▷　**本書の特色と狙い**　◁◁◁◁◁◁◁◁◁◁◁◁◁◁◁

▶ Q＆A方式により、インターネット時代における名誉毀損・プライバシー侵害への対応実務を、被害者・加害者・プロバイダの3つの視点から、最新重要判例を網羅して詳細に解説！

▶ 伝統的な名誉毀損・信用毀損の理論を踏まえつつ、インターネット特有の問題を取り上げ、学校裏サイト・ネットいじめ、ネット選挙等にも対応！

▶ 第1編では、発生頻度が高い複数の典型的な紛争事例を示し、第2編では、Q＆Aとして解説を加えつつ、それらの事例についての説明を、第3編では、それらの事例に対して回答を付し、読者に具体的なイメージを持って考えられるように配慮！

❖❖❖❖❖❖❖❖❖❖❖❖❖❖❖　**本書の主要内容**　❖❖❖❖❖❖❖❖❖❖❖❖❖❖❖

第1編　事例
　事例1　インターネット掲示板での誹謗中傷
　事例2　なりすまし事例による犯罪の誘引
　事例3　法人（メーカー）に事実無根の欠陥の書き込み
　事例4　P2Pによる顧客名簿の流出
　事例5　冗談メールの転載による炎上
　事例6　児童の裸の写真のアップ
　事例7　学校裏サイトでのいじめ
　事例8　悪質業者からの名誉毀損高額請求
　事例9　発信者情報の開示請求についての発信者に対する意見照会

第2編　質問と回答（Q＆A）
　第1章　名誉毀損・プライバシー侵害の基礎知識
　第2章　ネット名誉毀損等の基礎知識
　第3章　ネット名誉毀損等の成立と対応
　第4章　刑事告訴・ネットいじめ・違法有害情報・ネット選挙

第3編　事例の回答

【編者・執筆者一覧】
〔編集・執筆〕
　岡村久道（弁護士、国立情報学研究所客員教授）・坂本　団（弁護士）
〔執筆〕（執筆順）
　奥村裕和（弁護士）・園田　寿（甲南大学法科大学院教授）・南石知哉（弁護士）・豊永泰雄（弁護士）・川村哲二（弁護士）・壇　俊光（弁護士）・石橋徹也（弁護士）・木村栄作（弁護士）・丸橋　透（ニフティ株式会社 法務部長、ニューヨーク州弁護士）・奥村　徹（弁護士）

発行　**民事法研究会**

〒150-0013　東京都渋谷区恵比寿3-7-16
（営業）TEL. 03-5798-7257　FAX. 03-5798-7258
http://www.minjiho.com/　info@minjiho.com

▶具体的な審査請求書を基に事件類型ごとの手続と留意点を解説！

改正行政不服審査法と不服申立実務

日本弁護士連合会行政訴訟センター　編

A5判・304頁・定価　本体3,200円＋税

▷▷▷▷▷▷▷▷▷▷▷▷▷▷▷▷▷▷▷▷▷　**本書の特色と狙い**　◁◁◁◁◁◁◁◁◁◁◁◁◁◁◁◁◁◁◁◁◁

- ▶52年ぶりに改正された新たな制度下での申立手続と留意点を丁寧に解説した実践的手引書！
- ▶第1編では、改正経緯から外国の法制度との比較、改正のポイントおよび地方自治体の体制を解説し、今後の実務のあり方を展望！
- ▶第2編では、11の類型を掲げ、具体的な審査請求書を織り込み、各事件ごとに不服申立手続の流れ、審査請求人の資格、請求の対象、執行停止等を解説！
- ▶行政事件にかかわる弁護士はもとより行政関係者、司法書士、行政書士等にとって必須の知識が満載！

本書の主要内容

第Ⅰ編	行政不服審査法の改正経緯・内容と自治体の体制
第1章	行政不服審査法の改正経過
第2章	行政不服審査法の改正内容
第3章	地方公共団体の体制
第Ⅱ編	改正行政不服審査法における不服申立ての実務
第1章	情報公開
第2章	国税
第3章	地方税
第4章	地方公務員
第5章	建築
第6章	開発許可
第7章	区画整理
第8章	社会保障
第9章	不当労働行為
第10章	生活保護
第11章	外国人

発行　民事法研究会

〒150-0013　東京都渋谷区恵比寿3-7-16
(営業) TEL. 03-5798-7257　FAX. 03-5798-7258
http://www.minjiho.com/　info@minjiho.com

■平成27年改正法に対応し、全面改訂！
実務での変更点がわかる！■

詳解 個人情報保護法と企業法務〔第6版〕
―収集・取得・利用から管理・開示までの実践的対応策―

弁護士・慶應義塾大学法科大学院教授　菅原貴与志　著

A5判・349頁・定価　本体3,500円＋税

▷▷▷▷▷▷▷▷▷▷▷▷▷▷▷▷ 本書の特色と狙い ◁◁◁◁◁◁◁◁◁◁◁◁◁◁◁◁

▶個人情報の保有件数にかかわらず、あらゆる事業者に適用されることとなった改正法の内容、実務の要所を押さえた解説！

▶新「個人情報」の定義（「個人識別符号」を付加）、要配慮個人情報（センシティブ情報）の取得の留意点、個人が特定できないように加工処理を施した「匿名加工情報」活用の留意点や本人の同意を得ない第三者提供の取扱いの変更点、新組織「個人情報保護委員会」など、全面施行に向けての準備や、漏えい事故対策に！

▶これから明らかになる新指針、施行令改正等の動向や、マイナンバー制度導入で重要度が増す実務を見据えた早めの対応策に必携の1冊！

▶企業の現場責任者、法務・労務、総務、顧客サービス担当者、弁護士はもとより、医療・金融・教育関係者、自治体関係者等にも最適！

✧✧✧✧✧✧✧✧✧✧✧✧✧✧✧ 本書の主要内容 ✧✧✧✧✧✧✧✧✧✧✧✧✧✧✧

序　論　個人情報の利用とプライバシー侵害
第1部　個人情報保護法
　第1章　立法の経緯
　第2章　個人情報保護法改正の要点
　第3章　基本理念と対象
　第4章　個人情報取扱事業者の義務
　第5章　実効性担保のしくみ

第2部　企業実務上の対応策
　第1章　適用の対象（総論）
　第2章　個人情報取得・収集の場面
　第3章　個人情報利用の場面
　第4章　個人情報管理の場面
　第5章　本人との関わりの場面
　第6章　個人情報コンプライアンス体制の構築

発行　民事法研究会

〒150-0013　東京都渋谷区恵比寿3-7-16
（営業）TEL. 03-5798-7257　FAX. 03-5798-7258
http://www.minjiho.com/　　info@minjiho.com